M000032405

GUILLERMO MALDONADO

Transformación SOBRENATURAL

WHITAKER
HOUSE

A menos que se indique lo contrario, todas las citas bíblicas han sido tomadas de la versión *Santa Biblia, Reina-Valera 1960*, RVR, © 1960 Sociedades Bíblicas en América Latina; © renovada 1988 Sociedades Bíblicas Unidas. Usadas con permiso. Las citas bíblicas marcadas (RVR1977) han sido tomadas de la Revisión 1977 de la versión *Reina-Valera de la Biblia*, realizada bajo los auspicios de CLIE, por un equipo de especialistas en traducción bíblica. © 1977 por CLIE para la presente Revisión 1977 de la versión *Reina-Valera*. Las citas bíblicas marcadas (RVR1995) han sido tomadas de la versión *Santa Biblia, Reina-Valera 95*, © 1995 Sociedades Bíblicas Unidas. Usadas con permiso. Las citas bíblicas marcadas (NVI) han sido tomadas de la *Santa Biblia, Nueva Versión Internacional*, NVI®, © 1999 por la Sociedad Bíblica Internacional. Usadas con permiso. Todos los derechos reservados. Las citas bíblicas marcadas (LBLA) han sido tomadas de *La Biblia de las Américas*®, LBLA®, © 1986, 1995, 1997 por The Lockman Foundation. Usadas con permiso. Derechos reservados. (www.LBLA.org).

Nota: El énfasis en negrita en las citas bíblicas es del autor.

Algunas definiciones de palabras hebreas y griegas son traducidas de las versiones electrónicas inglés de *Strong's Exhaustive Concordance of the Bible* [Concordancia exhaustiva Strong de la Biblia], STRONG, (© 1980, 1986, y asignado a World Bible Publishers, Inc. Todos los derechos reservados.) y la *New American Standard Exhaustive Concordance of the Bible* [Nueva concordancia exhaustiva de la Biblia norma de las Américas], NASC, (© 1981 por The Lockman Foundation. Todos los derechos reservados.), o la versión inglés de *Diccionario Expositivo de Palabras del Antiguo y Nuevo Testamento de Vine*, VINE, (© 1985 por Thomas Nelson, Inc., Publishers. Todos los derechos reservados.).

Todas las definiciones de palabras son traducidas de *Merriam-Webster.com*, 2014, http://www.merriam-webster.com.

Traducción al español realizada por Adriana Cardona, Gloria Zura y Jessica L. Galarreta. Corrección y revisión de textos realizada por Jose Anhuaman.

TRANSFORMACIÓN SOBRENATURAL:
Cambia tu corazón de acuerdo al de Dios

Guillermo Maldonado
13651 S.W. 143rd Ct., #101
Miami, FL 33186
http://www.elreyjesus.org/
www.ERJPub.org

ISBN: 978-1-62911-197-1 • eBook ISBN: 978-1-62911-198-8
Impreso en los Estados Unidos de América
© 2014 por Guillermo Maldonado

Whitaker House
1030 Hunt Valley Circle • New Kensington, PA 15068
www.whitakerhouse.com

Por favor, envíe comentarios o sugerencias para hacer mejoras a este libro a: comentarios@whitakerhouse.com.

Ninguna parte de este libro puede ser reproducida o transmitida de ninguna manera o por ningún medio, electrónico o mecánico —fotocopiado, grabado, o por ningún sistema de almacenamiento y recuperación (o reproducción) de información— sin permiso por escrito de la casa editorial. Por favor para cualquier pregunta dirigirse a: permissionseditor@whitakerhouse.com.

1 2 3 4 5 6 7 8 9 10 11 12 ⨃ 23 22 21 20 19 18 17 16 15 14

Contenido

1

Asuntos del corazón

¿Cuál es la pregunta más importante que le han hecho?

Durante el ministerio de Jesús en la tierra, uno de los religiosos escribas le pidió que nombrara —entre todos los mandatos de Dios— el *"primero"* o más significativo de los mandamientos. (Vea Marcos 12:28). Esta interrogante equivale a preguntarle: "¿Qué es lo más importante en el mundo?".

Jesús respondió: *"El primer mandamiento de todos es:...Amarás al Señor tu Dios con todo tu corazón, y con toda tu alma, y con toda tu mente y con todas tus fuerzas"* (Marcos 12:29–30). Y de inmediato, conectó ese mandamiento con otro: *"Y el segundo es semejante: Amarás a tu prójimo como a ti mismo. No hay otro mandamiento mayor que éstos"* (Marcos 12:31).

La entrada al reino

El escriba que hizo la pregunta contestó que estaba de acuerdo con la respuesta de Jesús, diciendo que amar a Dios con todo el corazón y amar al prójimo como a uno mismo *"es más que todos los holocaustos y sacrificios"* (Marcos 12:33); y Jesús le respondió: *"No estás lejos del reino de Dios"* (Marcos 12:34).

De este intercambio, vemos que la entrada al reino de Dios —y la vida de acuerdo al reino— es, en esencia, un asunto del corazón. Lo más importante que podemos hacer es amar a Dios con todo nuestro ser.

¿Qué es el corazón?

Hablando en términos físicos, el corazón es el órgano central del cuerpo humano. Su función es hacer circular la sangre a través de todos los sistemas corporales, bombear oxígeno y nutrientes a los demás órganos y expulsar las toxinas de ellos. Si el corazón deja de latir de forma permanente, la vida del cuerpo termina; por eso, es obvio que el corazón es indispensable. Todo el sistema fisiológico del ser humano está diseñado para salvaguardar ese órgano, sobre todos los demás. Por ejemplo, en condiciones de frío extremo, la sangre comienza a retraerse de las extremidades para mantener la integridad del corazón.

Pero también tenemos otro "corazón" que es el centro de nuestro ser espiritual. La Escritura dice: "*Y el mismo Dios de paz os santifique por completo; y todo vuestro ser, **espíritu, alma y cuerpo**, sea guardado irreprensible para la venida de nuestro Señor Jesucristo*" (1 Tesalonicenses 5:23). Un ser humano es un espíritu que tiene un alma y vive en un cuerpo físico. En este libro, uso el término "corazón" en el sentido de "espíritu", pero también incluyo las interacciones y conexiones espirituales con el alma —que es el asiento moral del ser humano y se compone de mente, voluntad y emociones—.

El fundamento de nuestro ser y carácter

La palabra "*corazón*" aparece cientos de veces en las Escrituras. En el Antiguo Testamento, las palabras que más a menudo se traducen como "*corazón*" son los términos hebreos relacionados *lebáb* y *leb*. *Lebáb* alude al "corazón como el órgano más interno"; este término también se utiliza en el mismo sentido de *leb*. *Leb* significa "corazón; también usado figurativamente en un sentido amplio para los sentimientos, la voluntad e incluso el intelecto".

De modo que, figurativamente, estos términos se refieren al ser interior de los humanos —su esencia misma, incluyendo sentimientos, deseos, voluntad e intelecto—. En el Nuevo Testamento, la palabra principal que se traduce como "*corazón*" es *kardía* que, en un sentido figurado, indica "los pensamientos o sentimientos (mente)". El corazón es nuestro verdadero "yo", y es el catalizador de nuestros deseos, motivos, intenciones y acciones. Un *deseo* es "un fuerte anhelo: anhelar tener algo o hacer algo". Un *motivo* es "aquello (como una necesidad o un deseo) que lleva a una persona a actuar". Una *intención* es "aquello que usted planea hacer o alcanzar; un objetivo o propósito".

Otro término que la Biblia usa para referirse al corazón o espíritu es "*hombre interior*": "*Para que [Dios] os dé, conforme a las riquezas de su gloria, el ser fortalecidos con poder en el* **hombre interior** *por su Espíritu*" (Efesios 3:16). Repito, el corazón es la esencia o identidad del ser humano. Es la parte más compleja, sagrada e íntima de una persona; el fundamento de todo su ser y su carácter; donde se originan sus deseos, diseños, propósitos, voluntad, pensamientos y actitudes.

Por lo tanto, *la condición de nuestro corazón será la condición de nuestra vida*. El estado de nuestro corazón espiritual afecta todos los aspectos de nuestro diario vivir. Todo asunto de orden espiritual, mental y emocional, y muchos de orden físico, tienen su raíz en el corazón.

Cómo llegar a la sanidad espiritual del corazón

Hoy en día, tener un "corazón saludable" es una frase popular. La escuchamos de médicos, nutricionistas, instructores físicos y fabricantes de comida, que nos animan a seguir un estilo de vida de "bienestar" que fortalezca nuestra resistencia cardiovascular, prevenga enfermedades y promueva una larga vida; es una forma de vida saludable que incluye ejercicios regulares e ingerir alimentos nutritivos —utilizando recursos tales como libros de cocina, dietas y ciertos restaurantes—. En los Estados Unidos, el símbolo de que un producto es aprobado por la Asociación Americana del Corazón, para la salud de este órgano vital, es un corazón rojo con una marca de visto bueno, en blanco, en el centro del mismo.

Como veremos en el capítulo 2, todo ser humano enfrenta un problema de salud espiritual; todos tenemos una "enfermedad en el corazón" y necesitamos ser sanados, llegar a tener un corazón sano. Las Escrituras dicen: "*Engañoso es el corazón más que todas las cosas, y perverso; ¿quién lo conocerá?*" (Jeremías 17:9). Si bien el corazón es el centro de nuestro ser, mucha gente no lo entiende ni sabe cómo funciona. Jesucristo vino a la tierra no sólo a revelarnos a Dios el Padre, sino también a revelarnos a nosotros mismos. Él quiere que entendamos la naturaleza de nuestro corazón y cómo ésta afecta nuestra relación con el Padre celestial y con otros seres humanos, así como todo el curso de nuestra vida.

Si bien hemos sido perdonados y reconciliados con Dios a través del sacrificio de Jesús en la cruz, debemos enfocarnos activamente en este asunto del corazón y en las leyes espirituales que Dios ha "escrito" en él (vea, por ejemplo, Hebreos 8:10), para conocer la plenitud de vida que Él desea que tengamos. Muchas veces, los asuntos del corazón nos impiden superar los problemas u obstáculos que encontramos. Dios quiere que nuestro corazón experimente una transformación que nos lleve a estar completos otra vez.

Todo asunto espiritual, mental y emocional —incluso muchos asuntos físicos— tiene su origen en el corazón.

Las Escrituras nos animan a llevar una vida espiritual con un corazón sano, a ganar el sello de aprobación de Dios para nuestro corazón. Un corazón espiritual fuerte nos capacita para ser todo lo que Dios nos creó para ser, y para cumplir su voluntad en los tiempos cruciales que vivimos. Por tanto, debemos llevar una estricta dieta de su Palabra, así como ejercitarnos en principios y mandamientos espirituales específicos, relativos a nuestro corazón, para el bienestar de nuestro ser interior. Un corazón espiritual sano es la tabla de salvación sobrenatural que nos lleva de vuelta a Dios y a sus propósitos.

¿Qué sale del corazón?

¿Cómo determina Jesús, el Gran Médico, la condición actual de su corazón? La Escritura contrapone dos condiciones fundamentales: Un corazón que posee un *"buen tesoro"*, y un corazón que guarda un *"mal tesoro"*:

El hombre bueno, del buen tesoro de su corazón saca lo bueno; y el hombre malo, del mal tesoro de su corazón saca lo malo; porque de la abundancia del corazón habla la boca. (Lucas 6:45)

Comparemos estas dos clases de "tesoros":

+ El corazón que posee un buen tesoro está lleno de bondad, humildad, pureza, obediencia, justicia y fortaleza espiritual. Tiene la capacidad de amar, someterse y rendirse a Dios, de acuerdo a su propósito y voluntad.

+ El corazón con un mal tesoro no le cree a Dios, se hiere y ofende fácilmente, y se niega a perdonar. Está lleno de desobediencia, egoísmo, ambición y orgullo; está endurecido.

¿Ha pensado qué tipo de tesoro está guardando usted en su corazón? Jesús dijo: *"Porque donde esté vuestro tesoro, allí estará también vuestro corazón"* (Mateo 6:21).

Aunque es verdad que vamos creciendo en gracia, también es cierto que en nuestro interior aún manifestamos una mezcla de tesoros buenos y malos. A veces revelamos el buen tesoro que llevamos dentro, gracias al Espíritu Santo. En otras ocasiones, manifestamos algún aspecto del mal tesoro; esto demuestra que necesitamos que el Espíritu de Cristo reine en esa área, y remueva la corrupción y nos limpie, para que podamos andar en *"vida nueva"* (Romanos 6:4; vea también 2 Pedro 1:3–10).

El apóstol Santiago escribió acerca de la incompatibilidad espiritual y la mezcla de las dos naturalezas:

> *Con ella [nuestra lengua] bendecimos al Dios y Padre, y con ella maldecimos a los hombres, que están hechos a la semejanza de Dios. De una misma boca proceden bendición y maldición. Hermanos míos, esto no debe ser así. ¿Acaso alguna fuente echa por una misma abertura agua dulce y amarga? Hermanos míos, ¿puede acaso la higuera producir aceitunas, o la vid higos? Así también ninguna fuente puede dar agua salada y dulce.* (Santiago 3:9–12)

Las palabras que decimos, incluso la forma cómo nos expresamos y comunicamos con otros, de alguna manera reflejan la naturaleza de nuestro corazón. *"Porque de la abundancia del corazón habla la boca"* (Mateo 12:34).

De modo similar, cualquier acción que tomemos, sea buena o mala, procede de una motivación o intención de nuestro corazón. Esto significa que todo pecado es concebido primero en el corazón. Jesús dijo: *"Porque de dentro, del corazón de los hombres, salen los malos pensamientos, los adulterios, las fornicaciones, los homicidios, los hurtos, las avaricias, las maldades, el engaño, la lascivia, la envidia, la maledicencia, la soberbia, la insensatez. Todas estas maldades de dentro salen, y contaminan al hombre"* (Marcos 7:21–23). Por ejemplo, si usted tiene una actitud arrogante significa que su corazón todavía guarda arrogancia; no refleja su verdadera identidad en Cristo, que es *"humilde de corazón"* (Mateo 11:29, NVI). Por otro lado, si muestra de manera consistente una actitud de genuina humildad, entonces tiene un corazón humilde, que refleja la naturaleza de Dios en esa área de su vida.

Del mismo modo, si usted proyecta una actitud de resentimiento o ira, prueba que su corazón está herido y amargado; tal vez sienta la necesidad de protegerse para no volver a ser herido, por lo que ataca verbalmente a los demás. Y si se ve insensible a las necesidades de su familia y al evidente dolor a su alrededor, eso muestra que su corazón se ha endurecido.

Tal vez se preguntará: *"¿Cómo puedo amar a Dios al punto de comprometer todo mi ser —corazón, alma, mente y fuerzas— cuando la condición de mi corazón es la que usted describe?"*. En nuestras propias fuerzas ninguno puede; pero nuestro corazón será transformado cuando respondamos al profundo amor que Dios nos tiene: *"Nosotros le amamos a él, porque él nos amó primero"* (1 Juan 4:19).

Dios está listo, incluso ahora mismo, para cambiar nuestro corazón y hacerlo como el Suyo, a través de una transformación *sobrenatural*. Sólo la obra del Espíritu Santo de Dios en nuestro interior puede realizar una transformación total de nuestro corazón —y sabemos que nuestro corazón también es la llave a nuestra alma, mente y fuerzas—. Dios quiere que le cedamos el lugar a Él y cooperemos activamente en ese proceso de transformación. Dicho proceso comienza con el nuevo nacimiento (vea Juan 3:3–7) y continúa a lo largo de nuestra vida a medida que crecemos, diariamente, con el fin de parecernos cada vez más a nuestro Padre celestial.

Una mujer llamada Victoria experimentó un cambio en su corazón que la llevó a un encuentro con Jesús como su Salvador y Rey. Ésta es su historia:

"A principios de la década de 1990 llegué a New York como refugiada de Kiev, Ucrania. Siempre había sido bendecida en mis finanzas; sin embargo, en el área de las relaciones —específicamente en el matrimonio— había experimentado la destrucción, y ya llevaba dos divorcios. Ver a mis dos hijas sin su padre, me llevó a buscar respuestas de lo alto.

"Comencé a explorar religiones orientales como el budismo, pero mi vida parecía complicarse más que antes. Un día, clamé a Dios diciendo: 'Dios, no te he hallado en las tradiciones judías, en las religiones orientales ni en las iglesias ortodoxas rusas; por favor, dime quién eres. ¡Cambia mi vida!'. Visitando a mi padre en la República Checa, conocí a una pareja rusa que se presentó como cristiana evangélica. Ellos oraron por mí y, ya de regreso en New York, dondequiera que iba me regalaban una Biblia.

"En la Navidad de 2000, alguien me dio unas grabaciones del Nuevo Testamento y me dijo: 'Victoria, escucha esto cuando vayas en tu automóvil'. Así lo hice y algo comenzó a suceder; una atmósfera llenaba mi vehículo, la cual empezó a atraerme hacia mi automóvil para oír las grabaciones. Día tras día, lloraba en mi auto, sin entender lo que sucedía en mi corazón.

"Al terminar de escuchar el evangelio de Juan, sentí que estaba lista para dar a luz. Cuando oí el nombre de Jesús, sentí fuego en mi interior. Después recibí una llamada de la persona que me había entregado las grabaciones; me dio la dirección de una iglesia donde habría un servicio ese mismo día. Asistí al servicio y me gustó lo que escuché aquella noche de martes de 2001. Durante la adoración, el Señor abrió mis ojos espirituales y vi a Jesús. No lo vi como una imagen sino vivo, como un rey; y el Espíritu Santo me dijo que Él era el Mesías. No pude oír la prédica; lloraba muy fuerte, arrepintiéndome de mis pecados, ¡me sentía tan sucia!

"Supe que había llegado a la casa de mi Padre y que ya no había vuelta atrás. Definitivamente, ¡había nacido de nuevo! A medida que avanzaba en mi caminar con el Señor, empecé a buscar sanidad y liberación, cosas que faltaban en mi iglesia. Había mucho conocimiento, pero poca demostración del mismo. Luego de años allí, el Señor me trajo al Ministerio Internacional El Rey Jesús, en octubre de 2010.

"Ahora soy una mujer con propósito y destino. Estoy soltera y completamente llena en el Señor; por primera vez en mi vida me siento una hija del Rey. Antes conocía al Señor, pero su reino no era algo que tuviera muy claro. He descubierto el reino y estoy muy agradecida".

El monitoreo de nuestro corazón

Sabemos que, en general, la condición de nuestro corazón físico determina la salud de nuestro cuerpo. Incluso en los exámenes de rutina que nos hacen en la consulta médica, nos revisan el pulso cardíaco y la presión, como medios para determinar nuestra salud en general. Y si descubren un problema —si nuestras pulsaciones son altas por ejemplo— nos recomiendan hacer ajustes en nuestra dieta o ejercitarnos con mayor regularidad.

Es más, cuando alguien se interna en un hospital, las enfermeras y técnicos en medicina continuamente registran los signos vitales del paciente. Entre otras cosas, monitorean la actividad eléctrica de su corazón, para determinar si su pulso cardíaco es constante y si está dentro de los rangos normales. Si no fuera así, es probable que comiencen a administrarle medicamentos u otros tratamientos.

De la misma forma, con regularidad tenemos que evaluar la condición de nuestro corazón espiritual. Mantener un corazón saludable delante de Dios es un asunto de cuidado. Debemos monitorear la actividad de nuestro ser interior y evaluar si estamos viviendo según la vida y los propósitos de nuestro Padre celestial.

Un proceso continuo

El verbo *monitorear* significa "mirar, observar, escuchar o revisar (algo) con un propósito especial, durante un periodo de tiempo". Entonces, monitorear nuestro corazón es un proceso continuo; es algo que deberíamos hacer voluntariamente, y siempre en conjunción con el Espíritu Santo de Dios que está dentro de nosotros, con el propósito de ser cada vez más como el Padre. Nadie sino Dios puede "ver" y conocer, en verdad, nuestro ser interior. Después de establecer que, *"Engañoso es el corazón más que todas las cosas, y perverso; ¿quién lo conocerá?"* (Jeremías 17:9), la Escritura dice: *"Yo Jehová, que escudriño la mente, que pruebo el corazón, para dar a cada uno según su camino, según el fruto de sus obras"* (Jeremías 17:10).

Dios nos conoce por completo; por lo tanto cuando descubrimos un problema en nuestro corazón —ya sea que lo hagamos leyendo y estudiando su Palabra, por convicción, o a instancias del Espíritu Santo— debemos tratarlo, para que podamos llevar una vida gozosa y productiva delante de Dios, y mantener una relación cercana con Él. Sólo si estamos espiritualmente sanos, podemos permanecer alertas y listos para responder al mover del Espíritu de Dios en nuestra vida y en su iglesia.

Los problemas de la vida

El libro de Proverbios dice: *"Sobre toda cosa guardada, **guarda tu corazón**; porque de él mana la vida"* (Proverbios 4:23). Veamos el mismo versículo en otras dos versiones: *"Por sobre todas las cosas **cuida tu corazón**, porque de él mana la vida"* (NVI). *"Por sobre todas las cosas **cuida tu corazón**, porque de él mana la vida"* (LBLA).

La palabra traducida como *"guarda"* o *"cuida"* incluye la idea de proteger o mantener. El sentido combinado de estas traducciones de Proverbios 4:23 es que nuestro corazón necesita ser supervisado con diligencia, y requiere ser defendido del ataque de fuerzas espirituales negativas y de cualquier otra cosa que lo pueda dañar.

Ahora, observemos el contexto más amplio del versículo anterior:

> *Hijo mío, está atento a mis palabras; inclina tu oído a mis razones. No se aparten de tus ojos; **guárdalas en medio de tu corazón; porque son vida a los que las hallan, y medicina a todo su cuerpo.** Sobre toda cosa guardada, guarda tu corazón; porque de él mana la vida.*
>
> (Proverbios 4:20–23)

Observe que hay criterios específicos según los cuales vigilaremos nuestro corazón. Quien habla en Proverbios 4 anima a su hijo a guardar la palabra de su padre en su corazón y a buscar *"sabiduría"* e *"inteligencia"*. (Vea Proverbios 4:4–6). Únicamente así crecerá como hombre justo. Sólo cuando guardemos la Palabra de Dios en nuestro corazón y sigamos sus mandamientos y su sabiduría, nuestro corazón producirá *"manantiales de vida"*[1].

---

1. Vea *The Wycliffe Bible Commentary*, Charles F. Pfeiffer y Everett F. Harrison, eds. (Chicago: Moody Press, 1962), 561.

Proverbios 4 también dice: *"Mas la senda de los justos es como la luz de la aurora, que va en aumento hasta que el día es perfecto. El camino de los impíos es como la oscuridad; no saben en qué tropiezan"* (Proverbios 4:18–19). Nuestro corazón determina el camino de nuestra vida; por lo tanto, es nuestra posesión más preciada y nuestro recurso más crucial.

La condición de su corazón será la condición de su vida.

La vida comienza en el corazón

Sabemos que el pecado comienza en el corazón, pero la vida de Dios también empieza allí. Todos tenemos áreas en nuestra vida que debemos alinear a los caminos de Dios. Ese tipo de cambio puede ocurrir sólo a través de la transformación sobrenatural del corazón.

Como expliqué anteriormente, la condición de nuestro corazón afecta todos los aspectos de nuestra vida. Por ejemplo, una enfermedad física a veces puede tener su origen en la falta de perdón en el corazón. Una vez, mientras enseñaba acerca del corazón espiritual durante un servicio, el Señor me guió a demostrar que muchas enfermedades, incluyendo las mentales y las emocionales, están conectadas con la falta de perdón. Llamé a todos aquellos que tuvieran diversos males, como una aflicción física o una depresión, y los guié a arrepentirse de sus pecados, a perdonar a otros, a pedir perdón y a renunciar a la amargura y la falta de perdón que guardaban en su corazón. Sin exagerar, luego de esto, y de hacer una sencilla oración a Dios, alrededor de 250 personas fueron libres. ¡Al instante fueron sanadas de diabetes, artritis, depresión y muchas otras afecciones!

Otro claro ejemplo de esta verdad se puede ver en la vida de una empresaria llamada Lesley, quien asistió a un retiro de Sanidad Interior y Liberación que realiza nuestro ministerio periódicamente. Ella escribe: "Antes de conocer a Cristo, tenía resentimiento, dudas y amargura hacia mi familia. Era tanto, que hasta llegué a perder la vista en cuestión de semanas. Después de consultar a varios médicos, descubrí que no había colirio, lentes ni operaciones que me pudieran ayudar, ni nada más que pudieran hacer por mí. La ceguera era crónica y sin causa aparente. Entonces decidí rendir esta situación a Dios. Pese a que había recibido mensajes de mis parientes, y aun de extraños, acerca de perdonar a ciertos miembros de mi familia con los que tenía problemas, nunca pensé que eso tuviera algo que ver con mi ceguera. Pero un día, mi prima Denise me dijo que el Señor le había mostrado que mis ojos no estaban enfermos, que lo único que tenía que hacer era perdonar, porque se trataba de un asunto espiritual. Ella me invitó a un retiro de liberación, pero yo no quería ir. Dado que la inscripción al retiro era limitada, le pedí a Dios que si era su voluntad que yo fuera, se abriera un cupo para mí... ¡y así fue! A regañadientes asistí, y allí recibí revelación acerca de la falta de perdón y de lo que son las maldiciones. Perdoné, renuncié y cancelé toda maldición sobre mi familia, y fui libre. La gente oró por mí, y Dios me devolvió la vista ¡al instante!".

Nuestras actitudes son una proyección de nuestro corazón.

Revelación fresca acerca del corazón

Este libro es un viaje al corazón humano, a fin de explorar su propósito, motivaciones y potencial. Llegaremos a entender e identificar nuestro verdadero "yo" y a tomar decisiones clave con respecto a nuestro "hombre interior". No hay lugar para quedarnos espiritualmente tibios; no podemos permanecer espiritualmente neutrales. En esta época, Dios está trayendo una revelación fresca a su pueblo acerca del estado de su corazón. Yo creo que la razón de esto es que el regreso de Jesucristo a la tierra está cercano, y que su venida será precedida por tiempos difíciles, como lo anticipa la Biblia.

El apóstol Pablo le escribió a su hijo espiritual Timoteo: *"También debes saber esto: que en los postreros días vendrán tiempos peligrosos"* (2 Timoteo 3:1). ¿Por qué Pablo enfatizó esta declaración encabezándola con: *"Saber esto..."*? Pablo entendía la naturaleza humana y su tendencia a la degradación, lo cual trae el juicio de Dios. Otra versión de la Biblia traduce la frase *"tiempos peligrosos"* como *"tiempos difíciles"* (NVI). Si existe un tiempo en la historia en el cual esta frase se aplica apropiadamente, es éste. El juicio de

Dios vendrá sobre la tierra, aunque mucha gente crea que nunca va a suceder. Yo creo que ocurrirá en tres etapas: un juicio preliminar, un juicio intermedio y un juicio final, y que ahora estamos en la etapa del juicio preliminar.

La gracia de Dios ha provisto la salvación y la redención en Cristo, pero la corrupción y rebelión perpetua de la humanidad continúa provocando el juicio divino. No es necesario culpar a gobiernos, religiones u otros factores por el juicio que está atravesando nuestro planeta y la raza humana. La causa principal es la degradación del carácter humano, la cual procede de la iniquidad que anida en su corazón.

El apóstol Pablo enumeró dieciocho fallas de carácter que marcarían a la gente en los postreros tiempos; y éstas describen a la presente generación: *"amadores de sí mismos, avaros, vanagloriosos, soberbios, blasfemos, desobedientes a los padres, ingratos, impíos, sin afecto natural, implacables, calumniadores, intemperantes, crueles, aborrecedores de lo bueno, traidores, impetuosos, infatuados, amadores de los deleites más que de Dios"* (2 Timoteo 3:2–5).

Esos impulsos negativos alejan nuestro corazón del de nuestro Padre celestial. Estamos entrando en un periodo en el que nuestro corazón será pesado en una balanza para ver de qué lado terminamos. Las situaciones de nuestra vida y las circunstancias del mundo pronto nos empujarán a decidir a quién le somos fieles: a los intereses de Dios o a los intereses egoístas; al buen tesoro o al mal tesoro. ¿Estaremos en condiciones de tomar la decisión correcta?

"Sembrad para vosotros en justicia, segad para vosotros en misericordia; haced para vosotros barbecho; porque es el tiempo de buscar a Jehová, hasta que venga y os enseñe justicia" (Oseas 10:12). Es tiempo de buscar al Señor con todo nuestro corazón. Necesitamos un corazón en el que Dios pueda confiar para seguirlo y obedecer lo que Él nos llama a hacer, de modo que podamos participar de la manifestación de su venida en gloria y de la última gran cosecha de almas sobre la tierra.

Una transformación radical y permanente

El plan de Dios no es parchar los "huecos" que los problemas espirituales, emocionales, mentales o físicos le han causado a nuestro corazón. Él no intenta "arreglar" o "mejorar" la corrupción del corazón; tampoco trata el pecado por encima. Como discutiremos en el capítulo 2, éste es el enfoque que varias religiones utilizan; mas el plan de Dios consiste en una transformación radical y permanente.

Por eso, en los capítulos siguientes trataremos sobre la naturaleza original del corazón humano. Aprenderemos lo que significa la "circuncisión" del corazón; cómo perdonar a otros para que el corazón ofendido reciba sanidad; además, aprenderemos a ser libres del corazón de incredulidad.

También descubriremos el propósito del quebrantamiento del corazón, cómo rendirlo por completo al Señor para que sea un verdadero reflejo de Su corazón de amor, justicia, gozo y otras cualidades divinas. Finalmente, aprenderemos cómo experimentar la transformación por medio de la renovación de nuestra mente en la presencia de Dios (vea Romanos 12:2), para que así podamos experimentar un cambio profundo y permanente en nuestra vida.

¿Quiere cambiar su vida? ¡Cambie su corazón!

El salmista escribió: "He aquí, tú amas la verdad en lo íntimo, y en lo secreto me has hecho comprender sabiduría" (Salmos 51:6). Dios ha provisto la única solución para la corrupción del corazón humano: arrepentimiento, identificación con la muerte y resurrección de Jesucristo, nuevo nacimiento por medio del Espíritu de Dios, y una transformación constante a la imagen del Creador. "De modo que si alguno está en Cristo, nueva criatura es; las cosas viejas pasaron; he aquí todas son hechas nuevas" (2 Corintios 5:17). Usted puede convertirse en una persona nueva, una nueva creación, por medio de la transformación sobrenatural de su corazón.

2

Entendiendo el corazón

Desde el principio, el deseo y propósito de Dios para los seres humanos fue que tuvieran un corazón como el suyo. Las Escrituras nos dicen: *"Entonces dijo Dios: Hagamos al hombre a nuestra imagen, conforme a nuestra semejanza....Y creó Dios al hombre a su imagen, a imagen de Dios lo creó; varón y hembra los creó"* (Génesis 1:26–27). Además, Dios sopló sobre la humanidad su propio Espíritu: *"Entonces Jehová Dios formó al hombre del polvo de la tierra, y sopló en su nariz aliento de vida, y fue el hombre un ser viviente"* (Génesis 2:7).

Por tanto, el ser humano fue hecho con un corazón o espíritu conforme al de su Creador. Ese corazón era puro y perfecto, lleno de la naturaleza y el carácter de Dios.

Un devastador cambio de corazón

Pero los primeros seres humanos, Adán y Eva, se alejaron del corazón de Dios y la naturaleza según la cual habían sido creados. En lugar de atesorar los mandatos y sabiduría divinos, desobedecieron voluntariamente al Señor. Él les había ordenado no comer del Árbol del Conocimiento del Bien y del Mal, advirtiéndoles que si lo hacían, morirían. Trágicamente, ellos oyeron la voz del enemigo de Dios, Satanás (el diablo), que les dijo: *"No moriréis; sino que sabe Dios que el día que comáis de él, serán abiertos vuestros ojos, y seréis como Dios, sabiendo el bien y el mal"* (Génesis 3:4–5).

Fascinados con la promesa de "ser como Dios" —aunque ya habían sido hechos a su imagen— el primer hombre y la primera mujer se volvieron contra su Creador. Haber rechazado el corazón de Dios les trajo como resultado un terrible cambio en su propio corazón, dejándolos con un conocimiento del mal demasiado familiar, dado que ahora estaba dentro de ellos mismos. Su desobediencia o pecado trajo la caída de su verdadero ser y la pérdida de su inocencia; iniciándose así la corrupción del corazón humano.

Con su caída, el ser humano trajo sobre sí una vida dificultosa y maldita (vea Génesis 3:1–19); y experimentó la muerte, porque *"la paga del pecado es muerte"* (Romanos 6:23). Primero, su corazón traspasó la muerte espiritual, y luego experimentó la inevitable muerte física. Una de las consecuencias más devastadoras de la caída del hombre fue su expulsión de la presencia de Dios, para no volver a disfrutar directamente de su compañía. (Vea Génesis 3:22–24). Sin embargo, Dios nunca abandonó su fidelidad hacia su amada creación ni su deseo de restaurarla a una relación cercana con Él.

Una herencia de corrupción

Todo ser humano desciende del primer hombre y la primera mujer, cuyos corazones se alejaron de Dios; como sus descendientes, todos hemos heredado su naturaleza corrupta. A partir de la desobediencia de Adán y Eva, la corrupción continuó en la historia de la humanidad hasta alcanzar un pico máximo: *"Y vio Jehová que la maldad de los hombres era mucha en la tierra, y que todo designio de los pensamientos del corazón de ellos era de continuo solamente el mal"* (Génesis 6:5). Éste fue el punto en el que Dios destruyó el mundo con un diluvio; los únicos sobrevivientes fueron Noé, su esposa y sus hijos y esposas, a quienes Dios preservó. (Vea Génesis 6). Si el corazón de la raza humana iba a ser restaurado a Él, los hombres tendrían que vivir en una actitud de mayor humildad, que los llevara a buscar al Padre celestial.

Durante la época del diluvio, Noé era el hombre más justo sobre la tierra, por eso él y su familia fueron salvados. Sin embargo, el corazón de Noé estaba afectado por la naturaleza de pecado que había heredado; y si bien la tierra fue repoblada por su familia, la corrupción volvió a infiltrarse en el mundo y, una vez más, el corazón de la gente se alejó de Dios. Ésta es la herencia inevitable de nuestra naturaleza corrupta.

A partir del acto inicial de desobediencia de la humanidad, los hombres han ido, en diversos grados, tras la lujuria de su corazón caído. Todos hemos pecado, y todos seguimos pecando de varias maneras. Como escribió el apóstol Pablo: *"Por cuanto todos pecaron, y están destituidos de la gloria de Dios....Como el pecado entró en el mundo por un hombre, y por el pecado la muerte, así la muerte pasó a todos los hombres, por cuanto todos pecaron"* (Romanos 3:23; 5:12).

Una condición irreversible

La corrupción del corazón humano es irreversible en lo natural. No hay poder humano que pueda cambiarla o removerla. Es algo similar a lo que sucede con la fruta podrida; no hay forma de revertir el proceso, de modo que la fruta vuelva a su estado inicial. Una vez que una fruta se pudre, no hay vuelta atrás; es más, se la debe separar de las otras para que no las contamine.

La corrupción puede tomar un tiempo en aparecer, pero cuando aparece, el proceso no se detiene. Ésa es la razón por la que nadie puede producir, en sí mismo o de sí mismo, un corazón puro. No importa qué tanto tratemos de apegarnos al bien, la iniquidad heredada de nuestros ancestros Adán y Eva contamina nuestro corazón desde el nacimiento.

En esa condición somos corruptos sin esperanza, y mostramos los diferentes "tesoros" del corazón malo, del cual tratamos en el capítulo 1, tales como pensamientos perversos, avaricia, engaño, orgullo, insensatez, adulterio y homicidio. El pecado conduce a la muerte de muchas maneras. Ya sea de inmediato o en las futuras generaciones, la iniquidad producirá sus efectos de corrupción —siempre hacia abajo, siempre peor—. Los casos de degradación extrema que observamos en nuestra sociedad no sucedieron de repente o en una generación. La moral humana se ha desintegrado de forma continua hasta alcanzar la condición de maldad que presenciamos hoy en día.

> *No hay poder humano que pueda revertir la corrupción moral,*
> *ética y física de la humanidad.*

El estado de nuestro mundo

A través de la historia hemos visto períodos durante los cuales algunas regiones —incluso naciones enteras— han experimentado genuinos avivamientos y reformas del Espíritu Santo, los cuales han traído a la gente de vuelta a Dios. Durante esos periodos, la sociedad entera se ha vuelto más devota. Sin embargo, no pasó mucho tiempo para que la gente en esas regiones o naciones se olvidara de Dios y comenzara a darle la espalda, tal como lo hicieron los descendientes de Noé. Era sólo cuestión de tiempo para que los efectos de la corrupción del corazón se manifestaran.

Mi evaluación es que estamos viviendo una era similar a la antediluviana. Como escribí en el capítulo 1, la tendencia actual de nuestra sociedad es a vivir con resentimiento, rebelión, egoísmo, odio, crueldad, violencia y otras manifestaciones del mal y la iniquidad. Creo que la multiplicación de la maldad en las últimas décadas es una señal del final de los tiempos, lo que indica —como mencioné antes— el final inminente de la historia de la humanidad con la venida de Cristo. Para corroborar esto podría citar muchos ejemplos de maldad, frialdad de corazón, y más. Sin embargo, no hace falta mirar muy lejos para ver ejemplos de corrupción, todos los cuales se relacionan con la quebrantada condición del corazón humano.

Los siguientes son apenas unos pocos ejemplos de cómo los miembros más vulnerables de la raza humana, los niños, están sufriendo hoy en distintas sociedades debido a la corrupción del corazón de sus líderes y ciudadanos. Estos incidentes revelan lo profundo de la desesperanza y la maldad en las que se ha hundido la humanidad sin Cristo.

En China, en la costa de la provincia de Zhejiang, una mujer soltera escondió su embarazo hasta el último día, y luego dio a luz a su bebé en un baño público de su edificio, donde sólo había letrinas. Aunque no queda claro si el bebé se le resbaló a la madre por accidente o si ella lo arrojó allí intencionalmente, lo cierto es que el bebé se estancó en uno de los tubos de drenaje. La mujer le avisó al encargado del edificio que había un bebé atorado en las tuberías, y un bombero tuvo que cortar una sección de la tubería para rescatar al bebé, el cual sobrevivió. Los cargos contra la madre todavía están pendientes.[2]

En Texas, Estados Unidos, un niño de once años fue "castigado" por su padre y su madrastra debido a su mal comportamiento, encerrándolo en su dormitorio durante meses, donde sólo le daban pan y agua para su sustento. Un día, sus padres lo hallaron tendido en el piso, incapaz de responder. Entonces lavaron su cuerpo y lo depositaron en una bolsa de dormir, para luego abandonarlo en un área boscosa. El abuelo del niño llamó a la policía, explicando que hacía nueve meses que no veía a su nieto. Las autoridades investigaron y descubrieron que el niño había pasado nueve meses aislado en su habitación, donde había perdido tanto peso que apenas llegaba a 30 kilos. Aparentemente, se había debilitado de tal manera que se le hizo imposible escapar o gritar por ayuda. Finalmente había muerto de inanición.[3]

En México, una niña de ocho años vivió el abuso sexual de su padre durante varios años. Mientras el padre violaba a su hija, la madre filmaba y tomaba fotos para luego distribuir el material por Internet a pedófilos dentro y fuera de México.[4]

¿De dónde viene esa negligencia y desprecio absoluto por nuestros semejantes? ¿Cómo son capaces los seres humanos de tanta maldad y violencia que parece no tener límites? ¿Cómo puede un ser, creado a la imagen de Dios, con la capacidad de pensar, amar y sentir compasión, dejarse llevar por tales instintos animales y demoníacos? Como respuesta a estas preguntas, muchos quizá en un deseo inconsciente de justificar su propia conducta pecaminosa, inquieran: "Si Dios es tan bueno, ¿por qué ocurren cosas tan terribles en el mundo, como injusticias, crueldad, matanzas, guerras y desastres naturales?"

La respuesta, como hemos visto, radica en la condición del corazón humano; es una corrupción heredada, también conocida como *"naturaleza*

---

2. http://voces.huffingtonpost.com/2013/05/28/bebe-rescate-tuberia-china_n_3346739.html.
3. http://www.elmundo.es/america/2012/04/02/estados_unidos/1333389954.html.
4. http://www.lapoliciaca.com/nota-roja/violaban-y-filmaban-a-su-propia-hija/.

pecaminosa" (vea, por ejemplo, Romanos 7:5, 18, 25, NVI). Es hora que todos los seres humanos asumamos la responsabilidad por nuestros pecados y por la corrupción que hemos traído a este mundo, la cual ha infectado cada generación hasta el presente.

La raíz de pecado

La raíz del pecado está formada por dos elementos contrarios al corazón de Dios: el orgullo y el egoísmo. Estos fueron la causa de que los primeros seres humanos quisieran ser iguales a Dios; el diablo los engañó, al punto de llevarlos a desobedecer a su Creador. El egocentrismo pone al "yo" en primer lugar; por encima de cualquier otro ser. La Escritura dice: *"Porque habrá hombres amadores de sí mismos,…que tendrán apariencia de piedad, pero negarán la eficacia de ella; a éstos evita"* (2 Timoteo 3:2, 5). La piedad genuina —no sólo una *"apariencia"* de la misma— viene cuando el poder sobrenatural de la gracia de Dios cambia nuestro carácter y remueve el egoísmo y el egocentrismo de nosotros, reemplazándolos con amor, bondad, empatía (identificarse con las necesidades de otro) y sacrificio por los demás.

Mucha gente trata de cambiar su naturaleza practicando diferentes formas de religión, pero los resultados siempre son limitados. La religión sólo logra poner un "parche" a la corrupción del corazón, desarrollando regulaciones y leyes que promueven la buena conducta, o a través de principios positivos como la práctica de la auto-disciplina. Sin embargo, es incapaz de cambiar el corazón de una persona en profundidad, ya que no tiene el poder para quitar la naturaleza caída, la cual se sirve a sí misma de manera perpetua.

La corrupción existe en el corazón humano, de diferentes formas y en diferentes niveles; va desde una simple mentira hasta cometer asesinatos masivos. No obstante, hay salida para todos a través de Jesucristo. Si queremos cambiar nuestra herencia personal, si deseamos dejarles a nuestros hijos una herencia de bendición, si queremos que Dios sane nuestras naciones, debemos lidiar con la raíz de los problemas de la humanidad: la corrupción del corazón.

La guerra espiritual por el corazón del ser humano

Desde que Satanás tentó al primer hombre y a la primera mujer para que quebrantaran el mandato de Dios, alejándose de su naturaleza, se inició una guerra invisible por la posesión del corazón humano. El reino de luz de Dios y el reino de las tinieblas de Satanás batallan, incluso ahora, por nuestro corazón. Quien posea el corazón de alguien también poseerá su potencial y recursos; es más, poseerá toda su persona. Nosotros, los seres humanos, debemos decidir a quién le rendiremos nuestro corazón.

Tal vez usted diga: "¿Y qué si decido no darle mi corazón a ninguno de los dos reinos? ¿Qué sucede si sólo trato de vivir por mi cuenta?". En este conflicto espiritual no hay "zona neutra". Cuando escogemos vivir por nuestra cuenta, fuera de Dios, estamos eligiendo tácitamente alinearnos con su enemigo, Satanás. El reino de las tinieblas toma por la fuerza todo terreno que encuentre vulnerable o vacante —en especial el corazón del hombre—, usando para ello las armas y herramientas más sutiles que usted pueda imaginar. (Vea, por ejemplo, Mateo 12:43–45).

El reino de las tinieblas trató de tomar posesión de la vida de Denis, así como de su esposa, Guerda, pero el poder de Dios venció al enemigo y transformó sus vidas. A continuación, su historia:

Cuando Denis era apenas un jovencito, se mudó de Haití a los Estados Unidos con su madre y sus hermanas, a residir allí de manera ilegal. Durante los primeros dos meses, todo parecía andar bien, pero entonces, la madre comenzó a traficar drogas desde Haití hacia los Estados Unidos, y fue arrestada. Así, Denis y sus hermanas fueron enviados a vivir con otra familia.

De repente, la hermana de Denis, con sólo diez años, se vio expuesta a la brujería y comenzó a participar en una práctica llamada vudú. Mientras tanto, Denis se iniciaba en el robo a punta de navaja y la prostitución de muchachas; luego abrió una "trampa" (casa donde se vende drogas), y la noticia de su nuevo "negocio" se esparció por las calles de Homestead, Florida. Así, pronto estuvo vendiendo y traficando grandes cantidades de droga. Incluso llegó a falsificar dinero por un corto período de tiempo. Su vida de inmoralidad parecía no tener límites. Empezó a ir a clubes de *striptease* y a comprar sexo de las mujeres, arrojando miles de billetes al aire, "haciendo llover dinero".

Una de las *strippers* quedó embarazada, y Denis decidió casarse con ella a fin de legalizar su residencia en el país. Esta mujer por interés lo usó, lo engañó, y lo dejó sin dinero, sin residencia legal y con todos los gastos del divorcio por pagar. Desde entonces, la forma como Denis miraba a las mujeres cambió. Cada vez que salía con una, tenía sexo con ella, y le pagaba para humillarla. Organizaba orgías para que sus amigos pudieran tener cuantas mujeres quisieran. Denis se convirtió en el tipo de hombre al que todos le temían; era temerario, sin corazón, y no mostraba emoción alguna. No creía en otra ley ni autoridad que no fuera la suya, y era muy soberbio.

Entonces, uno de sus amigos fue arrestado por fraude fiscal y deportado a Haití. Este incidente abrió sus ojos al hecho de que su vida temeraria podía alcanzarlo y terminar con él rápidamente. Fue cuando tomó la decisión de dejarlo todo y sentar cabeza; consiguió un trabajo en una escuela a la que había asistido. Además, comenzó a frecuentar a Guerda, una madre soltera con tres niños que estaba tratando de mejorar su vida.

Guerda había sido una sacerdotisa del vudú, que llamaba a un espíritu con el que ella estuvo "casada". En sus propias palabras, cuenta: "Yo leía las cartas; interpretaba sueños y conectaba a los vivos con los muertos. Realizaba fiestas para los espíritus y presentaba sacrificios de pollos, palomas y chivos muertos. Una vez, 'maté' a otra bruja que me 'crucificó', y ella murió en Haití. También hacía hechizos para ganar dinero.

"Los hombres me temían porque no me entendían. Solía dormir con un montón de demonios o espíritus, que nunca se manifestaban en forma humana, pero yo siempre estaba consciente de su presencia en la habitación. Yo cocinaba para los espíritus, entregaba mensajes de ellos a otra gente, y soñaba con ellos. Esos espíritus me decían que me amaban, que nunca me lastimarían. En una ocasión, un demonio se me apareció en un sueño y me llevó a un registro masón y me mostró muchas cosas. Me llamaba 'Oriente, la estrella del oriente'. Me prometió fama, matrimonio y dinero, pero yo tenía que volver a Haití a buscar el 'manto de la tierra' de mi madre. Él me dijo que habría una serpiente allí pero que no temiera. La serpiente pondría algo en mi boca y, entonces, sería invencible. Yo hice todo lo posible para ir a Haití, pero algo parecía impedir mi viaje".

Denis y Guerda siguieron viéndose y, con el tiempo, se mudaron juntos. Entonces, una amiga de Guerda la invitó a un servicio en el Ministerio El Rey Jesús, donde recibió a Jesucristo como su Señor y Salvador. Ella misma llevó a Denis a otro servicio, y en una semana él fue salvo y se bautizó.

Luego, ambos asistieron a un retiro de jóvenes donde se ministró sanidad interior y liberación, y Denis fue libre de su odio y rencor hacia su madre y su ex-esposa. Además, los dos fueron liberados de las ataduras de inmoralidad sexual; Denis de su adicción al sexo y Guerda del adulterio. 'A mí me gustaba mucho salir con hombres casados', confesó ella. 'Yo era una víbora para ellos'. Finalmente, también fue liberada de la brujería.

Dios hizo de Denis y Guerda dos nuevas criaturas y los reconcilió al uno con el otro. Para su gloria, la pareja contrajo matrimonio y hoy son líderes de Casa de Paz (el ministerio que reúne la iglesia en las casas) y mentores. Están aprendiendo a ser un hombre y una mujer de Dios. Hoy, a través del poder sobrenatural de Dios, ellos están liberando a otras personas que han estado envueltas en brujería, así como a quienes han sido poseídos u oprimidos por demonios y espíritus. Además, son usados para liberar gente que está atada a la inmoralidad sexual; del mismo modo, han experimentado la liberación del corazón del engañoso espíritu de orgullo. Denis y Guerda le dieron la espalda a todo aquello que solía ser motivo de orgullo para ellos, y permitieron que sus corazones fueran transformados por Dios.

Las Escrituras dicen: *"Sed sobrios, y velad; porque vuestro adversario el diablo, como león rugiente, anda alrededor buscando a quien devorar; al cual resistid firmes en la fe"* (1 Pedro 5:8–9). *"Porque no tenemos lucha contra sangre y carne, sino contra principados, contra potestades, contra los gobernadores de las tinieblas de este siglo, contra huestes espirituales de maldad en las regiones celestes"* (Efesios 6:12). Debemos estar conscientes de la terrible lucha que se libra por nuestro corazón, y tomar la decisión de rendirnos al Señor, porque Él nos ama y quiere darnos su vida. Satanás, por el contrario, nos odia y busca nuestra destrucción. Jesús dijo: *"El ladrón [Satanás] no viene sino para hurtar y matar y destruir; yo he venido para que tengan vida, y para que la tengan en abundancia"* (Juan 10:10).

La meta del enemigo es llevar cautivo el corazón humano y mantenerlo en cautividad.

¿Qué mira Dios?

En el capítulo 1, hablamos acerca de que nuestro corazón o espíritu, es la fuente de los deseos, motivos e intenciones. Si bien el ser humano tiende a enfocarse en lo externo —las cosas que se pueden ver con los ojos naturales, como los atributos físicos, las posesiones o los logros mundanos—, Dios mira más allá de estos elementos superficiales, a lo profundo de nuestro ser. Cuando Dios nos mira, Él ve la condición de nuestro corazón. *"Y Jehová respondió a Samuel: No mires a su parecer, ni a lo grande de su estatura, porque yo lo desecho; porque Jehová no mira lo que mira el hombre; pues el hombre mira lo que está delante de sus ojos, pero Jehová mira el corazón"* (1 Samuel 16:7).

¿Qué mira Dios en su corazón? Él mira los motivos, intenciones y pensamientos íntimos que de él afloran, sean buenos o malos. Considere las siguientes preguntas: ¿Cuál es la razón por la que usted sale de la cama cada mañana? ¿Qué lo mueve? ¿Son las ganancias personales su primer incentivo, o es el deseo de honrar a Dios? ¿Está siguiendo su propia voluntad o la de Dios? ¿Habla y actúa de cierta manera para ser reconocido por la gente, o lo hace por amor y reverencia a su Padre celestial? ¿Sus acciones proceden de un corazón generoso o de uno egoísta? ¿Qué lo motiva a cuidar a su familia o a olvidarse de ella? ¿Gasta su dinero en asuntos temporales o en propósitos eternos? ¿Por qué ora, alaba a Dios u ofrenda; o por el contrario, por qué no lo hace? ¿Su razón para expandir el reino y bendecir a otros es servir a Dios, o sólo quiere recibir crédito por ser "piadoso"?

Todas éstas son preguntas del corazón, y cada uno de nosotros debe enfrentarlas. Otra vez digo: *"Porque donde está vuestro tesoro, allí estará también vuestro corazón"* (Mateo 6:21). Por ejemplo, si el tesoro que usted valora es la posición, la fama o el prestigio, su corazón estará allí también. Una manera de evaluar la condición de su corazón es mirar dónde, o en qué, está invirtiendo su dinero. No tiene que mirar las grandes sumas que gasta en artículos o servicios de primera necesidad, como los pagos de su hipoteca o renta, mantenimiento o transporte; en cambio, mire sus pequeños pero repetidos gastos en cosas que no son de primera necesidad, como entretenimiento, accesorios de moda, cigarrillos, bebidas alcohólicas, restaurantes costosos, y todo lo demás. Si usted está acumulando dinero por egoísmo o avaricia, tal vez motivado por un miedo al futuro, allí está su corazón. Dios nos recompensará si nuestro corazón está en lo correcto, y nos juzgará si no lo está: *"Os daré a cada uno según vuestras obras"* (Apocalipsis 2:23).

Tenemos que monitorear nuestro corazón regularmente, ya que sabemos que Dios mismo lo hace de manera continua. Como escribió Pablo: *"Si, pues, nos examinásemos a nosotros mismos, no seríamos juzgados; mas siendo juzgados, somos castigados por el Señor, para que no seamos condenados con el mundo"* (1 Corintios 11:31–32).

Las recompensas en esta vida y en la venidera dependen de la condición del corazón.

¿Cuánto de su corazón demanda Dios para ser el único Señor de su vida? ¡Todo su corazón! ¿En qué condición está su corazón ahora mismo? ¿Es capaz de darle todo a Él o está tan ofendido, dolido o cerrado, que sólo se aleja de Él? ¿Tiene dificultades para amar o ser amado verdaderamente? ¿Es incapaz de confiar en otros y establecer relaciones saludables, y huye de la invitación del Padre celestial para venir a Él? Si es así, ¿permitirá que Dios sane y transforme su corazón y le dé una vida nueva, para poder acercarse a Él y a otros?

Por lo general, tratamos de esconder de los demás la corrupción de nuestro corazón. Por ejemplo, cuando estamos en público, mostramos cierta "cara", pero lo cierto es que es tan sólo una máscara. En privado, en lo profundo de nuestro corazón, sabemos quiénes somos y reconocemos que nos estamos engañando a nosotros mismos. Si los motivos de nuestro corazón son errados, éstos se manifestarán en nuestras decisiones y elecciones de vida, o surgirán cuando nos hallemos bajo presión, sin importar la reputación que nos hayamos tratado de crear.

No puede haber fluir de vida en las áreas de nuestro corazón que no le hemos rendido a Dios.

La restauración del corazón

"Porque la paga del pecado es muerte…" (Romanos 6:23): la muerte del corazón espiritual y la muerte del cuerpo físico. Pero esa no es la historia completa: *"…mas la dádiva de Dios es vida eterna en Cristo Jesús Señor nuestro"* (Romanos 6:23). Dios sabía que el corazón del ser humano se alejaría de Él; aun así su amor por nosotros no se detuvo. Él nunca se apartó de su plan original para la humanidad. Dios vino a la tierra en la persona de Jesucristo para restaurar el corazón del hombre a su diseño original —puro y completo, a su imagen y semejanza—. Él no sólo vino a enseñarnos cómo vivir, sino a morir por nuestros pecados y rebeliones, para romper la ligadura que la naturaleza corrupta de pecado tenía en nuestro corazón. Mucho antes de llegar a la tierra, Él nos prometió a través de sus profetas: *"Os daré corazón nuevo, y pondré espíritu nuevo dentro de vosotros"* (Ezequiel 36:26).

Para iniciar este proceso continuo de transformación del corazón deben ocurrir dos eventos. Lo que vamos a tratar en los capítulos subsiguientes gira alrededor del hecho de que estos cambios fundamentales hayan tomado lugar en su vida:

1. Recibir un corazón nuevo, un espíritu revivido en Cristo. *"Pero Dios, que es rico en misericordia, por su gran amor con que nos amó, aun estando nosotros muertos en pecados, nos dio vida juntamente con Cristo (por gracia sois salvos), y juntamente con él nos resucitó, y asimismo nos hizo sentar en los lugares celestiales con Cristo Jesús"* (Efesios 2:4–6).

2. Recibir el Espíritu Santo de Dios para que habite en usted. *"Arrepentíos, y bautícese cada uno de vosotros en el nombre de Jesucristo para perdón de los pecados; y recibiréis el don del Espíritu Santo"* (Hechos 2:38).

La experiencia de recibir un corazón nuevo es conocida como "nacer de nuevo". Jesús dijo: *"De cierto, de cierto te digo, que el que no naciere de nuevo, no puede ver el reino de Dios.…De cierto, de cierto te digo, que el que no naciere de agua y del Espíritu, no puede entrar en el reino de Dios"* (Juan 3:3, 5). Otro término usado es *"renacer"* (1 Pedro 1:3).

Jesucristo murió en la cruz para restaurarnos al Padre celestial. Este plan se puso en acción desde la eternidad. La Biblia llama a Jesús *"el Cordero que fue inmolado desde el principio del mundo"* (Apocalipsis 13:8). Él fue quien pagó por cada pecado cometido por la raza humana, por toda la iniquidad, rebelión y transgresiones, para que podamos ser libres de la naturaleza corrupta.

Por su muerte y su resurrección a través del poder de Dios, Jesús capacitó a la raza humana para volver a su estado original de pureza y plenitud de corazón —tal como el Padre la creó en el principio—. Entramos al "nuevo nacimiento", cuando estamos dispuestos a recibir el sacrificio de Cristo y su justicia, a aplicarlos a nosotros mismos, y a aceptarlo como nuestro Señor y Salvador. Reconocemos que hemos vivido lejos de Dios —independientes de Él y sus propósitos—. Le rendimos nuestra vida, y abrimos nuestro corazón para que su presencia pueda morar en nosotros. Jesús dijo: *"El que me ama, mi palabra guardará; y mi Padre le amará, y vendremos a él, y haremos morada con él"* (Juan 14:23).

Los dos cambios antes mencionados hacen posible que experimentemos la transformación sobrenatural de nuestro corazón. Una vez que somos una "nueva creación", podemos vivir de acuerdo con la vida y el consejo del Espíritu de Dios, con la capacidad de rechazar los elementos de la naturaleza pecaminosa dentro de nosotros que tratan de recuperar el control. Podemos eliminar las áreas de desobediencia y egoísmo en nuestra vida. Santiago escribió que, *"esto no debe ser así"* (Santiago 3:10) en las personas que han recibido un nuevo corazón de Dios. (Vea Romanos 8:13; Colosenses 3:5). Entonces, de los "manantiales" de nuestro corazón brotará sólo agua fresca, y no una mezcla de agua salada y dulce. (Vea Santiago 3:9–12).

[Dijo Jesús:] *En el último y gran día de la fiesta, Jesús se puso en pie y alzó la voz, diciendo: Si alguno tiene sed, venga a mí y beba. El que cree en mí, como dice la Escritura, de su interior correrán ríos de agua viva. Esto dijo del Espíritu que habían de recibir los que creyesen en él; pues aún no había venido el Espíritu Santo, porque Jesús no había sido aún glorificado.* (Juan 7:37–39)

El siguiente es el testimonio de un hombre que recibió un corazón nuevo y el don del Espíritu Santo habitando en él. Marceliano nació en Colombia y luego se mudó a los Estados Unidos; creció sin padre, lleno de resentimiento e ira, y ésta es su historia:

"Mi padre murió a temprana edad, y mis diez hermanos y yo fuimos criados por nuestra madre. Mi padre solía visitar médiums, y cuando enfermó, éstos no le permitieron ir al hospital porque creían que 'su dios iba a sanarlo'. Su muerte dejó tal vacío en mi corazón que a los doce años comencé a beber. Después me envolví en el tráfico de drogas, escondiéndola incluso en el cuerpo de la gente para que llegara a su destino. El dinero se convirtió en mi dios.

"Por otra parte, yo era muy propenso a los accidentes. Tuve un accidente de auto, salté de la ventana de un hospital, mis 'amigos' trataron de matarme con una sobredosis de heroína líquida, y más tarde me acuchillaron en el pecho durante una pelea. Debido a todo eso, mi madre, en su ignorancia, decidió llevarme a los brujos y hechiceros. Mi mundo se componía de alcohol, amigos y tratos ilegales, pero nada llenaba el vacío que había en mí.

"Cuando llegué a Miami, alguien me llevó a una iglesia cristiana donde conocí al Señor y su amor llenó el vacío en mi corazón. Es más, me dio unos padres espirituales que me tendieron una mano y creyeron en mí por encima de mi terrible vida. Ahora soy libre de la ira, la venganza y las adicciones. Estoy aprendiendo a ser la cabeza de mi familia y a tratar a mi esposa a la manera de Dios. Los tratos ilegales que una vez fueron mi motivo de orgullo, ahora me avergüenzan. Lo único bueno que guardo de mi pasado es saber que Dios fue capaz de perdonar al peor de los pecadores y transformar el más oscuro de los corazones. Hoy sé que Él tiene un propósito para mi vida y mi familia".

Como Marceliano, usted también puede recibir un corazón nuevo. Si aún no ha aceptado a Jesús como su Señor y Salvador, haga la oración al final de este capítulo. Muchos creen que no son "pecadores" o que no necesitan el perdón de Dios, y usan comentarios como: "Yo soy bueno, nunca he lastimado a nadie, y hago el bien siempre que puedo". Sin embargo, Dios nos demanda un corazón verdaderamente justo; no uno que sea "bueno" según nuestro concepto. Solamente podemos recibir ese corazón, aceptando la obra redentora de Cristo en la cruz. Debemos arrepentirnos (darle la espalda a nuestros pecados), morir a nuestra vieja naturaleza a través de Cristo, y nacer de nuevo recibiendo al Espíritu Santo. Nada bueno poseemos a menos que proceda de Dios.

Una "auditoría" celestial

Incluso ahora Dios está llevando a cabo una "auditoria" celestial en el corazón humano. *"Yo sé, Dios mío, que tú escudriñas los corazones, y que la rectitud te agrada"* (1 Crónicas 29:17). Él busca continuamente nuestro corazón, pero creo que hay momentos especiales en los cuales evalúa la condición del corazón de su pueblo. Como señalé en el capítulo 1, el propósito principal de su "auditoría", ahora mismo, es preparar nuestro corazón para el gran mover final de su gloria sobre la tierra, durante el cual derramará su Espíritu y atraerá mucha gente a su reino. Dios busca nuestro corazón y, por amor, lo prueba para ver si es fiel y justo, porque quiere que participemos con Él en este gran derramamiento y manifestación de su poder.

Debemos darnos cuenta que, ya que nuestra nueva naturaleza todavía lucha con la influencia de la vieja naturaleza de pecado, no siempre podremos confiar en nuestras propias motivaciones o instintos. Es más, notaremos que la presión de las fuerzas espirituales de maldad de Satanás que operan en estos tiempos finales, va en aumento. Como hemos visto, *"engañoso es el corazón más que todas las cosas, y perverso; ¿quién lo conocerá?"* (Jeremías 17:9). Yo no creo que este versículo implique que nuestro corazón necesariamente sea engañado, sino que tiene la capacidad de engañarnos. Mientras éste no sea transformado por completo, y no vivamos en humildad divina, negándonos a nosotros mismos, tendremos motivos erróneos e intenciones egoístas que querrán desviarnos de los propósitos de Dios. ¡No podemos permitir que alguna parte no transformada de nuestro corazón sea la que nos guíe!

La salvación sólo es el comienzo de nuestra relación con el Padre celestial. Dios quiere que nos acerquemos cada vez más a Él, y que como sus hijos reflejemos su naturaleza. Por eso, nos llama a tener corazones cada vez más transformados que representen su propio corazón.

¿Cuánto de nosotros le hemos entregado a Dios? Tal vez tenga ciertas partes de nuestra vida —nuestros bienes, servicio, diezmos y ofrendas—, pero mientras no posea nuestro corazón completo, no lo amaremos totalmente ni seremos capaces de reflejar su verdadera naturaleza. El mundo, el diablo y las *concupiscencias de la carne* (vea, por ejemplo, 2 Pedro 2:18), o la naturaleza de pecado, seguirán ejerciendo influencia y poder sobre nosotros, jalándonos en dirección a nuestros malos deseos y debilidades, y llevándonos a pecar.

A veces le entregamos a Dios sólo las cosas que no nos importan mucho o que no nos interesan, o las áreas a las que nos es fácil renunciar. Pero cuando Dios tiene todo nuestro corazón, Él nos tiene a nosotros y todos nuestros recursos. Entonces Él puede confiar que seremos fieles mayordomos de su abundante riqueza, para lograr sus propósitos en la tierra y para bendecir a su pueblo. Repito, todos tenemos áreas de nuestra vida que tenemos que rendir a Dios. Cada vez que retenemos algo que le pertenece a Él, esa es una parte de nuestro corazón sobre la cual no le hemos permitido que Él sea Señor. En su lugar, nos hacemos señores de esa área.

Lo hermoso de una vida sin egoísmos, es servir a Dios y a los demás sin esperar nada a cambio.

Responsabilidades y recompensas

Dios ha desatado y desatará más juicios sobre la tierra a causa de la maldad de la raza humana. Pero también tiene un juicio reservado para las obras de sus hijos. Él nos juzgará aquí en la tierra y en el cielo *"porque es necesario que todos nosotros comparezcamos ante el tribunal de Cristo, para que cada uno reciba según lo que haya hecho mientras estaba en el cuerpo, sea bueno o sea malo"* (2 Corintios 5:10).

Romanos 14:12 dice que *"cada uno de nosotros dará a Dios cuenta de sí"*. Esto significa que cada uno tendrá un juicio individual ante Dios, en el cual le rendirá cuentas conforme a lo que le haya sido dado. Yo no creo que este juicio sea con el propósito de condenarnos, sino para recompensarnos.

El tribunal de Cristo es donde se juzgará a los creyentes por todo lo que hicieron en la tierra. La obra de cada persona será presentada aquel día. El propósito de este juicio será probar los motivos e intenciones de nuestro corazón en todo lo que hemos hecho. Pablo escribió: *"Así que, no juzguéis nada antes de tiempo, hasta que venga el Señor, el cual aclarará también lo oculto de las tinieblas, y manifestará las intenciones de los corazones; y entonces cada uno recibirá su alabanza de Dios"* (1 Corintios 4:5).

Si hemos hecho algo con la intención o actitud equivocada, nuestra obra se quemará en el fuego, como se hace con la basura. Cuando hacemos algo con el motivo correcto, tenemos garantizadas las recompensas en la tierra y en el cielo (vea 1 Corintios 3:11–15); además, seremos protegidos de las consecuencias negativas de actuar por motivos errados. Aun si nadie nos aplaude, si nadie reconoce lo que hacemos en la tierra ni nos pagan por el trabajo realizado, recibiremos nuestra recompensa de Dios —si hemos obrado para Él—. Por esta razón, debemos recordar o evaluar regularmente nuestras motivaciones, sabiendo que todo lo que hagamos debe ser movido por el amor a Dios.

Cuando usted se ve forzado a hacer algo, su corazón no está allí.

El compromiso de Dios con nosotros

A pesar de que Dios es siempre fiel y amoroso con nosotros, de alguna manera Él sólo se compromete con la porción de nuestro corazón que le hemos entregado. Algunos cristianos le han rendido apenas el veinte o el cincuenta por ciento de su vida; por eso no experimentan su obra en las áreas que aun no le han entregado. Por ende, a menudo enfrentan dificultades y problemas en esas áreas de su vida y se sienten frustrados e indefensos ante las mismas. Es posible entonces que comiencen a culpar a Dios por no responder sus oraciones, o incluso que piensen que Él se ha olvidado de ellas.

Si usted se encuentra en dicha situación, permítame preguntarle: ¿Seguirá culpando a Dios por oraciones no respondidas en las áreas de su vida que le ha negado? ¿Insistirá en decir que Dios se ha olvidado de usted? ¿O asumirá su responsabilidad por no haberle rendido su corazón por completo, o porque usted retomó el señorío de ciertas áreas? ¿Está dispuesto a presentarse delante de Dios y rendirle *todo* a Él? Ha llegado el tiempo de decidir. Si su fe no nace de su corazón, entonces sólo se trata de mero conocimiento o comprensión mental de Dios y sus caminos. En esas condiciones usted no puede esperar recibir respuesta de Él.

Yo creo que si usted examina su corazón con humildad, en oración, será confrontado con un espíritu de independencia en aquellas áreas que no le está rindiendo a Dios. Quizá descubra que mientras creía servir a Dios, en realidad lo que estaba haciendo era un ritual, que si bien lucía como servicio, no procedía de una motivación genuina de su corazón. Si le falta la motivación del amor, carecerá de un deseo genuino de servir a Dios y muy poco se esforzará en ese aspecto.

Aun así, en medio de nuestro egoísmo y rebeldía, ¡Dios sigue atrayéndonos hacia Él! Su Espíritu Santo nos guía, nos motiva y trae convicción a nuestro corazón, produciendo en nosotros *"el querer como el hacer, por su buena voluntad"* (Filipenses 2:13). Sin embargo, Dios nunca nos empuja ni obliga a hacer nada. Su manera de acercarse a nosotros es contraria a la forma como opera Satanás, cuyos demonios nos empujan y presionan a realizar ciertas acciones, o buscan atraparnos para llevarnos a pecar y destruir así nuestra vida. Más que nada, el enemigo desea usurpar el lugar donde Dios habita en cada uno de nosotros: nuestro corazón.

Tenemos de Dios tanto como le damos. Cuando le retenemos algo, Él nos retiene algo de sí.

¡Reciba un nuevo corazón!

Para cerrar este capítulo, quiero darle la oportunidad de recibir un nuevo corazón y el don del Espíritu Santo, por medio de la fe en Jesús. Como escribí antes, estos cambios son fundamentales para poder experimentar una transformación genuina y continua. Si este capítulo ha abierto sus ojos a la corrupción de su corazón y su propia incapacidad para revertirla; si reconoce que necesita que Dios cambie su corazón y está dispuesto a rendirle su vida por completo, haga la siguiente oración. Confíe en que Dios le ayudará a entregarle todas las áreas de su ser para que Él lo transforme, porque *"el que los llama es fiel, y así lo hará"* (1 Tesalonicenses 5:24, NVI).

Padre celestial, yo reconozco que soy un pecador y que mi pecado me separa de ti. Mi corazón necesita la transformación que sólo tú puedes lograr. Yo creo que Jesús murió en la cruz por mí y que tú lo levantaste de entre los muertos. Confieso con mi boca que Jesús es el Señor. Me arrepiento de todos mis pecados y rompo todo pacto maligno con el mundo, con mi naturaleza pecaminosa y con el diablo. Ahora, hago un nuevo pacto de justicia con Jesús; y le pido que entre a mi corazón y cambie mi vida, llenándome con el Espíritu Santo. Si hoy muriera, sé que al abrir mis ojos en la eternidad estaré en tu presencia. En el nombre de Jesús, ¡amén y amén!

3

Las funciones del corazón

En este capítulo exploraremos las diversas funciones del corazón, conforme a la intención original de Dios, para que así podamos colaborar con la obra del Espíritu Santo en la transformación de nuestro ser interior.

1. El corazón regula el flujo de la vida

Como ya hemos visto, todo en la vida comienza en el corazón: "*Sobre toda cosa guardada, guarda tu corazón; porque de él mana la vida*" (Proverbios 4:23). "*El hombre bueno, del buen tesoro de su corazón saca lo bueno; y el hombre malo, del mal tesoro de su corazón saca lo malo*" (Lucas 6:45). La condición de nuestro corazón determina la condición de nuestra vida. Así como Dios diseñó el corazón físico para que bombee la sangre a los demás órganos del cuerpo, y distribuya nutrientes y minerales, así también diseñó el corazón espiritual para que "bombee" la vida a todo nuestro ser y produzca la salud mental, emocional y física.

Mucha gente se queja de sus circunstancias, y desea que su vida sea diferente. Sin embargo, en vez de quejarnos de las situaciones problemáticas —sean asuntos comerciales, matrimoniales, sociales, ministeriales o espirituales— debemos examinar nuestro corazón, y comenzar el proceso de cambio por medio del arrepentimiento y el poder de la gracia de Dios para transformarnos. Sin importar qué circunstancia nos cause frustración, ira o tristeza, la clave para cambiar nuestra vida es nuestro corazón. Allí comienza toda transformación.

El corazón espiritual fue diseñado para "bombear" vida a nuestro cuerpo entero, y así producir salud mental, emocional y física.

Cierta gente trata de cambiar su vida por pura determinación. Si bien la voluntad participa en el proceso de transformación, no está supuesta a funcionar sola por su cuenta. Muchas veces la voluntad sola fracasa en el intento de provocar el cambio deseado, particularmente cuando se ha debilitado. Es más, la voluntad no tiene el poder de transformar la *naturaleza* humana.

Suponga que una persona ha hecho algo que sabe que es incorrecto, y como acto de su voluntad decide: "No volveré a hacer tal o cual cosa", pero se halla incapaz de sostener la decisión de su voluntad, porque ese pecado fue concebido en su corazón. El pecado no puede desarraigarse sólo tomando la decisión mental de rechazarlo. Repito, un acto de verdadero arrepentimiento y cambio debe tomar lugar en nuestro ser interior, donde el Espíritu Santo nos reprueba, nos trae convicción de pecado y nos impulsa a tener un arrepentimiento genuino y un sincero deseo de cambiar. A menos que nuestro arrepentimiento venga de una convicción del corazón, no habrá cambio que perdure en nuestra conducta.

2. El corazón es el portero de nuestra vida

El corazón también funciona como una puerta o entrada, que nosotros abrimos o cerramos a las influencias externas, las cuales tienen el potencial de afectar nuestras motivaciones, decisiones y acciones. El diablo busca bloquear el flujo de la vida de Dios en nosotros, alejándonos del diseño original de nuestro Creador. Su meta es destruirnos o, al menos, descarrilar el propósito de Dios para nosotros; ya sea que éste se halle conectado con nuestro ministerio, vocación, matrimonio, vida familiar, prosperidad financiera, o cualquier otro aspecto de nuestra vida.

En consecuencia, Satanás querrá manipular nuestro corazón, plantando malos pensamientos en la mente y tentando nuestra naturaleza de pecado para que se levante en forma de orgullo, lujuria, rebeldía y más. La Biblia usa otros términos para la naturaleza de pecado, tales como la *"carne"* (vea, por ejemplo, Romanos 7:5) o el *"viejo hombre"* (vea, por ejemplo, Efesios 4:22). La *"carne"* en este sentido no se refiere al cuerpo físico sino a los deseos pecaminosos. Cualquiera que sea el término que usemos para la naturaleza de pecado, el diablo quiere contaminar nuestro corazón con ella.

Satanás suele atacar diferentes áreas de nuestra vida al mismo tiempo porque quiere desgastar nuestra paciencia y quitarnos la paz, volviéndonos vulnerables al pecado —pecado en nuestro corazón, y luego en nuestras acciones—. Así, él introduce espíritus de temor, de ansiedad, preocupación, desánimo, depresión, enfermedad y mucho más, para corromper nuestro corazón con duda, incredulidad, amargura, resentimiento, odio, culpa o una convicción generalizada de fracaso y desesperanza.

Ésta es la razón por la cual debemos comprometernos a cuidar de cerca nuestro corazón y a monitorear su salud. Permítame compartir un consejo bíblico que resulta muy útil para esto: Cuide lo que oye, y a quién oye. (Vea, por ejemplo, Filipenses 4:8; Efesios 4:29). No acepte palabras de duda o miedo; no reciba la murmuración o queja de otra gente, ni se una a ellos. Al guardar la puerta de su corazón, admita sólo las palabras que edifican y construyen su fe, que le traen paz y gozo, y que promueven la verdad, la santidad y un deseo de buscar a Dios más profundamente. "Escuche" atentamente la Palabra de Dios leyendo y estudiando las Escrituras. Su corazón necesita ser guardado en paz.

Su manera de vivir refleja la condición de su corazón.

---

3. El corazón facilita las relaciones íntimas

Como vimos en el capítulo 1, Jesús citó éste como el más grande mandamiento que Dios le ha dado al ser humano: *"Amarás al Señor tu Dios con todo tu corazón, y con toda tu alma, y con toda tu mente"* (Mateo 22:37). El Señor nunca nos pide que hagamos nada que Él no nos haya capacitado para hacer. Puede que ya nos haya dado esa capacidad en la constitución física y los dones propios con los que hemos nacido, o bien, puede habernos dado los recursos directamente a través de su Espíritu Santo; o de ambas formas. Así que, cuando el Señor nos manda amarlo con todo el corazón, podemos estar seguros que Él nos ayudará a hacerlo. Fuimos creados para la intimidad con Dios, y tenemos la capacidad de mantener una relación profunda con Él a través de la gracia y el poder de su Espíritu.

Dicha relación con Dios surge de un amor que nace en el corazón y que se rinde por completo al Amado. Un principio similar aplica a nuestras relaciones con otros seres humanos. Toda relación genuina nace en el corazón; por lo tanto, si una relación que fue establecida en amor comienza a morir, es porque ya no está basada en el corazón. Consecuentemente, se enfría y/o se diluye.

Dios derrama su amor en nuestro corazón

Cuando nacemos de nuevo a través de Jesucristo, una de las primeras cosas que se activan en nuestro corazón es el amor a Dios; este amor es la evidencia de la autenticidad de nuestro nuevo nacimiento. La Escritura dice: *"La esperanza no avergüenza; porque el amor de Dios ha sido derramado en nuestros corazones por el Espíritu Santo que nos fue dado"* (Romanos 5:5). Junto a la experiencia del nuevo nacimiento, a menudo la capacidad de amar a otros con mayor libertad surge de inmediato. Podemos encontrar que ciertas relaciones que habían estado tibias o tensas son renovadas, y descubrimos un deseo repentino de compartir el amor de Dios con otra gente.

Todo lo que hagamos para Dios —ya sea orar, servir a otros, proclamar el evangelio de Jesucristo, ofrendar, y demás—, debe fluir de nuestro amor por Él. *"Y todo lo que hagáis, hacedlo de corazón, como para el Señor y no para los hombres"* (Colosenses 3:23). Este estilo de vida de amor fue diseñado por el Creador. Repito, si discernimos una motivación en nuestro corazón que no provenga de amor —por ejemplo, una que nace de pura conveniencia—, eso nos indica que cierta área de nuestro corazón está siendo controlada por la naturaleza corrupta de pecado y necesita ser transformada a la imagen de la propia naturaleza de Dios.

Una verdadera relación con Dios surge de un amor nacido en el corazón y totalmente rendido al Amado.

La apertura del corazón es fundamental

La apertura del corazón es un ingrediente necesario para cualquier relación cercana —ya sea con Dios o con otra persona—. Veamos una ilustración de este principio. Suponga que usted tiene una relación positiva con alguien en su trabajo; nunca tiene problemas con esa persona, trabaja fuerte, coopera con usted, siempre está bien dispuesta y contribuye de manera sustancial en su departamento. Debido a que disfruta trabajando con ella, usted considera que sería bueno desarrollar una amistad fuera del trabajo; sin embargo, se da cuenta que su relación no pasa de cierto punto. Su corazón se cierra a todo aquello que no esté relacionado con la interacción laboral.

Este escenario indica que, si bien una persona puede ser inteligente y tener una *mente* abierta hacia los demás, su *corazón* puede estar cerrado. A muchos les toma mucho tiempo sentirse lo suficientemente cómodos con otras personas, como para abrir su corazón a niveles de intimidad más profundos, como una amistad, amor o una relación espiritual entre hermanos y hermanas en el cuerpo de Cristo. Esa gente puede abrir fácilmente su mente a otros para hablar de planes, metas, procedimientos, tareas y responsabilidades, pero en general, no revelarán mucho los pensamientos y sentimientos de su corazón.

No siempre vamos a experimentar una conexión del corazón con las personas con las que trabajamos o con quienes compartimos otros tipos de responsabilidades. Sin embargo, cuando el corazón de una persona está cerrado para nosotros, nuestra interacción con ella puede ser impersonal, a veces incluso fría. Si bien esta sociedad aún puede funcionar adecuadamente en el lugar de trabajo, sería poco saludable si llegara a ocurrir en una relación con nuestra familia inmediata o con un amigo de toda la vida. En este tipo de casos, la parte que ha cerrado su corazón probablemente ha construido un mecanismo de defensa para protegerse de alguien o algo que teme, o que le ha hecho que se ofenda; aunque esa "amenaza" sea real o imaginaria.

No existe relación sin un corazón abierto.

Las relaciones cerradas de este tipo pueden ocurrir en la iglesia. Suponga, por ejemplo, que un creyente decide que asistirá a los servicios pero se irá a su casa ni bien éstos terminen. Lo que transmite es que no quiere desarrollar relaciones espiritualmente significativas con el pastor u otros miembros de esa comunidad de fe. Puede ser que dicho creyente no reconozca que "*...siendo muchos, somos un cuerpo en Cristo, y todos miembros los unos de los otros*" (Romanos 12:5). El efecto de su decisión de cerrarse a otros creyentes es similar a la relación comercial descrita antes. Hay casos en que dicha conducta cerrada indica que la persona simplemente quiere usar a otras personas con el fin de conseguir algo de ellos, en lugar de ofrecerles el amor de Cristo.

Cuando una persona construye barreras emocionales que reprimen las funciones de su corazón —tal como éstas fueron diseñadas por Dios—, y que la llevan a mostrar un corazón cerrado, eso significa que los demás nunca la conocerán en verdad ni podrán desarrollar una cercana relación con ella, ya sea que se trate de familiares, miembros de su iglesia u otro grupo.

Algunas denominaciones enseñan (o hacen suponer) que mostrar emociones es un acto de la "carne"; otros quizá no lleguen tan lejos, pero aun así no animan a los miembros de sus congregaciones a manifestar abiertamente sus sentimientos. Dios nos dio las emociones y sentimientos para que podamos conectarnos con otra gente y ser capaces de expresarnos; en consecuencia, las emociones son tanto reales como necesarias. Las iglesias que bloquean las demostraciones de emoción, a veces también pisotean un mover genuino del Espíritu Santo, porque la gente no puede expresar lo que siente en su corazón, que es iniciado por el Espíritu.

¿Está su corazón abierto o cerrado? ¿Se siente cómodo compartiendo su corazón con su cónyuge, parientes y amigos, o siente temor de hacerlo porque fue emocionalmente herido por alguien en el pasado? En los capítulos subsiguientes nos enfocaremos en algunas de las barreras que solemos crear, a raíz de las heridas emocionales y las actitudes pecaminosas que nos impiden abrir nuestro corazón a Dios y a otras personas, y que evitan que seamos sanos, puesto que distorsionan nuestro reflejo del corazón de Dios.

Dios habla a nuestro corazón

En cierto sentido, Dios tiene dos "tronos": uno en el cielo y otro en la tierra. Su trono terrenal se encuentra en el corazón de cada creyente. Recuerde que Jesús dijo: *"El que me ama, mi palabra guardará; y mi Padre le amará, y vendremos a él, y haremos morada con él"* (Juan 14:23). En el Antiguo Testamento, la presencia de Dios descansaba sobre el arca del pacto, la cual se ubicaba en el Lugar Santísimo, en el tabernáculo o el templo. Hoy, nosotros somos el templo de Dios porque llevamos su presencia en nuestro corazón: *"¿No sabéis que sois templo de Dios, y que el Espíritu de Dios mora en vosotros?...Porque el templo de Dios, el cual sois vosotros, santo es"* (1 Corintios 3:16–17). *"Pero tenemos este tesoro en vasos de barro, para que la excelencia del poder sea de Dios, y no de nosotros"* (2 Corintios 4:7).

Dios habla a nuestro corazón; es su manera de guiarnos e iluminarnos el camino. *"Lámpara de Jehová es el espíritu del hombre, la cual escudriña lo más profundo del corazón"* (Proverbios 20:27). Nuestro corazón, o espíritu, es como un "receptor satelital", el cual está diseñado para recibir señales del cielo continuamente. El corazón también transmite "reportes de estado" desde lo más profundo de nuestro ser interior a nuestro Creador.

Sólo con el corazón podemos conocer verdaderamente a Dios

La comunicación de ida y vuelta descrita arriba es vital para lograr una relación genuina con Dios, porque es la única manera de conocerlo de verdad, ya que nos permite compartir las profundidades de nuestro corazón con Él. Jesús enfatizaba esta verdad, señalando lo que sucede cuando la gente no logra desarrollar este tipo de relación con Él:

> *No todo el que me dice: Señor, Señor, entrará en el reino de los cielos, sino el que hace la voluntad de mi Padre que está en los cielos. Muchos me dirán en aquel día: Señor, Señor, ¿no profetizamos en tu nombre, y en tu nombre echamos fuera demonios, y en tu nombre hicimos muchos milagros? Y entonces les declararé: Nunca os conocí; apartaos de mí, hacedores de maldad.* (Mateo 7:21–23)

El término griego que en el pasaje anterior se traduce como *"conocí"*, puede indicar "llegar a conocer, reconocer, percibir". Yo creo que esta palabra sugiere intimidad, la cual se construye con el tiempo. Si el amor no se origina en el corazón, no es genuino. Del mismo modo, las relaciones que perduran son aquellas que no sólo se originan en el corazón sino que continúan basadas en él.

Jesús decía que la gente que se enfocara sólo en las obras que hacía para Dios sería rechazada por Él porque nunca habían establecido una relación de corazón con Él, ni habían obedecido su voluntad. Tal vez usted se pregunte: "Entonces, ¿cómo pudieron profetizar y hacer milagros en el nombre de Jesús?".

He llegado a la conclusión que, a veces, una persona que no tiene una relación genuina con Dios se puede asociar con otra que sí la tiene, y que además porta una unción para operar en lo sobrenatural; debido a su proximidad con el siervo ungido de Dios, esta persona puede operar milagros desde esa atmósfera. Esto explica el caso de la gente a la que Jesús se refería. O, quizá, esa gente ejercía dones espirituales de profecía, sanidad y milagros, donde, si bien los dones espirituales vienen de Dios, no son la base para ser aceptos delante de Él. Las obras nunca serán un sustituto de la relación. Muchos no pueden experimentar la presencia manifestada de Dios en su vida porque no tienen intimidad con Él. Por tanto, si no queremos recibir de Jesús una respuesta como la anterior, debemos asegurarnos de tener una verdadera e íntima comunión con Él, basada en una relación de corazón.

Todo aquello que no se origina en el corazón no es genuino;
por tanto, no durará.

Adoramos desde el corazón

Como moderador de nuestra relación íntima con Dios, el corazón es también la fuente de nuestra adoración a Él. La adoración que no proceda de nuestro ser interior es corrupta o deshonesta. Por ejemplo, vamos a suponer que usted entra en un momento de adoración en su iglesia, pero en lugar de enfocarse en Dios, está absorto en sus propios pensamientos, deseos y necesidades. La "adoración" que usted ofrece en esas condiciones procede sólo de su alma, pues su corazón está ausente. En consecuencia, no le estará dando a Dios la honra y la entrega que Él merece, tampoco podrá entrar a su presencia ni experimentar el fluir de su vida en usted, ni ver su poder y reino manifestados en sus circunstancias.

Si ésta es la manera como usted "adora" regularmente, entonces, por más que esté ofrendando financieramente a Dios, no debería esperar una cosecha. Aunque ore, no debería esperar ser oído. Aunque lo alabe, no debería esperar sentir su presencia genuina. En efecto, estaría perdiendo su tiempo porque la vida de Dios no estaría presente en sus ofrendas, oraciones ni alabanza. Como resultado de esto, su vida no producirá fruto espiritual.

¿Cuál es la naturaleza de su relación con Dios? ¿Lo conoce? ¿Él lo conoce a usted? Dios está listo para iniciar o continuar una relación de intimidad espiritual, si usted la desea con todo su ser. Una vez que usted establezca dicha relación en su corazón, se convertirá en un portador de la presencia y el poder de Dios, y también hará milagros, señales y maravillas en su nombre —obras que tienen su aprobación y que levantan una cosecha eterna—.

El corazón del hombre es el lugar de descanso, o Lugar Santísimo,
de la presencia de Dios en la tierra.

---

4. El corazón genera fe y confianza en Dios

Dice la Escritura: *"Fíate de Jehová de todo tu corazón, y no te apoyes en tu propia prudencia"* (Proverbios 3:5). La confianza es otro elemento espiritual que nace del corazón. Debemos estar conscientes que fe y confianza no son lo mismo. La confianza representa nuestro "caminar" con Dios, la manera como lo amamos, obedecemos y vivimos para Él. La presencia de la confianza en nuestro corazón nos indica que tenemos una verdadera relación con nuestro Señor, que realmente lo conocemos, y que hemos llegado a depender totalmente de Él. Cuando confiamos en Dios, descansamos seguros en su carácter, integridad y fidelidad.

Toda relación verdadera se basa en la confianza. Una relación con Dios se establece por medio de confiar en Él de todo corazón.

Además, la fe involucra una "zona" de tiempo en la cual Dios está listo para actuar en el "ahora". El "ahora" es Su tiempo; es el momento que Él escoge para obrar. Nuestra parte en la fe es recibir lo que "oímos" en la Palabra de Dios, o directamente del Espíritu Santo, y operar conforme a eso: *"Así que la fe es por el oír, y el oír, por la palabra de Dios"* (Romanos 10:17). Mucha gente es fuerte en la fe pero débil en la confianza. Por ejemplo, creen que Dios hará el milagro, pero si éste no se manifiesta rápido, tienden a rendirse y abandonarlo. Les falta la confianza que los habría capacitado para perseverar hasta ver la manifestación. Esta falta de confianza debilita su relación con el Padre celestial.

La confianza es una moneda

Si una persona no está preparada para inspirar confianza en una relación, o para confiar en la otra parte, esa relación sufrirá y, en ocasiones, morirá. Por ejemplo, un hombre puede amar a su esposa, pero si le es infiel habrá traicionado su confianza. Puede que él piense que el amor por su esposa no ha cambiado, pero su relación de compromiso mutuo se ha roto. Si su esposa se entera de la infidelidad, quizá siga amándolo o incluso lo perdone, pero la pregunta es: ¿Será capaz de confiar nuevamente en él?

Un corazón que ha sido herido por una traición es muy difícil que vuelva a confiar. Ese corazón puede amar a la otra persona por largo tiempo, pero le resultará imposible reconstruir la relación. La confianza es una "moneda" entre la gente. La única esperanza para una relación matrimonial rota por el adulterio, es que el cónyuge infiel gane nuevamente la confianza por medio de un verdadero arrepentimiento de corazón, y por una fidelidad que se demuestre durante un largo período de tiempo.

De igual manera, la confianza es parte esencial de nuestra relación con Dios y se construye a través del tiempo. Lo cierto es que podemos confiar en que Dios será totalmente confiable, pero nosotros, tenemos que demostrarle a Él que también puede confiar en que le seremos fieles y leales.

Usted es rico si puede confiar en aquellos con quienes tiene una relación y si ellos pueden confiar en usted.

La confianza trae perseverancia

Como mostré antes, nuestra confianza en Dios no sólo establece nuestra relación con Él, sino que también la mantiene a lo largo del tiempo. Esto también es cierto cuando esperamos el cumplimiento de sus promesas. Considere las siguientes preguntas: ¿El fundamento de su relación con Dios es tan fuerte como para permanecer por el resto de su vida? ¿Mantiene usted una relación diaria con Dios en tiempos buenos y en tiempos de prueba? ¿Si pasara por un problema angustiante o entrara en un período difícil que durara mucho tiempo, seguiría confiando en Él, o buscaría ayuda en otras alternativas? ¿Será hallado todavía en relación con Dios, al final, después de todos los altibajos de la vida?

A veces, recibir una respuesta a nuestras oraciones no es tanto un asunto de fe sino más bien de confiar en Dios cuando el cumplimiento de sus promesas parece demorarse. Debemos saber que no recibiremos de inmediato todo lo que pidamos. La Escritura dice: *"Sabiendo que la prueba de nuestra fe produce paciencia ["constancia", nvi]"* (Santiago 1:3). Esta declaración indica que mientras ejercitamos nuestra fe puede pasar algún tiempo. No significa que debamos permanecer enfermos o derrotados hasta que Cristo venga. En cambio, nos dice que debemos perseverar para obtener las promesas y milagros de Dios.

¿Qué deberíamos hacer cuando no vemos de inmediato la manifestación de la promesa? Debemos pedirle al Espíritu Santo que nos dé discernimiento en cuanto al tipo de fe a ejercitar en una situación y momento dados —ya sea una fe del "ahora" que recibe la manifestación instantánea, o la fe que persevera hasta que Dios está dispuesto a desatar el milagro que anhelamos recibir—. Debemos también esperar fiel y confiadamente la manifestación de la promesa. Como dice el libro de Isaías: *"En quietud y en confianza será vuestra fortaleza"* (Isaías 30:15). El carácter de nuestro corazón se establece sobre una fe firme, no en la emoción de un momento. Si nuestro corazón confía en Dios, permaneceremos inamovibles hasta la manifestación de aquello que nuestra fe espera recibir, y que ya ha recibido en el ámbito espiritual. (Vea Marcos 11:24).

Necesitamos entender que en la esfera sobrenatural el cumplimiento es "ahora", hasta que llega el tiempo señalado. No podemos cuestionar a Dios porque aún no ha respondido, pues entonces estaríamos calumniando su carácter e integridad, y eso sería un insulto al Todopoderoso. En tiempos como esos debemos confiar en quién es Dios —su carácter—, cuánto valemos para Él, y cuánto desea darnos su vida.

¿Cómo puede un ser humano débil, creado del polvo de la tierra, llegar a esta clase de confianza? He visto a creyentes que comienzan a buscar fuentes alternativas para recibir ayuda cuando la promesa no llega de inmediato. Después de haberle entregado un problema a Dios, lo vuelven a tomar para tratar de "resolverlo" con medios humanos. Mientras tanto, la respuesta que pudo haber estado lista para manifestarse en su vida, tristemente la pierden por andar buscando soluciones naturales.

Dios quiere que aprendamos a depender de Él. Nosotros no sabemos lo que puede venir a nuestra vida, pero podemos confiar en Dios con todo nuestro corazón, porque sus propósitos y caminos son infinitamente mayores que nuestro entendimiento e inteligencia.

Porque Dios no es injusto para olvidar vuestra obra y el trabajo de amor que habéis mostrado hacia su nombre, habiendo servido a los santos y sirviéndoles aún. Pero deseamos que cada uno de vosotros muestre la misma solicitud hasta el fin, para plena certeza de la esperanza, a fin de que no os hagáis perezosos, sino imitadores de aquellos que por la fe y la paciencia heredan las promesas. (Hebreos 6:10–12)

Por medio de la confianza entramos a mayores dimensiones de fe.

La confianza desata la fe

En cierto sentido, la manifestación de lo que ha estado esperando —provisión financiera, restauración matrimonial, sanidad o liberación—, siempre ha estado con usted, porque la fe es "ahora" en el ámbito eterno. Sin embargo, como hemos venido diciendo, a veces el "ahora" ha estado esperando a que usted confíe en Dios. Cualquiera puede creer en el "ahora" cuando ve su respuesta manifestada, pero la prueba de la confianza es la condición de su corazón mientras espera el cumplimiento de la promesa. A menudo, antes de ver la respuesta a nuestro pedido, el enemigo tratará de convencernos de que nunca sucederá. En esos tiempos, debemos agarrarnos de nuestra fe y seguir creyendo en el Señor con todo nuestro corazón, sin importar lo que vean o no vean nuestros ojos.

¿Comienza a entender lo importante del papel que juega el corazón en el ámbito de lo sobrenatural? El corazón es crucial para ver la mano de Dios moverse en su vida; para ver el cumplimiento de sus promesas y la manifestación de sus milagros.

La vida del patriarca Abraham, un gigante de la fe, es un gran ejemplo de la confianza y sus resultados. Abraham tuvo que esperar veinticinco años antes que la promesa de Dios de darle un hijo se manifestara en el "ahora". "Y [Abraham] *no se debilitó en la fe al considerar su cuerpo, que estaba ya como muerto (siendo de casi cien años), o la esterilidad de la matriz de Sara*" (Romanos 4:19). Deberíamos llamar a Abraham, no solo el "padre de la fe" (vea Romanos 4:11–12, 16), sino también el "padre de la confianza", porque tuvo que esperar con paciencia y confianza, descansando en el conocimiento de que la promesa de Dios se manifestaría un día. La confianza le permitió esperar sin desesperarse —aunque sí, a veces se hizo preguntas—. (Vea, por ejemplo, Génesis 15:1–6). La confianza le permitió perseverar y creer en Dios y en su palabra *"contra toda esperanza"* (Romanos 4:18, NVI), y más allá de toda circunstancia.

¿Está usted enfrentando una situación similar a la de Abraham? ¿Ha estado orando y creyendo por el cumplimiento de la promesa de Dios por largo tiempo, pero su "ahora" no ha llegado aún? No importa cuál sea el problema —un mal diagnóstico médico, falta de empleo, una relación complicada—, usted siga confiando en Dios con todo su corazón, aun cuando el mundo le aconseje lo contrario. Si conocemos a Dios y tenemos una relación continua con Él por medio del amor, la oración y la obediencia a su Palabra, y si recordamos que nunca nos dejará ni nos abandonará (vea Hebreos 13:5), podemos confiar en que Él nos responderá.

La siguiente Escritura resume el significado de confiar en el Señor con todo el corazón aun cuando estemos desanimados, confundidos o incapaces de ver su mano en nuestras circunstancias: *"Estando persuadido de esto, que el que comenzó en vosotros la buena obra, la perfeccionará hasta el día de Jesucristo"* (Filipenses 1:6). Nunca crea que sus circunstancias son tan abrumadoras como para dejar de confiar en Dios y darse por vencido. *"[Abraham] tampoco dudó, por incredulidad, de la promesa de Dios, sino que se fortaleció en fe, dando gloria a Dios, plenamente convencido de que era también poderoso para hacer todo lo que había prometido"* (Romanos 4:20–21).

Más aun, la fe que está sólidamente respaldada por la confianza no puede permanecer en silencio. Tiene que alabar a Dios y adorarlo. Abraham *"se fortaleció en fe, **dando gloria a Dios**"* (Romanos 4:20). Por tanto, en medio de sus circunstancias, llene la atmósfera de su hogar u oficina con alabanza y adoración. Cántele a Dios y ponga música de adoración. Exprese su fe y confíe mientras permanece sujeto a la fidelidad de Dios; Él nunca cambia. (Vea, por ejemplo, Hebreos 13:8). ¡Su "ahora" está en camino!

Cuando la confianza es fuerte, la fe llega en el "ahora".

En el Antiguo Testamento, los profetas tenían que esperar largos períodos de tiempo para ver las promesas de Dios cumplidas. De hecho, muchos de ellos murieron sin verlas manifestadas. Pero después que Cristo vino a la tierra y murió en la cruz, Dios lo levantó de entre los muertos; y cuando Jesús resucitó, trajo con Él la fe sobrenatural, y el ámbito del eterno "ahora" se extendió sobre el ámbito de la tierra.

Oro para que el siguiente testimonio, de Marta, una maestra de Colombia, fortalezca su confianza para que su fe pueda desatarse en el "ahora":

"Yo sufría de piedras en la vesícula, una condición que me producía mucho dolor. Todo lo que comía me sabía amargo. Durante un servicio, el pastor dijo que si alguien estaba enfermo, que se colocara la mano donde sentía el dolor porque recibiría su sanidad. Yo puse mi mano en el lugar de la vesícula y le creí a Dios. Creí que Él me había sanado y que si bien el dolor continuaba, Él estaba haciendo su perfecta obra en mí. Días después fui al médico a realizarme los exámenes de seguimiento, pero después de revisarme el doctor dijo que ¡las piedras habían desaparecido!

"Además de eso, a los quince años me habían extirpado el apéndice; pero cuando fui al doctor por el problema de la vesícula, y me escanearon los órganos, el médico dijo: 'El apéndice aparece de tamaño normal; no hay inflamación'. Asombrada, yo exclamé: 'Oh, Señor, ¡qué grande e impresionante eres!'. Yo recibí un milagro creativo, porque incluso la extirpación de mi apéndice estaba registrada en mi historial médico.

"Pero entonces, me diagnosticaron un quiste en el pulmón, el cual a veces me hacía respirar con dificultad. Durante los siguientes nueve meses, el quiste creció hasta que el médico dijo que era canceroso. De inmediato cancelé ese diagnóstico. No lo acepté, y ¡también recibí mi sanidad! El quiste se redujo hasta que desapareció".

Yo profetizo que aquellos que han estado confiando en que Dios traerá cambios a su vida —por ejemplo, cambios en su matrimonio, en sus hijos, en los negocios; cambios en forma de liberaciones, milagros o sanidades—, ¡verán la manifestación en el "ahora"! ¡Amén!

5. El corazón se compromete con Dios y otra gente

La mayor parte de la actividad de Dios en la tierra requiere el compromiso del corazón humano. Sin nuestro compromiso, Dios tampoco se compromete a actuar. Como dije antes, en ocasiones podemos envolvernos en obras que parecen del ministerio, pero nuestro corazón no está en el asunto. Por ejemplo, podemos servir a los demás, "adorar" a Dios, traer nuestras ofrendas al Señor, ministrar, predicar o enseñar, sin comprometer el corazón; de ese modo sólo estamos realizando simples rituales vacíos de significado eterno. Si su corazón no está comprometido con Dios, Él lo verá como indigno de confianza. Usted debe permitirle al Espíritu Santo que lo transforme y le dé gracia para comprometer genuinamente su corazón con Dios. Cuando usted se compromete sin reservas, Él derrama amor por los demás en su corazón y una carga por su bienestar, todo lo cual provoca que usted ore por ellos y ministre sus necesidades.

Si usted no se somete, Dios no se compromete.

Un llamado a comprometerse de todo corazón

El siguiente testimonio puede darle una clara ilustración de lo que he tratado de transmitirle en este capítulo. Es la historia de Tito, un nativo de Colombia, quien es contador público y dueño de una exportadora:

"Yo llegué a rendirme a Cristo de manera muy dolorosa. Era muy escéptico cuando se trataba de algo relacionado con Dios. No me gustaba eso de diezmar u ofrendar, porque creía que era una manera de robarme, y no quería darle mi dinero a nadie. Mi mentalidad era contraria a la de Dios. Un día, mientras celebraba el día de la madre con mi esposa, sufrí un ataque al corazón. En seguida llamaron una ambulancia, pero llegó tarde; yo había muerto unos segundos antes. Sin embargo, me resucitaron por medios mecánicos y administrándome drogas.

"Una vez en el hospital, los médicos decidieron operarme para reemplazar una arteria en mi corazón. Estaba tan preocupado por mi salud, pero más aún por la deuda en la que incurriría debido a los costos del hospital. ¡No tenía forma de pagarlos! Milagrosamente, no tuve que pagar nada. Dios pagó por mí. ¡Estoy libre de deuda para la gloria de Dios! Él permitió que este problema sucediera para que yo pudiera conocer su existencia, amor y poder, para que cambiara mi mentalidad acerca de las cosas de Dios y, finalmente, fuera transformado.

"Después de esto, acepté a Jesús en mi corazón. Sabiendo lo difícil que era para mí diezmar y ofrendar, este incidente me llevó a reconocer mi necesidad de Dios. Yo nunca hubiera sido capaz de pagar la deuda, ¡ni siquiera con todos mis diezmos y ofrendas! Hoy, soy un hombre diferente. Estoy comprometido con mi Padre celestial, y confío en Él con todo mi corazón. Puedo decir que nací de nuevo ¡dos veces! Nací de nuevo en el reino y 'nací de nuevo' después de un ataque mortal al corazón".

¿Será éste el tiempo para que usted también se comprometa con Dios de todo corazón? Veamos los siguientes cuatro puntos, los cuales reconocerá como temas recurrentes en este libro. Medite en ellos ahora y también al leer el próximo capítulo de *Transformación Sobrenatural*:

1. Pruebe su corazón

En el capítulo 1, hicimos esta pregunta: "¿Qué mira Dios en su corazón?". Dios mira más allá de los asuntos superficiales de nuestra vida; Él ve las profundidades de nuestro ser. Mira las motivaciones, intenciones y pensamientos íntimos —buenos o malos—, y desea darnos un corazón sano y pleno, con todas las características de su propia naturaleza —como amor, gozo, justicia y sabiduría—. Para que esto suceda, debemos entender la condición de nuestro corazón en relación al corazón de Dios. Él nos revelará el estado de nuestro ser por medio de la lectura y estudio de su Palabra, si somos sensibles a la guía del Espíritu Santo.

Mucha gente no toma tiempo para pensar en el estado de su corazón. Sin embargo, nosotros debemos preguntarnos —y responder honestamente— cada aspecto de esta pregunta: "Mi corazón, ¿está en el lugar correcto con respecto a Dios, mi familia, iglesia, ocupación, entretenimiento, recreación y mis otras actividades?". Como hemos visto: *"Donde está vuestro tesoro, allí estará también vuestro corazón"* (Mateo 6:21).

¿Cuál es su prioridad en la vida? ¿Es Dios? ¿Es su reino? ¿O son las riquezas, el éxito o la fama? ¿Es tener una buena apariencia física? ¿Un deseo de venganza? Piense en la forma como está gastando la mayor parte de su dinero disponible para gastos extras, y la mayoría de su tiempo, luego de cumplir sus responsabilidades primarias con las que cubre las necesidades de su familia. Y vuelvo a decir que esto es muy sencillo, pues basta con mirar las entradas en su cuenta de banco y los estados de su tarjeta de crédito de años anteriores, para determinar cómo y en qué ha estado gastando su dinero. También puede repasar las actividades de los últimos meses para evaluar sus prioridades en la vida, y la naturaleza de sus actividades a la luz del carácter de Dios y los propósitos de su reino.

2. Sea sincero con su corazón

¿Qué significa "ser sincero con su propio corazón"? Primero, significa ser honesto con usted mismo acerca de lo que descubre del estado de su corazón. Esto lo llevará a ser honesto con Dios y con los demás.

¿Ha sido usted honesto consigo mismo acerca de sus genuinas creencias y sus verdaderas prioridades, o se ha estado mintiendo a sí mismo? Tal vez usted no ha permitido que la Palabra de Dios impacte su vida de la forma que le gustaría que otros creyeran. Si usted está alineado a las prioridades de Dios y está moldeando su estilo de vida de acuerdo con su Palabra, experimentará su paz y gozo. De lo contrario, su conciencia lo molestará y sentirá una fuerte convicción e incomodidad. Pregúntese a sí mismo: "¿Qué es lo que realmente creo con respecto a Dios, a Jesús, al Espíritu Santo y al reino de Dios?". "En lo más profundo de mi corazón, ¿amo a Dios y le soy fiel?". "¿Estoy viviendo de acuerdo a lo que digo que creo?". "¿En qué ocasiones estoy viviendo contrariamente a lo que digo creer?". "¿Por qué no estoy de acuerdo con mi fe?". "¿Qué puedo hacer para realinear mis prioridades y motivaciones con la voluntad de Dios y sus propósitos?".

3. Hable con el corazón

Tercero, debemos hablar con el corazón, no sólo con la mente. Miremos dos puntos en esta conexión. Hablar con el corazón es hablar honestamente, sin artimañas ni engaños. Por ejemplo, no debemos hablar con mentiras ni adulaciones para obtener algo de la gente. Esto no significa que debamos actuar sin tacto en lo que les decimos a los demás o que debamos hablar sin pensar lo que sea que venga a nuestra mente. Más bien, significa que nuestras palabras deben ser íntegras, y que no debemos hablar algo que nuestro corazón no cree.

Además, hemos destacado que *"de la abundancia del corazón habla la boca"* (Mateo 12:34). Hay una conexión entre el corazón y la boca. Por lo tanto, si lo que usted dice no está de acuerdo con la Palabra de Dios —si se queja, murmura, maldice o habla algo más que contradice su carácter—, debe saber que hay un problema en su corazón. Por ejemplo, en el siguiente capítulo, descubriremos cómo la dureza del corazón puede impedir que se manifieste la fe en nuestro corazón, nuestras palabras y nuestras acciones.

Sin embargo, cuando nos rendimos a Dios y vivimos de acuerdo al poder de su Espíritu, nuestro corazón es transformado y también nuestras palabras se transforman inevitablemente. Como trataremos más ampliamente en un capítulo siguiente, una de las mejores formas de que nuestro corazón cambie es memorizando y meditando la Palabra de Dios, hasta que ésta quede profundamente arraigada en nuestro ser interior.

4. Actúe con el corazón

El cuarto punto es que no solamente debemos "creer" en la Palabra de Dios y sus principios, o tan sólo expresarlos, sino que debemos actuar conforme a ellos mientras se establecen en nuestro corazón. Esto dará integridad a lo que creemos, lo que decimos y lo que hacemos. Y todo lo que creemos, decimos y hacemos debe glorificar a Dios y bendecir a otras personas.

Si sus diferentes acciones —en su familia, ministerio, trabajo u otro aspecto de la vida— no están basadas en genuinas motivaciones del corazón, no tendrá el compromiso para ser fiel y perseverar para llevarlas a cabo. Sus acciones no serán consistentes y no podrá concretarlas. En consecuencia, sus esfuerzos tendrán poco impacto positivo en su vida, en la vida de otros, en la de la comunidad o en el avance del reino de Dios en el mundo. Sin embargo, si sus acciones están basadas en motivaciones genuinas del corazón, como lo dijo Pablo, podrá ejecutar *"la obra de vuestra fe, del trabajo de vuestro amor y de vuestra constancia en la esperanza en nuestro Señor Jesucristo"* (1 Tesalonicenses 1:3).

Repase y responda estos cuatro puntos, y al hacerlo, comprométase a buscar una relación más cercana con Dios. Comprométase con su visión. Comprométase con el propósito divino para su vida. Comprométase con su familia. Comprométase a amar a sus hermanos y hermanas en Cristo. Comprométase a ministrar a otros en el nombre de Jesús —a orar, a servir y a evangelizar—. Comprométase a llevar a cabo el propósito de Dios para su vida, desde lo más profundo de su corazón. ¡Hágalo ahora!

4

¿Corazón de "piedra" o corazón de "carne"?

Cuando describimos a una persona de *corazón duro*, por lo general la imaginamos como alguien cruel, alguien que trata a los demás rudamente o que puede tomar la vida de otro sólo para obtener beneficio propio. No pensamos que esa palabra puede aplicar a nosotros mismos. Ciertamente, el término les cabe a quienes actúan con crueldad hacia los demás, pero además tiene implicaciones espirituales más profundas, que son universalmente aplicables a todo ser humano —incluyendo a los cristianos—. Todos tenemos un corazón "duro" en algunas áreas y a diferentes grados, y esta condición estorba nuestra vida. Es más, deberíamos estar conscientes que el corazón de cualquier persona tiene el potencial de endurecerse hasta llegar a afectar su vida entera. Todos somos susceptibles a dicho proceso si no monitoreamos regularmente nuestro corazón.

Considere el significado de la palabra griega traducida como *"dureza de corazón"*. En Marcos 16:14 leemos: *"Finalmente [Jesús] apareció a los once mismos, estando ellos sentados a la mesa, y les reprochó su incredulidad y dureza de corazón, porque no habían creído a los que le habían visto resucitado"*. En griego, este término indica "privados de percepción espiritual". No necesariamente deberíamos pensar que los discípulos de Jesús eran "duros de corazón", excepto, quizá, por Judas Iscariote. Los demás discípulos, obviamente cometieron errores, les faltó la fe y no supieron entender las enseñanzas de Jesús en su momento, ¿pero dureza de corazón?

Sin embargo, preste atención nuevamente a lo que expresa el término griego "dureza de corazón": *"privados* de percepción espiritual". Ser "privado" es una condición seria. La palabra indica una falta de discernimiento o sensibilidad espiritual, una deficiencia en el entendimiento de una verdad espiritual. Esta deficiencia limita nuestro conocimiento de la naturaleza real de Dios y de Jesús, limita nuestra intimidad con Él, detiene el cumplimiento de sus propósitos en nuestra vida, y nos lleva a abandonar o desobedecer sus mandamientos.

El cumplimiento del mayor mandamiento de todos —amar a Dios con todo nuestro corazón, y al prójimo como a nosotros mismos (vea, por ejemplo, Marcos 12:29–31)— se ve obstaculizado por la dureza del corazón, debido a que la falta de percepción espiritual distancia nuestro corazón de Dios y de la gente. Pregúntese a sí mismo: "¿Está mi corazón blando y rendido a Dios?". "¿Dónde puede estar bloqueada mi percepción espiritual debido a la dureza del corazón?".

El amor se ha enfriado

Yo creo que estamos viviendo una temporada en la que Dios trae "aceleración" a cada área de nuestra vida, así como un mover de milagros, señales y maravillas, nunca antes visto. Cuando digo aceleración, me refiero a una transición más rápida a niveles mayores de fe, y una transformación más rápida del corazón, que nos capacita para funcionar en dimensiones más altas del ámbito sobrenatural. Considero que los dos movimientos de la gloria de Dios —la gloria primera (representada por los milagros del Antiguo Testamento) y la gloria postrera (representada por los milagros que Jesús anunció que ocurrirían en la iglesia)— se están uniendo en una doble manifestación. Sin embargo, también creo que estamos viviendo los tiempos que Cristo profetizó, cuando dijo: *"Y por haberse multiplicado la maldad, el amor de muchos se enfriará"* (Mateo 24:12).

El concepto de "el amor se enfriará" se refiere al corazón endurecido; y ésta es una señal del tiempo final. Como vimos antes, cuando Dios creó a los seres humanos, les dio un corazón conforme al suyo, pero cuando ellos lo desobedecieron, ese corazón se corrompió y la humanidad se llenó de pecado —incluyendo orgullo, inmoralidad, lascivia por el poder y más—;

los mismos pecados que vemos reflejados en nuestra sociedad actual. Hasta cierto punto, la frialdad de este último tiempo es la razón por la cual la gente se ha vuelto insensible al amor verdadero; su corazón carece de empatía hacia el dolor físico, emocional o espiritual de la gente. No está a tono con Dios, su Palabra o su voluntad.

Recuperar el corazón

El nuevo nacimiento en Cristo nos capacita para recuperar, por medio de la transformación sobrenatural, el corazón que el primer ser humano perdió. Dios nos ve a través de la justicia de Cristo resucitado. Sin embargo, como ya hemos visto, la transformación de nuestro ser interior también es un proceso diario y progresivo que incluye todas las áreas de nuestra vida.

Debido a que vivimos en un mundo caído, donde opera el pecado y la corrupción destruye, debemos guardar nuestro corazón para que no se enfríe lentamente hasta endurecerse, por estar expuesto a las falsas perspectivas y actitudes negativas de la gente a nuestro alrededor, o por reaccionar a los problemas y crisis que ocurren en la tierra —desde debacles económicas hasta desastres naturales—. Debemos permitir que Dios ablande las áreas de nuestro ser interior que todavía están endurecidas por los efectos de nuestra naturaleza pecaminosa y las malas actitudes que hemos aceptado y permitido que se aniden en nuestro corazón, a lo largo de los años.

Dios circuncidará nuestro corazón

Nuestro Padre celestial nos ha dado estas grandes promesas que pueden cambiar nuestra vida:

Y circuncidará Jehová tu Dios tu corazón, y el corazón de tu descendencia, para que ames a Jehová tu Dios con todo tu corazón y con toda tu alma, a fin de que vivas. (Deuteronomio 30:6)

Os daré corazón nuevo, y pondré espíritu nuevo dentro de vosotros; y quitaré de vuestra carne el corazón de piedra, y os daré un corazón de carne. (Ezequiel 36:26)

La "circuncisión" espiritual, cuyo significado indagaremos en este capítulo, quita las barreras entre Dios y nosotros (y entre nosotros y nuestro prójimo), para que podamos amar al Señor con todo nuestro ser. Dios nos dará un *"corazón de carne"* a cambio de un *"corazón de piedra"*, y entonces, "viviremo" en sentido verdadero y completo.

La condición de un corazón endurecido

Antes, vimos el instante que siguió a la resurrección de Jesús cuando Él reprende a sus discípulos por la dureza de su corazón al no creerles a quienes lo habían visto vivo, después de su muerte en la cruz y su consiguiente entierro. Sin embargo, hay una referencia previa en las Escrituras acerca de la dureza de corazón de los discípulos. En Marcos 6:52, leemos: *"Porque aún no habían entendido lo de los panes, por cuanto estaban endurecidos sus corazones"*.

Ahora veremos el trasfondo de esta declaración: Cristo acababa de realizar el grandioso milagro de multiplicar cinco pequeños panes y dos peces, y hubo comida más que suficiente para alimentar a las más de cinco mil personas que habían llegado de las ciudades circundantes, y durante horas escuchaban con atención sus enseñanzas y recibían sanidad. (Vea también Mateo 14:14). Pero incluso después de ver estas demostraciones de provisión sobrenatural, los discípulos de Jesús seguían espiritualmente ciegos con respecto a quién era Él y cómo les proveería, tal como lo demuestra lo ocurrido a continuación.

Jesús los había enviado por delante en una barca a la otra orilla del Mar de Galilea, y Él se había quedado atrás para orar en soledad. La noche sorprendió a los discípulos en medio del mar y un fuerte viento los obligó a remar con gran fatiga, porque el viento les era contrario. Entonces Jesús vino caminando sobre las aguas, y cuando entró a la barca con ellos, el viento se detuvo. *"Y ellos [los discípulos] se asombraron en gran manera, y se maravillaban. Porque aún no habían entendido lo de los panes, por cuanto estaban endurecidos sus corazones"* (Marcos 6:51–52). En este versículo, la palabra griega para *"endurecidos"* deriva aparentemente del nombre de un tipo de piedra. El término literalmente significa "petrificar"; figurativamente, se refiere a "volverse estúpido", "encallecer", "cegar", o "endurecer".

"Levadura" corruptora

No mucho después del incidente en el Mar de Galilea, Jesús vuelve a multiplicar los alimentos de manera milagrosa y da de comer a cuatro mil personas. (Vea Marcos 8:1–9). Pero los discípulos parecen no haber adquirido percepción espiritual acerca de la deidad de Jesús, en lo concerniente a su provisión masiva para las multitudes. Jesús pronto *"les mandó, diciendo: Mirad, guardaos de la levadura de los fariseos…"* (Marcos 8:15). ¿Qué era la *"levadura de los fariseos"*? él les mandó, diciendo: Mirad, guardaos de la levadura de los fariseos, y de la levadura de Herodes.

En el mundo natural, la *levadura* es "una sustancia usada para producir fermentación en una masa o líquido". Cuando la levadura se mezcla con la masa la agranda. La declaración de Jesús debe haberle recordado a su audiencia la fiesta anual judía de los Panes sin Levadura, la cual Dios había ordenado celebrar a los israelitas como recordatorio de que debían quitar el pecado (representado por la levadura) de sus vidas. (Vea, por ejemplo, Éxodo 12:17–20).

¿A qué forma de pecado se refería Jesús en cuanto a los fariseos? El libro de Mateo registra: *"Entonces [los discípulos] entendieron que no les había dicho que se guardasen de la levadura del pan, sino de **la doctrina** de los fariseos y de los saduceos"* (Mateo 16:12). En otra ocasión, Jesús les dijo a sus discípulos: *"Guardaos de la levadura de los fariseos, que es la **hipocresía**"* (Lucas 12:1). En efecto, la "levadura" a la que Jesús se refería era la hipocresía de la religión practicada por los fariseos, la cual corrompía la integridad del corazón. Para mayor comprensión de esta "levadura" corruptora leamos lo que escribió el apóstol Pablo a los creyentes en Corinto:

> *Limpiaos, pues, de la vieja levadura, para que seáis nueva masa ["panes sin levadura," NVI], sin levadura como sois; porque nuestra pascua, que es Cristo, ya fue sacrificada por nosotros. Así que celebremos la fiesta, no con la vieja levadura, ni con **la levadura de malicia y de maldad**, sino con panes sin levadura, de sinceridad y de verdad.*
>
> (1 Corintios 5:7–8)

En varios lugares de la Biblia, la levadura simboliza las falsas enseñanzas, la hipocresía, malicia y maldad; ideas erróneas, actitudes y actos de pecado, que tienen el potencial de esparcirse a un gran número de personas, tal como la levadura penetra toda la masa.

Los discípulos habían presenciado dos veces la multiplicación que Jesús había hecho de los panes y los peces, y personalmente habían distribuido la comida "milagrosa" a miles de personas. Sin embargo, considero que sus corazones estaban tan endurecidos por apariencias y actitudes "religiosas" que carecían de la percepción espiritual para apreciar los eventos sobrenaturales que estaban sucediendo justo delante de ellos. La levadura de la religiosidad impedía que sus ojos fueran abiertos a las verdades espirituales de Dios el Padre y Dios el Hijo. Según mi punto de vista, una gran parte de la iglesia está hoy en la misma condición. Todo creyente que no busque de continuo la transformación de su corazón, y que no esté listo para recibir lo nuevo que Dios está haciendo ahora, corre el riesgo de caer en este mismo estado.

La dureza del corazón no ve, no oye ni percibe el ámbito espiritual
ni los asuntos del espíritu.

Un pueblo de "dura cerviz"

En el Antiguo Testamento, los israelitas mostraban con frecuencia un corazón endurecido, y solían ser llamados *"pueblo de dura cerviz"*. Por ejemplo, *"Dijo más Jehová a Moisés: Yo he visto a este pueblo, que por cierto es pueblo de dura cerviz"* (Éxodo 32:9). Tal vez, Dios escribió los Diez Mandamientos sobre tablas de piedra porque su pueblo había endurecido tanto su corazón, que no podía percibir su presencia ni discernir su voluntad. Es más, debido a la mala "levadura" en su vida, los israelitas no fueron capaces de reconocer quién era realmente Dios y qué deseaba para ellos, y alejaron su corazón de la obediencia a Él.

Dios siempre quiso escribir sus mandamientos en el corazón de su pueblo, porque es la única manera como éste puede amarlo y obedecerlo. Tristemente, al mismo tiempo que Dios escribía los Diez Mandamientos con su propio dedo sobre las tablas de piedra, en presencia de Moisés en el Monte Sinaí (vea Éxodo 31:18), el pueblo de Israel lo rechazaba, adorando un becerro de oro que le habían pedido a Aarón, el sumo sacerdote de Jehová, que hiciera. (Vea Éxodo 32). Básicamente, estaban rechazando lo que Dios mismo había escrito u ordenado para ellos. Aun hoy, mucha gente rechaza la verdadera Palabra de Dios por una religión hecha por ellos mismos.

En el Nuevo Testamento, cuando Esteban dio su discurso en el poder del Espíritu Santo a los líderes judíos del Sanedrín, dijo: "*¡Duros de cerviz, e incircuncisos de corazón y de oídos! Vosotros resistís siempre al Espíritu Santo; como vuestros padres, así también vosotros*" (Hechos 7:51). Y Dios puede decir lo mismo de mucha gente en la iglesia de hoy. Muchos han endurecido su corazón hacia Él, demostrando un espíritu de independencia, rebeldía y desobediencia a sus preceptos. En consecuencia, han "contristado" al Espíritu Santo. (Vea Efesios 4:30).

En la iglesia de Occidente, mucha gente no busca una manifestación de la revelación sobrenatural de Dios ni de sus obras. Algunos se muestran indiferentes a la idea de experimentar el poder del Espíritu Santo, mientras otros rechazan de plano la legitimidad de la sola idea. Muchos creyentes simplemente quieren oír predicar la Palabra de Dios y practicar ciertas costumbres y tradiciones asociadas con asistir a la iglesia, de manera que puedan sentirse cómodos y entretenidos. Pero en realidad no quieren la presencia manifestada de Dios en medio de ellos, y menos aún hacer los sacrificios personales de morir a su naturaleza de pecado para poder acercarse más a Dios.

La religión nace por la dureza de corazón, y produce aún más dureza en la gente.

De cierta manera, la fe de esta generación se ejerce únicamente en la mente. No se ejerce desde el corazón, porque éste se ha endurecido y por tanto no produce vida. Un corazón endurecido es la razón por la que mucha gente puede herir a otra sin siquiera darse cuenta; y si se dan cuenta, no les importa. ¡¿Cómo puede ser que la gente hiera a sus seres queridos, amigos y gente cercana porque su propio corazón se ha endurecido?! Vemos padres e hijos, esposos y esposas, pastores y creyentes, jefes y empleados, y más, todos hiriéndose mutuamente.

¿Qué hace que el corazón se endurezca?

La dureza del corazón es un síntoma de la naturaleza corrupta que los seres humanos heredamos de la caída de Adán. De nuevo digo, esta dureza nos separa de Dios y nos lleva a apegarnos a mentalidades y actitudes contrarias a la gracia, la vida y el poder del Espíritu Santo. Estas son algunas de las maneras como un corazón endurecido se manifiesta en la vida de las personas.

1. El pecado cometido de continuo

El escritor del libro Hebreos dijo: *"Antes exhortaos los unos a los otros cada día, entre tanto que se dice: Hoy; para que ninguno de vosotros se endurezca por el engaño del pecado"* (Hebreos 3:13). Estudiando la Biblia, he recopilado y desarrollado varias definiciones de pecado, tales como "errar al blanco", "desobedecer a Dios", "ofender a Dios" y "violar la ley de Dios". Cada vez que pecamos, algo de Dios en nosotros se debilita y muere. Y cuando cometemos un pecado en particular, repetidamente, sin arrepentirnos, abrimos la puerta de nuestro corazón al enemigo, permitiéndole introducir su levadura de corrupción, la cual causa que nuestro corazón se endurezca.

Mucha gente no reconoce cuando este proceso ocurre dentro de ella. Por tanto, cuando busca soluciones a sus problemas, lidia sólo con los síntomas. Supongamos que una persona está deprimida porque se siente culpable de pecar repetidamente. La solución que la medicina moderna ofrece a este problema es prescribir una droga antidepresiva. Mientras tanto, en un esfuerzo por sentirse mejor, la persona trata de levantar su autoestima con ejercicios mentales, tales como repetirse a sí misma afirmaciones positivas. Sin embargo, si quiere una verdadera solución para la depresión, esa persona debe lidiar con la raíz del problema, la cual se encuentra en su corazón.

El pecado entristece nuestro corazón, y la culpa resultante que sentimos por nuestras malas actitudes y acciones puede generar un estado de "parálisis" que deprime nuestras emociones. Si una persona que está luchando con esta condición le pide perdón a Dios, a través de Cristo, y se perdona a sí misma y a quienes la hayan herido u ofendido, su corazón sanará; por tanto, su depresión desaparecerá.

Veamos otro ejemplo. Suponga que un niño se rebela constantemente contra sus padres porque no recibe el amor y la atención que necesita de ellos. Tal vez los padres están muy pendientes el uno del otro, de sus carreras o de otras actividades. En esta circunstancia, la conducta rebelde del niño no es un reflejo de su "mal carácter" ni un deseo de independencia; su fuente o raíz es el dolor y la carencia que siente en su corazón. La reacción de los padres ante la rebelión quizá sea castigarlo, chantajearlo con comida y regalos y/o enviarlo a un psicólogo para que lo trate. Sin embargo, para resolver este asunto de verdad, los padres tendrían que reconocer su descuido, arrepentirse, buscar el perdón de Dios y empezar a proporcionarles a sus hijos un hogar más amoroso y solidario basado en el amor de Dios. Si este cambio no sucede, el niño acumulará más enojo y amargura, y endurecerá su corazón contra sus padres y contra otras personas, y contra Dios mismo.

Si bien cada uno es responsable de su propio pecado, un factor que contribuye grandemente al pecado recurrente, es la falsa perspectiva que gran parte de la iglesia moderna presenta. La iglesia ha dejado de llamar al pecado, "pecado". Por el contrario, si alguien peca, se dice que tiene "problemas", "una enfermedad", "una condición" o cosas similares. Nuestra generación está predicando un evangelio de auto-ayuda, donde el mensaje de la cruz y la resurrección ha sido removido; cuando ese mensaje en sí mismo trata la realidad del pecado, sus raíces y soluciones. Repito, si realmente vamos a tratar los asuntos del corazón, debemos reconocer la raíz de los asuntos, y no sólo las ramas o síntomas. Predicar sin la intención de ver a la gente rescatada de la iniquidad y siendo transformada, es engañarnos a nosotros mismos. No es el evangelio de Jesucristo. Debemos llamar al pecado, "pecado".

2. Guardar las ofensas

Otra causa de la dureza de corazón es el rehusarse a dejar ir la ofensa. Las ofensas afectan a millones de personas que han recibido una afrenta de un cónyuge, un hijo, un maestro o compañero de clases; un jefe o compañero de trabajo; un pastor o hermano en Cristo; o alguien en otro ámbito de la vida. En el próximo capítulo de este libro, trataremos detalladamente el tema acerca de cómo tratar con un corazón ofendido.

Ofenderse con otra persona, tanto como ofender a alguien, es prácticamente inevitable en la vida. Jesús dijo: *"¡Ay del mundo por los tropiezos! porque es necesario que vengan tropiezos, pero ¡ay de aquel hombre por quien viene el tropiezo!"* (Mateo 18:7). Yo no he conocido a alguien que nunca haya sido ofendido por otra persona, o que nunca haya ofendido a alguien más. Como creyentes, hemos sido llamados a pasar un proceso de desarrollo espiritual y emocional, de crecer para llegar a ser como Cristo. En el camino, durante ese proceso de maduración, no podemos evitar ofender a otros con nuestras actitudes erradas, nuestras palabras descuidadas y nuestras acciones apresuradas. No sólo es que todos hemos sido ofendidos alguna vez, sino que continuamente se nos presentan oportunidades de ofendernos, y todos nos ofenderemos por una razón u otra en el futuro. Lo importante es que no retengamos la ofensa, porque hacer eso es fomentar la dureza de corazón —algo a lo que no podemos arriesgarnos—.

A menudo, después que alguien nos ofende, traemos a la memoria la ofensa una y otra vez. Aunque la ofensa no reside realmente en la mente sino en el corazón, el efecto de aferrarse a ella es tan devastador como ser mordido por una serpiente venenosa y que su veneno se esparza por todo el cuerpo. Si nos resistimos a soltar la ofensa, si no lidiamos con ella, un área de nuestro corazón se endurecerá lenta y sigilosamente. Entonces, cuando menos lo esperamos nuestros sentidos espirituales se adormecen y perdemos la sensibilidad emocional y espiritual. Peor aún, nos ponemos en peligro de muerte espiritual, porque si queremos que Dios nos perdone, debemos perdonar a los demás. Jesús dijo: *"Porque si perdonáis a los hombres sus ofensas, os perdonará también a vosotros vuestro Padre celestial"* (Mateo 6:14).

En vez de permitir la dureza espiritual, reconozcamos que las ofensas pueden sernos útiles, porque éstas revelan la verdadera condición de nuestro corazón. Cuando nos ofendemos, vemos lo que hay realmente en nuestro interior; puede ser ira, amargura y contiendas, o gracia, perdón y paz. Debemos aprender a lidiar con las ofensas, no sólo cuando las experimentamos sino también cuando las causamos. Cuando otra persona nos ofende, debemos tratar de entender sus motivaciones y perdonar sus faltas. Además, debemos buscar la reconciliación con aquellos a quienes hemos ofendido. Si le hemos causado una afrenta a otra persona, necesitamos aprender a reconocer nuestro error, arrepentirnos y pedirle perdón, así como también buscar la restauración de la relación. Esta última parte es necesaria aun si no estábamos errados. Como escribió Pablo: *"No paguen a nadie mal por mal. Procuren hacer lo bueno delante de todos. Si es posible, y en cuanto dependa de ustedes, vivan en paz con todos"* (Romanos 12:17–18, NVI).

> *Un corazón endurecido, tarde o temprano, terminará en muerte espiritual.*

---

3. Guardar heridas emocionales

Las heridas emocionales, frecuentemente, son infligidas por la gente que más amamos; los más cercanos a nosotros, a quienes les hemos abierto nuestro corazón. Por lo general, el ser humano suele experimentar las heridas emocionales más profundas durante su infancia. Mucha gente joven sufre heridas y abusos continuos por parte de un pariente —por ejemplo, el padre, la madre, tíos o primos— y muchos quedan marcados por esas heridas por el resto de su vida. De modo similar, aun cuando ya somos adultos, podemos ser profundamente heridos por un pariente, cónyuge, hijo, hermano, amigo cercano o figura de autoridad, como un pastor o jefe.

Considere sus propias heridas emocionales. Pueden haber sido generadas por gente que no supo mostrarle amor o que lo despreció, rechazó, subestimó o traicionó; que le mostró menosprecio o desdén; que abusó de usted (verbal, física o sexualmente); que lo explotó (por ejemplo, sexual o laboralmente); que lo engañó o difamó con fraudes, mentiras, falsas acusaciones o calumnias; o que lo persiguió por su fe. Cualquiera sea el origen de esa herida, si aún no ha sido sano, necesita sanar hoy, porque el área de su corazón relacionada con esa ofensa está lastimada y endurecida.

El endurecimiento es inevitable cuando permitimos que esa herida permanezca. Por ejemplo, podemos endurecer nuestro corazón como una forma de supervivencia emocional, cuando no somos capaces de perdonar a quienes nos han herido; esto provoca que la sanidad se torne imposible. No obstante, en Dios podemos hallar la gracia para perdonar a otros y recibir sanidad para nuestras heridas emocionales.

Solange es una empresaria cuyo corazón se endureció cuando aún era una jovencita, debido a que sufrió abuso sexual, el cual le dejó dolor mental y emocional. Estaba cegada por la obra del enemigo y las limitaciones de la religión, por lo que no podía experimentar la libertad y el amor de Dios. Leamos su historia:

"Yo crecí en los Estados Unidos, en la fe católica, pero busqué a Cristo porque estaba cansada de vivir en un círculo vicioso de adicción a las drogas y pensamientos de suicidio. Había sido molestada sexualmente por dos tíos cuando era muy joven, y violada a la edad de quince años. Aunque no le conté a nadie lo que me había sucedido, sentía mucha vergüenza por aquello. Odiaba mi cuerpo y no soportaba vivir dentro de mi piel. Así fue que comencé a contemplar la idea del suicidio. Lo intenté con píldoras y drogas, bebiendo alcohol, e incluso matándome de hambre. Si bien quería morir, al mismo tiempo le tenía miedo a la muerte; hasta que llegó un punto en que la sensación de inmundicia dentro de mí se hizo más fuerte que el miedo.

"Era una persona amargada y negativa. Mi corazón estaba lleno de falta de perdón y odio, y vivía juzgando a todos. Me sentía cautiva en una prisión espiritual y desesperada por la necesidad de hallar una salida. Siempre supe de la existencia de un 'Jesucristo'; de hecho, quería hablar con Él y entregarle mi carga, pero no sabía cómo hacerlo. Me faltaba dirección y me sentía perdida, pero no sabía vivir de otro modo. No sabía si iba o venía. Era un desastre mental y emocional.

"Cuando finalmente acepté a Jesús como Señor y Salvador, mi vida comenzó a cambiar de una manera que sólo había podido imaginar en mis sueños. Pasé por sanidad interior y liberación, y me sentí completa otra vez. Comencé a aceptar quién era y a amarme a mí misma como Dios me ama. Ahora soy libre de la vergüenza, el resentimiento y el odio. ¡Le agradezco al Señor por liberarme de tanto dolor!".

Usted no tiene que pasar el resto de su vida con dolor. Si ha sido herido o herida, ésta es su oportunidad de empezar el proceso para volver a sentirse completo. Permita que el Espíritu de Dios, como aceite santo, entre a su corazón y lo sane. Lo animo a leer el capítulo 5, *Sanidad para un corazón ofendido*, ahora.

4. Desobedecer la voz de Dios

Nuestro Padre celestial creó al ser humano para tener una relación con Él. Su plan siempre fue tener una comunicación permanente y clara con nosotros. Incluso después de la caída, Dios le ha seguido hablando al ser humano por varios medios —a veces de manera directa y otras, por medio de sus ángeles, sus profetas, su Palabra escrita, etcétera—. Su mayor expresión de sí mismo es la persona de Jesucristo: *"Y aquel Verbo fue hecho carne, y habitó entre nosotros (y vimos su gloria, gloria como del unigénito del Padre), lleno de gracia y de verdad"* (Juan 1:14). *"Dios, habiendo hablado muchas veces y de muchas maneras en otro tiempo a los padres por los profetas, en estos postreros días nos ha hablado por el Hijo…"* (Hebreos 1:1–2).

La pregunta más frecuente que he oído de la gente es: "¿Cómo puedo oír la voz de Dios?". Muchos reconocen su inhabilidad para oír su voz, cuando debería ser algo natural para todo creyente, dado que las Escrituras dicen: *"Las ovejas le siguen* [a Jesús, el Buen Pastor], *porque conocen su voz"* (Juan 10:4; vea también los versículos 11, 14). Así que, si nuestro corazón está endurecido, no oirá a Dios, ni lo verá o percibirá tampoco. Por lo general, cuando Dios se prepara para desatar su juicio sobre gente pecadora, envía a un justo a anunciar su castigo, con el propósito de darle una oportunidad de oír su mensaje, arrepentirse y salvarse. Citando Salmos 95, el escritor de Hebreos urge a sus lectores, *"Si oyereis hoy su voz* [la de Dios], *no endurezcáis vuestros corazones, como en la provocación"* (Hebreos 3:15).

Uno de los resultados más aterradores de un corazón endurecido es que, cuando una persona deja de oír la verdad y la dirección de Dios, comienza a conformarse a una realidad artificial. Lo que sucede después es una situación que observamos en algunos cristianos que viven en fantasía, misticismo o religiosidad. Están secos y estancados espiritualmente en su relación con Dios porque dejaron de oír su voz y empezaron a oír otras "voces" —sociales, filosóficas, religiosas, demoníacas y más—. Busquemos a Dios con todas nuestras fuerzas para que podamos oír su voz y "no endurezcamos nuestro corazón como en la rebelión". En los capítulos 8 y 9 hablaré acerca del significado de tener un corazón obediente, rendido a Dios.

5. La incredulidad

"Mirad, hermanos, que no haya en ninguno de vosotros corazón malo de incredulidad para apartarse del Dios vivo" (Hebreos 3:12). Un *"corazón malo de incredulidad"* se evidencia cuando una persona decide, por voluntad propia, no creer en Dios y por tanto, no obedecerlo. Esta decisión es un acto abierto de rebeldía y desafío. En el capítulo 6, descubriremos cómo ser libres de un corazón de incredulidad. Como introducción al tema, leamos el testimonio de una joven llamada Dámari. El espíritu de incredulidad se había adueñado de ella debido a las malas influencias y las circunstancias adversas de su niñez.

"Yo crecí en un hogar destrozado. Mi padre era adicto al alcohol, las drogas y la pornografía; y por lo que puedo recordar, abusaba de mi madre, física y verbalmente. Desde los seis años le pedía a Dios que me diera una hermana, porque mis hermanos nunca me ponían atención. Mi padre estaba obsesionado con mi madre, y ninguno de ellos me prestaba atención ni pasaba tiempo conmigo. Mi fe disminuía cuando veía que mis oraciones no eran contestadas. En medio de este gran caos familiar, decidí creer que Dios no existía y que sería atea.

"La situación en casa se ponía peor cada día. Una mañana, me desperté con el ruido de los golpes que mi madre daba contra una mesa, tratando de defenderse de mi padre, que quería estrangularla. Ese mismo día mi padre nos persiguió, a mis hermanos y a mí, con un cuchillo; corrimos por toda la casa huyendo de él porque ¡quería matarnos! Después de ese episodio, sus visitas sólo eran posibles bajo supervisión. Pero esto duró muy poco tiempo; después, dejó de ir a vernos y no supimos más de él. Un año más tarde decidí que ya no tenía padre, que él estaba muerto para mí.

"Así crecí y empecé a frecuentar clubes nocturnos y a usar alcohol, marihuana y cocaína —y también a vender drogas—. Me drogaba para quedarme dormida, con la esperanza de nunca más volver a despertar. A los veinte años, ya había experimentado lo que vive una mujer diez años mayor que yo, y no quería seguir viviendo. La vida era una gran decepción para mí.

"Un día fui a la iglesia con mi madre, a cambio de que me diera suficiente dinero para salir; pero una vez allí, decidí quedarme en el servicio. Esa noche acepté al Señor en mi corazón —aunque no estaba del todo convencida de aquella idea—, y luego me fui a un club nocturno. Allí, mientras fumaba y bebía, oí una voz que dijo: 'Lo siento, Dámari, pero tú repetiste la oración. Eres mía, y ya no perteneces a este lugar'. Esa voz siguió hablándome y, poco a poco, la seguí. Me deshice de la música y la ropa mundana, y comencé a hablarles a mis amigos acerca de Dios, y a apartarme de ellos si negaban a Dios. Las oraciones de mi madre por los últimos cinco años habían sido respondidas.

"Aquel día, siete años atrás, comencé a vivir. Pasé de ser una adicta, suicida y deprimida, que se creía atea, a ser una hija de Dios. Dejé de fumar, de beber alcohol y de maldecir, y comencé a responder a la voz de Dios, y a tener una relación con Él. Antes no creía en la iglesia ni en los pastores ni en Dios, pero ahora sirvo en mi iglesia, a Dios y a mis pastores. Pude perdonar a mi padre y restaurar mi relación con él. Jesucristo salvó mi vida y me dio la oportunidad de conocerlo y de guiar a otros a conocerlo también".

6. La maldad

Otra causa de la dureza de corazón es la rebelión. Al inicio de este capítulo, leímos que en los postreros tiempos *"haberse multiplicado la maldad, el amor de muchos se enfriará"* (Mateo 24:12). En el griego original, la palabra traducida como *"maldad"* significa "ilegalidad" e indica "la violación de la ley", "transgresión de la ley", "iniquidad" o "injusticia". Procede de otra palabra griega cuyo significado es "sin ley".

Cada vez más, la presente generación demanda vivir sin leyes ni restricciones. Uno de los trágicos resultados de esto es que las víctimas de la maldad de la gente terminan endureciendo su corazón. He aquí algunos ejemplos de escenarios actuales:

+ Una esposa no quiere vivir más dentro del pacto matrimonial, así que se busca un amante y se divorcia de su esposo. Su esposo se llena de amargura y se vuelve receloso, endureciendo su corazón hacia los demás; ya no confía en nadie más porque la persona más cercana a él lo abandonó.

+ Un pastor pierde su integridad y comienza a robar los diezmos y ofrendas de su iglesia. Como resultado, la gente de su congregación y otros creyentes que han oído acerca del incidente se

sienten estafados. Con la intención de protegerse de nuevos engaños y pérdidas, endurecen su corazón hacia el acto de dar, eligiendo
así guardar sus finanzas y no dar, aun cuando se trate de legítimos
propósitos del reino.

* Una mujer crece en el seno de una familia llena de mentiras y abusos. En consecuencia, cierra su corazón al amor, nunca se casa ni
quiere traer niños al mundo, porque prefiere no correr el riesgo de
crear las condiciones en las que sus hijos puedan verse expuestos a
la misma experiencia.

* Un padre se siente incapaz de corregir a su hijo cuando éste muestra mala conducta. Cuando el niño crece, el papá lo sigue excusando
y encubriendo en sus mentiras y robos. Como resultado, el muchacho desarrolla una actitud de superioridad y cree que tiene derecho
a todo. Con el corazón ya endurecido, el hijo nunca aprende a respetar a los demás ni a hacerse responsable de sus actos; así va por la
vida abusando e hiriendo a la gente, y viviendo sólo para sí.

* Un gobierno saca ventaja de sus ciudadanos durante largo tiempo,
violando los derechos del pueblo y robándole. Por tanto, el corazón
de la gente se endurece, y ésta comienza a resistir al gobierno y a
rebelarse contra toda autoridad.

Aquí podemos ver cómo la maldad lleva a que el corazón se enfríe, y un
corazón frío puede endurecerse rápidamente.

Señales de un corazón endurecido

Existen señales inequívocas de que un corazón ha perdido la sensibilidad y se ha endurecido. Reconocer esas señales nos ayuda a evaluar nuestro
propio corazón, con el fin de detectar signos de frialdad y dureza. También
nos capacita para identificar esto en la gente a nuestro alrededor, que necesita ser sanada de la dureza de corazón.

1. Un corazón endurecido no siente la presencia de Dios

En el Antiguo Testamento, Dios se le apareció a Jacob en un sueño,
diciéndole que estaría con él y lo bendeciría. *"Y despertó Jacob de su sueño,*

y dijo: Ciertamente Jehová está en este lugar, y yo no lo sabía" (Génesis 28:16). La respuesta de Jacob es un recordatorio de que podemos estar en un lugar donde la presencia de Dios se manifiesta, y no percibirla. Ésta es una indicación de que el corazón está endurecido como el de los discípulos de Jesús que no entendían quién era Él, aunque vivía con ellos y les mostraba su deidad.

Yo he estado en servicios durante los cuales la presencia de Dios se ha manifestado y la mayoría de los presentes han sido tocados (unos lloran, otros reciben sanidad física, otros experimentan transformación espiritual y más), mientras otros parecen estar fríos o endurecidos (bostezan o se ven aburridos, como si nada estuviera pasando). Aquellos cuyo corazón está frío o duro están más conscientes de sí mismos que de Dios; están conscientes principalmente de su propia presencia y pensamientos. Así, debido a su falta de interés en los asuntos espirituales, se pierden las manifestaciones sobrenaturales de Aquel que los creó.

Es peligroso estar en una condición en la cual usted mismo es una realidad superior de la que es Dios. El corazón que no siente la presencia de Dios suele ser hostil hacia la manifestación de su presencia; es más, la resiste y hasta la rechaza por completo. Cuando algo así le sucede a un cristiano activo, éste comienza a operar mecánicamente, sin la participación del Espíritu de Dios, porque la religiosidad ha invadido su ser interior. El resultado es que allí no hay una vida real. Por ejemplo, una persona puede simplemente citar las Escrituras sin ejercer una fe genuina; puede operar por medio de la formalidad y rituales humanos que no demuestran el poder sobrenatural de Dios ni tienen valor eterno.

===

Para transformar el corazón, la Palabra de Dios debe ser hablada desde una atmósfera en la cual Dios esté presente.

===

2. Un corazón duro no permite que la fe fluya

"Porque con el corazón se cree para justicia, pero con la boca se confiesa para salvación....Así que la fe es por el oír, y el oír, por la palabra de Dios" (Romanos 10:10, 17). La fe se genera en el corazón cuando oímos y recibimos la Palabra de Dios. Del mismo modo la fe se desarrolla en el corazón.

Como hemos visto, todo lo que está en el corazón saldrá al exterior en lo que decimos. (Vea Mateo 12:34). Rara vez, hablamos por accidente. Nuestras palabras revelan aspectos de nuestro carácter y el estado de nuestro hombre interior.

Por lo tanto, si las confesiones de su boca no expresan la fe que hay en su corazón, entonces no está permitiendo que su fe fluya. Por lo general, cuando sucede esto, la causa es un corazón endurecido. Revise las áreas de su vida que estén estancadas o corrompidas y compárelas con las áreas en las que Dios se está moviendo. Cuando la fe fluye, las palabras de su boca están llenas del poder de Dios, pero cuando no fluye, sus palabras no están alineadas a su Palabra; no serán un reflejo de la misma fe de Dios, y por ende carecerán de poder.

En su mayoría, la cultura del mundo occidental fue construida sobre un fundamento que pone el énfasis y confía en el intelecto humano y la razón. Esta cultura no entiende cómo opera la fe genuina ni cómo se manifiesta. Se refiere a la fe desde la perspectiva del mundo natural, cuando la fe es, en esencia, sobrenatural. Como trataremos en el capítulo 6, la mayoría de la gente que vive en la sociedad occidental ha sido culturalmente programada, por medio del proceso educacional, para suprimir la fe del corazón y para operar, principalmente, desde el marco de su intelecto. Si bien existe un lugar adecuado para el intelecto, el cual Dios nos dio para usar para su gloria, necesitamos volver a la fe de todo corazón, la cual no está enmarcada por los límites del intelecto ni razona conforme a ella solamente.

La fe funciona de acuerdo al razonamiento de Dios. Como escribiera Pablo: *"Porque lo insensato de Dios es más sabio que los hombres, y lo débil de Dios es más fuerte que los hombres"* (1 Corintios 1:25). Cuando dejamos que la fe fluya desde nuestro corazón, nos hacemos inconmovibles e imparables para los propósitos de Dios; porque cuando nuestro corazón está puesto en Dios, nuestra vida es transformada, no importa cuántos esfuerzos haga el enemigo para evitarlo.

La fe no es simple optimismo; más bien, según las Escrituras, es "la certeza de lo que se espera, la convicción de lo que no se ve". Por tanto, nuestro camino de fe es sobrenatural.

3. Un corazón endurecido pasa del compromiso a un simple "deseo"

Otra señal de un corazón endurecido es que la persona abandonará sus compromisos, desconectándose de las actividades en las que antes participaba con otros creyentes, con su familia, con sus colegas y demás. Su mente está llena de deseos, pero no llega a ningún lado porque la dureza de corazón ha inmovilizado su voluntad y ha anulado su motivación. La persona pierde su pasión y queda apenas deseando el cumplimiento de cosas que "hubiera sido bueno hacer", pero nunca se convierten en realidad. Ella puede creer algo como: *"Si Dios quiere que esto suceda, sucederá"*, o *"Si esta visión es de Dios, se cumplirá; si no, está bien de todos modos"*.

Muchas iglesias están llenas de "deseadores" cuyos corazones se han vuelto insensibles a la fe y a los asuntos espirituales, y por tanto, no se comprometen a servir a otros ni a perseguir proyectos dignos. Ésta es una de las razones por las que muchas iglesias no crecen ni ayudan al avance del reino de Dios. Los miembros están abiertos a la "idea" de una visión, pero su corazón está separado del sacrificio y del trabajo necesario para cumplirla. Como consecuencia, siempre hay un gran vacío entre lo que dicen y lo que hacen. Puede que su confesión sea la correcta, acorde con la Palabra de Dios, pero luego, se niegan a actuar en fe y en el poder del Espíritu Santo. Es fácil hablar palabras que se corresponden con la fe, pero si no honramos nuestras palabras, carecemos de una genuina convicción. Todo lo que decimos creer, pero que no acompañamos con acciones expone una falta de integridad en nuestro interior; es decir, en realidad no lo creemos en nuestro corazón. *"Así también la fe, si no tiene obras, es muerta en sí misma"* (Santiago 2:17).

La integridad de una persona se mide, no por sus palabras, sino por cuánto de lo que dice hace.

4. Un corazón endurecido se rebela contra Dios

La rebelión contra Dios es una clara señal de un corazón endurecido. Sin embargo, es posible entrar en rebeldía sin reconocerlo; porque nuestro intelecto nos provee las excusas para justificar nuestro rechazo a ciertos mandatos o instrucciones que Él nos ha dado. Además, antes hablamos acerca de cómo una persona puede manifestar un espíritu de indiferencia cuando no es capaz de discernir la presencia de Dios. En esos casos, la persona no se envuelve en el cumplimiento de la visión de la iglesia, sirviendo a otros, llevando el evangelio, o dando sus diezmos y ofrendas a Dios. A veces, simplemente ¡no le importa! Incluso, puede ser que comience a criticar la iglesia, su visión y liderazgo. Es importante dejar en claro que, cuando un creyente se rebela contra la autoridad delegada de Dios, lo está haciendo contra Dios mismo.

La indiferencia y un espíritu de crítica son signos de rebelión en una iglesia.

Puede ser que su pastor haya predicado recientemente un mensaje que a usted le está costando aceptar. Medite en el mensaje con detenimiento. ¿Tiene una base bíblica y describe algo que Dios ha establecido para nuestro propio bien? Si es así, ¿por qué le molesta? Algunas personas se van de una iglesia porque el pastor predicó ciertos temas, como diezmar y ofrendar, santificarse, comprometerse con Dios de todo corazón, o la necesidad de arrepentirse del pecado. El pastor no hizo nada más que predicar lo que está escrito en la Palabra de Dios; por consiguiente, la gente no fue ofendida por el pastor sino por Dios y sus mandatos.

Dado que esa gente no fue capaz de discernir la presencia de Dios en su Palabra, culpó al pastor por predicar un mensaje negativo o entrometido. Su corazón está endurecido en algún área, y eso les impide recibir la revelación de lo que se predicó. Como resultado, su corazón no fue conmovido, su voluntad permaneció inactiva, y no pudieron humillarse ni sujetar su voluntad a Dios. Se ofendieron con lo que dijo el pastor y por eso dejaron de asistir a la iglesia. Esas personas seguirán rebelándose contra Dios y sus mandatos en diferentes áreas de su vida, a menos que permitan que Él cambie sus corazones. Dice la Escritura: "*...no dejando de congregarnos, como algunos tienen por costumbre, sino exhortándonos; y tanto más, cuanto veis que aquel día* [del regreso de Cristo] *se acerca*" (Hebreos 10:25).

Si alguien escoge no creer en Dios ni obedecerlo, se pone en un estado de abierta rebeldía, la cual equivale a pararse delante del Todopoderoso y llamarlo "mentiroso" en su misma cara. Eso puede sonar duro, pero ¿cuántas veces hemos llamado a Dios "mentiroso" con nuestra desobediencia y rebeldía? Una persona rebelde se defiende y justifica, y su incapacidad de reconocer su mala conducta es una señal de un corazón endurecido que no quiere verse forzado a aceptar la voluntad de Dios y la supremacía de su sabiduría; mucho menos, rendirse voluntariamente a las mismas.

Debemos darnos cuenta que cada acto de rebelión tiene sus consecuencias. Y las Escrituras nos advierten que *"los rebeldes y pecadores a una serán quebrantados, y los que dejan a Jehová serán consumidos"* (Isaías 1:28).

5. *Un corazón endurecido justifica sus errores y culpa a otros*

Con anterioridad, hablamos de cómo el corazón se puede enfriar luego de haber sido herido o maltratado, y que ese enfriamiento puede convertirse fácilmente en dureza de corazón. Mucha gente parece tener excusas para su mala conducta. Algunas, por ejemplo, son las siguientes:

+ "No soy una buena madre porque yo misma crecí sin mamá, y nadie me enseñó a serlo. No puedes esperar que sea mejor".

+ "Yo tengo una personalidad distante porque mientras crecía nunca recibí amor en casa. Así que tómame o déjame; así soy yo y no voy a cambiar ahora".

+ "No voy a ayudar en ninguna actividad de la iglesia porque cuando quise ayudar en mi iglesia anterior alguien me lastimó, y no quiero pasar otra vez por eso".

Ciertas personas muestran un corazón endurecido exponiendo miles de razones para permanecer mediocres y sin hacer nada. Se rehúsan a buscar el cambio en su vida o a comprometerse con algo. Se justifican de manera continua por su negativa a involucrarse, y siempre culpan de sus problemas o malas actitudes a los demás. Conforme a esto, su comportamiento no solo *perjudica* la mayor parte de sus relaciones, sino que las *destruye*; las aísla de sus seres amados; reprime su oportunidad de recibir sanidad para su corazón, y aplasta su crecimiento espiritual, mental y emocional.

La libertad de un corazón endurecido demanda una decisión radical que le permita al Espíritu de Dios sanar y transformar su ser interior.

6. Un corazón endurecido resiste la comunicación abierta y rechaza la corrección

La buena comunicación es un elemento clave en el fundamento de cada relación saludable. Sin embargo, algunas señales adicionales de la dureza de corazón son, una fuerte resistencia a la comunicación de ida y vuelta, y una actitud de indiferencia hacia las perspectivas y necesidades ajenas. Una persona con un corazón endurecido siempre va a ignorar a aquellos que traten de llevarla a reconocer que sus actitudes y acciones están hiriendo a quienes más cerca están de ella. Esta persona no quiere escuchar consejos o instrucción de nadie. Por ejemplo, si pertenece a una iglesia, suele creer que está por encima de la autoridad espiritual de su pastor, su padre espiritual o cualquier otro líder. Tampoco reconoce a quienes han recibido la autoridad delegada de Dios, así que también se rehúsa a oír su guía espiritual o disciplina.

Cuando el corazón está endurecido no se somete a la autoridad.

7. Un corazón endurecido busca sólo su interés, llegando a ser "religioso" y prejuicioso

Otra señal de un corazón endurecido es cuando una persona sólo busca sus propios intereses, y se pone por encima de Dios y de otra gente. A menudo, el sólo escuchar las necesidades de otros le parece tedioso, y considera una pérdida de tiempo hacer algo para cubrir esas necesidades. Por ejemplo, cuando un pastor pierde su corazón de servicio al pueblo de Dios, los miembros de su congregación representan únicamente un cheque de pago para él, mientras que su condición espiritual y sus necesidades dejan de ser una prioridad en su vida. Entonces, cuando los miembros perciben su falta de cuidado e interés hacia ellos, se frustran y enojan; muchos comienzan a exponer sus quejas abiertamente y/o dejan la iglesia.

El Espíritu Santo está ausente de todo lo que pertenece a una
naturaleza de pecado.

Cuando una persona permite que su corazón pierda sensibilidad espiritual, se vuelve egocéntrica, ambiciosa y auto-suficiente; se enfoca sólo en las cosas externas de su vida, incluyendo su reputación entre la gente. Todo lo que le preocupa son las apariencias y se siente superior. Su prioridad no es agradar a Dios, sino que desarrolla una actitud religiosa que lo lleva a cerrar su mente a la forma cómo Dios se está moviendo. En la misma línea, critica todo lo que no entiende o que no se ajusta a sus preferencias. Si Dios le habla a otra persona que no sea ella, cree que ésta en realidad no recibió una palabra divina; no quiere sentir que nadie más es "mejor" que ella. Quiere creer que es la única que oye la voz de Dios y conoce su Palabra. En consecuencia, se transforma en un "fariseo" moderno; alguien que se considera un "absoluto señor" de la verdad. Se comporta como si fuera el rey y juez de todo.

El "fariseo" moderno es un amante y siervo de sí mismo. Es su
propio origen y final.

Lo anterior podría ser una descripción de Satanás. Él fue creado para adorar a Dios, pero en alguna parte del camino, su corazón se enfrió y se endureció. Satanás ya no quiso servir a Dios; en cambio, decidió servirse a sí mismo y a sus propios intereses, para luego arrastrar a Adán y a Eva con él en su rebelión, por medio de la tentación del pecado. Las Escrituras dicen:

> *¡Cómo caíste del cielo, oh Lucero, hijo de la mañana! Cortado fuiste por*
> *tierra, tú que debilitabas a las naciones. Tú que decías en tu corazón:*
> *Subiré al cielo; en lo alto, junto a las estrellas de Dios, levantaré mi*
> *trono, y en el monte del testimonio me sentaré, a los lados del norte;*
> *sobre las alturas de las nubes subiré, y seré semejante al Altísimo. Mas*
> *tú derribado eres hasta el Seol, a los lados del abismo.*
>
> (Isaías 14:12–15)

Satanás había sido creado perfecto en todos sus caminos. (Vea Ezequiel 28:12–17). Aparentemente, él era el adorador principal de Dios y el director de la alabanza en el cielo. Sin embargo, él llegó a estar tan absorto en sí mismo que comenzó a robarle la adoración que únicamente le pertenece al Señor. Él permitió que sus dones divinos lo deslumbraran y nublaran su perspectiva. Ya no era feliz con la posición que Dios le había dado, y creía que podía y debía ser más que su Creador. Se engañó a sí mismo, y así abrió la puerta para que su corazón se corrompiera.

El modo en que Satanás se corrompió nos muestra cómo una persona puede caer en el auto-engaño y su corazón se puede enfriar. Por ejemplo, suponga que una persona con cierto nivel de autoridad en la iglesia o en una empresa comienza a sentir que es "mejor" que su situación, así que hace saber que ya no quiere servir o trabajar más. Basado en sus propias ideas, y no en la dirección de Dios, puede decir algo como: "Mi 'temporada' en este ministerio terminó. Dios tiene algo mayor para mí".

Lo peor de esto, es que a menudo, el tipo de persona que hace tal declaración es quien menos ha contribuido a la iglesia o a la empresa. Si es parte de una iglesia, seguramente ha servido muy poco a la gente y ha dado escasamente para respaldar la misión de la iglesia. No obstante, mientras ha dado lo menos, ha demandado —o tal vez tomado— lo más. Incluso, cree que debería recibir mayor estatus y honra, y está llena de arrogancia. Del mismo modo, Satanás creyó que ya no tenía que servir a Dios, sino que debería ser igual a Él. Su corazón se había endurecido, y ya no podía ver más allá de sí mismo.

8. Un corazón endurecido está frío y amargado hacia otras personas

Como dije antes, Dios nos dio las emociones para ayudarnos a que nos conectemos con otras personas y que nos expresemos. Nuestras emociones también nos ayudan a reconocer el dolor y las necesidades de las personas y a identificarnos con ellas. Las Escrituras nos muestran que Jesús era movido por el sufrimiento y las necesidades de la gente; sintió un profundo dolor por la raza humana.

Por ejemplo, en un pasaje, leemos: "Y [Jesús] *al ver las multitudes, tuvo compasión de ellas; porque estaban desamparadas y dispersas como ovejas que no tienen pastor"* (Mateo 9:36). En otra ocasión, *"Jesús lloró"* (Juan 11:35) por la muerte de un amigo. Y llegó a *"entristecerse y angustiarse en gran manera"* (Mateo 26:37) cuando le llegó el momento de morir por nuestros pecados. Se requiere mucha fortaleza espiritual, mental y emocional para llorar como lo hizo Jesús, el hombre más fuerte que jamás haya vivido. Jesús se sintió tan conmovido por el problema que la humanidad tenía con el pecado y la muerte, que entregó su vida por ella. Él derramó su corazón con lágrimas y angustia en Getsemaní por la salvación de la humanidad y en anticipación de lo que iba a costar nuestra redención.

No hubo egoísmo ni dureza en el corazón de Jesús. Él rindió su voluntad humana para que la voluntad divina se cumpliera *"en la tierra como en el cielo"* (Mateo 6:10, NVI; vea Lucas 11:2). En contraste, como hemos visto, aquellos que han endurecido su corazón se vuelven emocionalmente fríos, se preocupan sólo por sí mismos, no por el bienestar de los demás. También puede ser que tengan actitudes de amargura hacia cierta gente. Las Escrituras nos advierten: *"Mirad bien, no sea que alguno deje de alcanzar la gracia de Dios; que brotando alguna raíz de amargura, os estorbe, y por ella muchos sean contaminados"* (Hebreos 12:15). Un corazón que cultiva amargura y permite que ésta crezca en su interior, no podrá evitar endurecerse y contaminará a la gente con la que se relacione.

9. *Un corazón endurecido disfruta el pecado*

Otro síntoma de que un corazón se ha endurecido es que disfruta de participar del pecado y de dar rienda suelta a la *"concupiscencia de la carne"* (2 Pedro 2:18). Esto ocurre cuando la naturaleza pecaminosa de la gente se entrona por completo en su ser interior, llegando así a dirigir su vida. Esta gente carece de un temor de Dios apropiado, el cual le habría impedido desarrollar su conducta corrupta.

Por el contrario, cuando el corazón de una persona está alineado con el de Dios, ésta reconoce que el pecado es un placer temporal que la lleva a la destrucción y a la muerte eterna, así que no quiere tener nada que ver con él. Para evitar un corazón endurecido que vaya detrás del pecado, debemos seguir el ejemplo de Moisés:

Por la fe Moisés, hecho ya grande, rehusó llamarse hijo de la hija de Fa-
raón, escogiendo antes ser maltratado con el pueblo de Dios, que gozar
de los deleites temporales del pecado, teniendo por mayores riquezas el
vituperio de Cristo que los tesoros de los egipcios; porque tenía puesta
la mirada en el galardón. (Hebreos 11:24–26)

10. Un corazón endurecido le retiene a Dios los diezmos y las ofrendas

Un corazón endurecido siempre busca una razón para no diezmar ni ofrendar al Señor. Para una persona cuyo corazón se ha enfriado, honrar a Dios no es una prioridad, así que hallará excusas para librarse de hacerlo. Por ejemplo, puede alegar que Dios no necesita el dinero de la gente para hacer su obra, o que es responsabilidad del gobierno ayudar a los pobres e indigentes, y que no deberíamos tener que dar una porción de nuestro sueldo para aliviar las necesidades de los menos afortunados. Semejante mentalidad es lo opuesto a la de María, una seguidora de Jesús, que le dio lo mejor que tenía a su Señor:

Entonces María tomó una libra de perfume de nardo puro, de mucho
precio, y ungió los pies de Jesús, y los enjugó con sus cabellos; y la casa se
llenó del olor del perfume. Y dijo uno de sus discípulos, Judas Iscariote
hijo de Simón, el que le había de entregar: ¿Por qué no fue este perfume
vendido por trescientos denarios, y dado a los pobres? (Juan 12:3–5)

El corazón de Judas se había corrompido al punto de pretender estar preocupado por los pobres, cuando él mismo estaba robando los fondos designados para ellos: *"Pero dijo esto, no porque se cuidara de los pobres, sino porque era ladrón, y teniendo la bolsa, sustraía de lo que se echaba en ella"* (Juan 12:6). Cuando Judas vio la gran ofrenda de amor que María derramó sobre Jesús, sus palabras de represión revelaron la dureza de su corazón.

11. Un corazón endurecido no adora a Dios

Cuando una persona no quiere adorar a Dios, esa es una clara señal que alguna dureza ha ocurrido en el corazón. Aquel que vive constante-mente sin la presencia manifestada de Dios se acostumbra a una formali-dad religiosa que está lejos de la verdadera adoración. Más bien, practica la ausencia de la presencia del Dios al que dice servir. De hecho, suele rechazar la presencia genuina del Señor porque le trae convicción de su necesidad de arrepentirse de sus pecados, de su falta de amor y de experimentar la transformación de su corazón.

Peligros y consecuencias de mantener un corazón endurecido

Ahora que sabemos las causas y señales de un corazón endurecido, veamos las serias consecuencias de permitir que esa condición continúe su obra en nuestro hombre interior de manera indefinida; consecuencias que son para nuestra vida y para la vida de nuestros descendientes.

1. Caer en desgracia

"¡Dichoso el que siempre teme al Señor! Pero el obstinado caerá en la desgracia" (Proverbios 28:14, nvi). Por nuestra experiencia ministerial, puedo decir que la persona cuyo corazón ha perdido su sensibilidad espiritual va en camino al desastre. La desobediencia y el error espiritual guiarán sus decisiones y su fin será la muerte espiritual, si no se arrepiente y vuelve a Dios. No hay manera de que alguien cuyo corazón haya permanecido endurecido por largo tiempo, pueda agradar a Dios y caminar con Él. Aunque la persona parezca una santa, si su corazón está endurecido, Dios no está presente allí. Todo lo que vemos es una mera imagen. Es falsa piedad, la cual tarde o temprano caerá en el mal.

2. Quebrantamiento, a menudo sin remedio

"El hombre que reprendido endurece la cerviz, de repente será quebrantado, y no habrá para él medicina" (Proverbios 29:1). La frase *"endurece la cerviz"* indica una negación a reconocer una verdad o a cambiar en sí mismo algo que está mal; es una insistencia a mantener una falsa mentalidad o a hacer de las ideas y mentalidad propias su dios. En efecto, es como decirle a Dios que Él está equivocado, que su consejo no es necesario, lo cual no es nada menos que rebeldía.

La consecuencia de lo anterior es ser quebrantado por Dios, tal vez hasta "sin medicina". Sinceramente, espero que ésta no sea su situación y que no sea demasiado tarde para que usted reconozca su condición ante su Creador. Dios es un Dios de segundas oportunidades.

3. Ser removido de la presencia y poder de Dios

Aún después que usted ha endurecido su corazón, la presencia de Dios puede permanecer sobre su vida por un tiempo. Sin embargo, si la condición continúa, su presencia se levantará y su poder cesará de operar a través de usted. Por ejemplo, Sansón era un juez y guerrero de Israel, pero su corazón fue demasiado lejos, faltándole el respeto al llamado que Dios le había hecho, y las Escrituras dicen de él que: *"Despertó él de su sueño, se dijo: Esta vez saldré como las otras y me escaparé. Pero él no sabía que Jehová ya se había apartado de él"* (Jueces 16:20). Por último, lo que le pasó a Sansón —perder el don que Dios le había dado, ser capturado por sus enemigos, que le quitaran los ojos, lo humillaran y se burlaran de él; y finalmente, cuando Dios restauró su fuerza, que destruyera a sus enemigos y a sí mismo derribando el templo filisteo de Dagón— es una de los finales más tristes y menos ilustres de un escogido de Dios.

4. Una "consciencia cauterizada"

El apóstol Pablo escribió: *"Pero el Espíritu dice claramente que en los postreros tiempos algunos apostatarán de la fe, escuchando a espíritus engañadores y a doctrinas de demonios; por la hipocresía de mentirosos que, teniendo cauterizada la conciencia"* (1 Timoteo 4:1–2). Tener una "conciencia cauterizada" significa llegar a un estado de indiferencia ante el pecado como consecuencia de una transgresión voluntaria y continua contra los mandatos de Dios. Al final, la persona le vuelve la espalda al Señor mismo sin remordimiento alguno.

Es fundamental entender que la "cauterización" es un proceso. Nadie que haya experimentado un encuentro verdadero con Jesús lo niega de repente. El proceso comienza cuando una persona empieza a cometer un pecado, en cierta área, o cuando, después de haber sido herido por alguien más, sigue aferrado a sentimientos de amargura sin entregarle su dolor a Dios ni perdonar a quien la ofendió.

Al principio, la conciencia de la persona le molesta, incluso puede que experimente convicción del Espíritu Santo de que su postura no es la correcta. Sin embargo, si no se arrepiente, la próxima vez que peque se sentirá menos mal; la siguiente vez menos, y así hasta que su conciencia cese de reprobarla, porque se ha cauterizado.

El proceso de cauterización es similar a lo que ocurre cuando se forma una callosidad en alguna parte de nuestro cuerpo humano. Por ejemplo, cuando una persona empieza a aprender a tocar la guitarra, presionar las cuerdas le resulta doloroso y las yemas de sus dedos se enrojecen. Pero luego de un tiempo, se forman pequeñas callosidades y la persona deja de sentir dolor, porque esa parte de piel ya no es blanda ni sensible, sino dura e insensible al dolor que provoca presionar las cuerdas.

Hablando en un sentido espiritual, cuando una persona comienza a endurecer su corazón, se comienzan a formar "callosidades" en él. Si el proceso continúa, la persona llegará a considerar el pecado como algo normal, porque ya no es sensible a los impulsos o convicción del Espíritu de Dios; ya no siente ese temor reverente por el Señor, y le ha dado rienda suelta a su naturaleza de pecado. La persona ahora justifica su pecado, y su conciencia cauterizada concluye que, *Tengo el derecho a hacerlo*, o que *Dios no le importa si hago esto*.

Las Escrituras nos advierten: "*Porque si pecáremos voluntariamente después de haber recibido el conocimiento de la verdad, ya no queda más sacrificio por los pecados*" (Hebreos 10:26). En este punto, podemos decir que las personas han caído en "apostasía"; han abandonado la fe después que "*gustaron de la buena palabra de Dios y los poderes del siglo venidero*" (Hebreos 6:5). En otras palabras, después de conocer y experimentar a Cristo y de recibir las obras sobrenaturales de Dios, los niegan y rechazan, tal vez hasta burlándose de lo que alguna vez consideraron santo. Se alejan por completo del Señor. En términos militares, dichas personas serían llamadas "desertoras".

La condición de su corazón

Luego de veinticinco años en el ministerio, he visto las consecuencias descritas anteriormente, en la vida de líderes de iglesias y en creyentes que eligieron quedarse con el corazón endurecido y no permitir que el Señor los cambie. ¿Cuál es la condición de su corazón hoy? ¿Será que ya no siente la presencia de Dios, o que ha caído en el mero formalismo de la religión y la fe ha dejado de fluir en usted? ¿Observa a su prójimo de cerca con la meta de encontrar una razón para juzgarlo? ¿Se ha arrepentido de su compromiso con Dios y con su pueblo, al punto que ya no los sirve? ¿Hay una rebeldía en su hombre interior que lo lleva a cerrarse a los demás y a negarse a reconocer la autoridad delegada de Dios? ¿Halla que su corazón está centrado en los deseos de la naturaleza de pecado, tanto que ahora disfruta las actividades y prácticas que ofenden a Dios? ¿Encuentra difícil adorar de corazón y dar ofrendas generosas al Señor?

Si reconoce algunas de las señales de un corazón endurecido antes descritas, oro para que usted decida ponerse en manos de Dios, y le permita operar su corazón para transformarlo por medio del Espíritu Santo, para que su gracia y favor puedan volver a fluir en su vida. Deje de pensar y sólo ¡hágalo! Deje de prolongar la agonía que causa estar separado de Dios en cualquiera de las áreas mencionadas. ¡Hoy es el día de su transformación!

El siguiente es el relato de dos hermanas cuyos corazones se habían llenado de orgullo. Su condición las llevó a alejarse de Dios y a permitir que la frialdad y el interés egoísta se adueñaran de sus vidas. Una de ellas, Luisa, escribe: "A pesar de haber sido criadas en una cultura predominantemente católica, toda mi familia conoció y aceptó a Jesús como Señor y Salvador cuando éramos niñas. Comenzamos a asistir a la iglesia y servimos en diferentes ministerios durante nuestros años de infancia y adolescencia. Cuando entramos a la universidad, nuestra fe fue criticada y se convirtió en una amenaza que podía impedir que nos convirtiéramos en profesionales pues nos hacía sentir rechazadas, tristes y enojadas. Entonces, las demandas de los estudios parecieron una buena excusa para alejarnos de la iglesia y, luego, de Dios. Nos enfocamos por completo en nuestras carreras, metas y compromisos.

"Después de diez años de lucha, nos graduamos con honores de importantes universidades. Mi hermana estudió literatura y enfermería; yo estudié artes, literatura y filosofía. En nuestra búsqueda de mayores logros profesionales, nos mudamos a los Estados Unidos, donde logramos cumplir nuestros sueños. Nuestras vidas parecían ir de maravilla, pero la verdad es que, sin importar todo lo bueno que nos rodeaba, nos sentíamos fuera de lugar. Sin Dios, nuestras vidas parecían destinadas a la ruina, ya que confiábamos más en nuestras habilidades y conocimientos que en Él.

"Entonces, una crisis entró en nuestro mundo exitoso. Sin saber qué hacer, comenzamos a buscar una iglesia donde pudiéramos recibir cobertura espiritual. Tocamos varias puertas pero nada llenaba el vacío, hasta que mi hermana vio por televisión un servicio del Ministerio El Rey Jesús. Asistimos a la iglesia y nos reconciliamos con Dios y con nuestros padres —sus oraciones finalmente nos habían alcanzado—. La experiencia fue como volver a nacer, como volver a respirar después de haber estado largo tiempo bajo el agua. Sin embargo, a medida que nos acercábamos a Dios, la adversidad aumentaba como río, hasta que todo nuestro 'castillo' se vino abajo. Perdimos muchas cosas materiales, pero la mano de Dios nos ayudó a mantenernos fuertes mientras Él pulía nuestros corazones. Morimos al orgullo que se había acumulado; nos rendimos a Dios y aprendimos a obedecerlo. Finalmente, Él nos restauró; nos equipó con enseñanzas acerca de cómo batallar en oración, vivir por fe, pararnos en la Palabra de Dios, buscar su rostro y esperar en Él. Así, nos devolvió aún más de lo que habíamos perdido. Hoy, Dios ha vuelto a ser el Señor de nuestras vidas y de nuestro tiempo. Él es nuestro verdadero proveedor y, más que eso, Él es el centro de nuestra existencia".

La cura para el corazón endurecido

Existe una cura para la persona que ha endurecido su corazón, si se rinde a Dios, renuncia a su "ego", le cede su intelecto y su razonamiento a Él, y le permite transformarla. Si su corazón se ha endurecido, no todo está perdido, porque Dios puede abrir *"camino en el desierto, y ríos en la soledad"* (Isaías 43:19). Y promete que *"si se humillare mi pueblo, sobre el cual mi nombre es invocado, y oraren, y buscaren mi rostro, y se convirtieren de sus malos caminos; entonces yo oiré desde los cielos, y perdonaré sus pecados, y sanaré su tierra"* (2 Crónicas 7:14). Vamos a explorar el sendero que lleva a la cura para el corazón endurecido.

La "circuncisión" del corazón

En el Antiguo Testamento, la circuncisión física consistía en cortar el prepucio del órgano reproductivo del hombre, simbolizando que aquel hombre era parte del pueblo de pacto de Dios. En el Nuevo Testamento, después que Cristo derramó su sangre en la cruz por nuestros pecados y fue resucitado, la circuncisión vino a ser un acto espiritual en el corazón humano. Sin embargo, es oportuno aclarar que la aplicación espiritual de la circuncisión también era relevante bajo el antiguo pacto. Por ejemplo, en Deuteronomio, leemos: *"Circuncidad, pues, el prepucio de vuestro corazón, y no endurezcáis más vuestra cerviz"* (Deuteronomio 10:16).

Por tanto, desde el inicio de la práctica de la circuncisión, estuvo claro que Dios estaba interesado principalmente en el corazón humano. Debemos estar conscientes de que la circuncisión del corazón debe conservarse, porque cuando una persona deja de buscar la presencia de Dios y su transformación, se estanca y comienza a volver atrás; empieza a recorrer el camino de vuelta a los viejos hábitos y justificación del pecado, en lugar de arrepentirse del mismo y alejarse de él. Pablo escribió: *"Pues no es judío el que lo es exteriormente, ni es la circuncisión la que se hace exteriormente en la carne; sino que es judío el que lo es en lo interior, y la circuncisión es la del corazón, en espíritu, no en letra; la alabanza del cual no viene de los hombres, sino de Dios"* (Romanos 2:28–29). Debemos morir a nuestra naturaleza de pecado si queremos volver a ser sensibles a la voz de Dios y a la manera en que Él está trabajando hoy.

Cuando nuestro corazón es circuncidado, renunciamos a depender de nuestra naturaleza humana caída para pasar a depender totalmente de la gracia divina.

El verdadero arrepentimiento abre el único acceso a la circuncisión del corazón

Cada pecado —o mala actitud— del que no nos arrepentimos contribuye al endurecimiento de nuestro corazón. El arrepentimiento genuino es necesario para poder restaurar nuestro corazón de su estado de dureza.

¿Qué es el arrepentimiento? Es un cambio total de corazón y de mente que lleva a un cambio de conducta. De acuerdo con esto, el verdadero arrepentimiento consiste en una nueva mentalidad, reflejada en un cambio de actitud. Cuando logramos ver nuestra condición espiritual de dureza ante Dios, y la naturaleza de rebeldía que nos ha llevado tan lejos de Él, y tomamos la decisión de dar una vuelta de 180 grados, y caminar en dirección opuesta, hacia Él, eso es arrepentimiento. Esta gracia del arrepentimiento también destaca nuestra decisión de no gobernarnos más a nosotros mismos, sino de dejar que Dios nos gobierne, de acuerdo a su Palabra y voluntad.

Por lo tanto, si su corazón está endurecido, necesita arrepentirse, ya sea que usted esté involucrado actualmente en el pecado, o si se trata de una maldición generacional que ha pasado a través de la línea sanguínea —manifestado, quizá, en una adicción que no se puede romper o en una depresión persistente—. El arrepentimiento le dará nuevamente la entrada a la presencia de Dios. Cuando se aparta de sus pecados y actitudes erróneas, permite que su corazón se ablande hacia el Señor. Sin arrepentimiento, su fe estará vacía. Por ejemplo, un ladrón puede tratar de creer que Dios le perdona el pecado de robo, pero si no se arrepiente de sus robos, la fe para recibir el perdón no podrá operar en él, ni el poder de Dios podrá obrar en su corazón para transformarlo.

Las áreas endurecidas de nuestro corazón son aquellas en las que resistimos a Dios.

Sólo el Espíritu Santo puede circuncidar el corazón

Es un asunto vital reconocer que el único que puede circuncidar su corazón es el Espíritu Santo de Dios. Él lo conoce, y tiene el poder y el amor para circuncidarlo sin lastimarlo. Oro para que sus ojos sean abiertos de modo que pueda ver el verdadero estado de su corazón. Aunque su corazón no esté endurecido por completo, seguramente hay algún área de su vida que debe rendir a Dios para que pueda ser transformada. No se pierda esa bendición. No tema perder algo que tiene, porque lo que Dios quiere darle es ¡mil veces mejor!

Oro para que usted pueda experimentar un verdadero arrepentimiento que le permita al Espíritu Santo circuncidar su corazón de las formas de pensar equivocadas, de los pensamientos errados y de los malos hábitos que han formado una gruesa callosidad, con lo cual usted se ha vuelto incapaz de sentir o percibir la presencia de Dios y de establecer relaciones saludables con otras personas. Oro para que el Espíritu Santo remueva de su interior el "corazón de piedra" —incluyendo las heridas, el dolor y los sentimientos de rechazo que lo han endurecido— y le dé un "corazón de carne" —nuevo, blando y tierno— que restaure su inocencia. Si se lo permite, Dios limpiará, purificará y santificará su corazón. Escoja ser circuncidado por el Espíritu Santo y reciba una unción divina como nunca antes.

Su Padre celestial quiere realizar un "trasplante de corazón" en su interior, ahora mismo. Si le abre su corazón a Dios, se rinde a Él y le permite practicar esa cirugía espiritual, Él quitará el "corazón de piedra" y lo reemplazará por un "corazón de carne".

Para alcanzar el cumplimiento de nuestro propósito en Dios necesitamos rendirle nuestra voluntad a Él.

Los beneficios de la circuncisión del corazón

Lo siguiente resume algunos de los beneficios de permitir que el Espíritu Santo circuncide su corazón. La circuncisión del corazón...

+ restaura la inocencia en usted.

+ aumenta su sensibilidad a la presencia de Dios.

+ incrementa su habilidad para recibir lo que necesita de Dios y lo que Él quiere darle a usted.

+ aumenta su capacidad de portar una unción mayor sin apartarse de ella ni contaminarla.

+ mantiene un flujo continuo de la vida de Dios en su interior.

+ hace más real y tangible el ámbito espiritual para usted.

+ provoca que su corazón se rinda rápido a Dios.

+ hace que usted deje de resistirse al proceso de transformación y se someta a él, sabiendo que esto lo acercará más a su Padre celestial.

Cuando nuestro corazón está blando y tierno, no existe nada que no estemos dispuestos a hacer por Dios.

Oración por la circuncisión del corazón

Si se ha dado cuenta que necesita que Dios circuncide su corazón y remueva todo lo malo y lo endurecido para que pueda acercarse a Él nuevamente, entonces repita por favor esta oración en voz alta:

Padre celestial, vengo ante tu presencia alabando y adorando tu nombre. Me presento delante de ti únicamente por los méritos de tu Hijo Jesucristo. Reconozco que existen áreas en mi corazón que se han endurecido, pero me arrepiento de todo corazón y te pido que me perdones. Me arrepiento de haber permitido que las heridas y fracasos del pasado te usurpen el señorío sobre mí; por permitir que el pecado, las ofensas, las heridas emocionales, la desobediencia, la rebelión y la maldad endurezcan mi corazón. Señor, perdóname por desobedecer tu voz, una y otra vez, y por no darte el lugar que te pertenece en todas las áreas de mi vida. Ahora mismo, te pido que circuncides mi corazón, para remover las callosidades que no me dejan sentir, percibir ni discernir el mundo espiritual y mi necesidad de ti. Por favor, restaura mi inocencia para que pueda creer en ti con la confianza de un niño, y para que pueda ser sensible a tu Santo Espíritu. Padre, lléname de tu poder y presencia, incluso ahora. Transforma mi corazón, en el nombre de Jesús, ¡amén!

Oración de salvación y transformación

Puede ser que usted aún no haya recibido a Jesús como su Señor y Salvador, pero su consciencia le está diciendo que hay un Dios real que quiere transformar su vida y es completamente capaz de hacerlo. Lo invito a convertirse en un hijo de Dios, tal como lo hizo un joven llamado Stephen. Stephen fue criado en la religión Rastafari. En este grupo, la marihuana se considera "hierba santa". Supuestamente, esta hierba produce poderes físicos, psicológicos y terapéuticos; para la cultura Rastafari es prácticamente un dios. Stephen tenía tan sólo cinco años cuando comenzó a consumirla. Fumaba marihuana como "intercesor" en el mundo de los espíritus y también practicó la brujería. Creció usando las uñas largas y rastas (trenzas) en su cabello. Creía en sí mismo y en su propio poder para hacer lo que fuera necesario.

Lo cierto es que Stephen se crió sin padre, y su paso por la vida era un devastador ciclo de engaños y desgracias. Aprendió a sobrevivir en las calles; pero allí también encontró pornografía, la cual lo llevó a desviarse de su orientación sexual natural. Esta confusión lo llevó a ser agresivo con los homosexuales, para esconder el hecho de que se sentía atraído hacia otros hombres. Además, se introdujo en la compra y venta de drogas para mantener su estilo de vida. Se volvió adicto a las drogas y desarrolló una enfermedad cardíaca, la cual empeoraba su situación.

Stephen recuerda la situación que lo llevó a Cristo. Fue un encuentro con el Dios viviente que transformó su carácter de pandillero en el de un hombre de Dios santificado, que ahora está en el camino correcto. Algún tiempo antes, mientras estaba hospitalizado por problemas con la ira, bajo supervisión psicológica, su abuela le dio una Biblia, la cual él guardó pero nunca leyó. Tiempo después, durante una transacción de drogas en su casa, al pasar junto a una mesa vio la Biblia. Esto le resultó muy raro porque no la había visto desde que había vuelto del hospital. Él recuerda: "Vi la Biblia y me asusté. Pensé que estaba alucinando, como un efecto secundario del uso de drogas".

Salió de la habitación por un momento y, cuando volvió por más mercadería, de repente oyó una voz que decía: *No te irás de aquí hasta que tomes la Biblia*. El poder sobrenatural de Dios le impedía dejar la habitación hasta que físicamente tocara la Biblia. "Yo no podía abrir la puerta ni salir", dice. Así que tomó la Biblia, se sentó y comenzó a leerla. De repente, pudo entender lo que leía, como si se la estuviera relatando un amigo. "No había forma de que yo hubiera podido entender la Biblia antes de ese día; nunca había tenido sentido para mí, pero Dios me hizo entenderla".

En otra ocasión, el Espíritu Santo le dijo: *Lávate las manos porque hoy comienzas una nueva temporada de santidad*. Él lo hizo y declaró que la sangre sanadora de Jesús lo limpiaba y liberaba de todas las maldiciones generacionales. Y cuando volvió al médico para hacerse más pruebas de rutina y seguimiento, tocantes a su problema del corazón, los resultados dieron negativos, mostrando que no había rastros de la enfermedad que había sufrido durante años.

Así fue como Stephen recibió un nuevo comienzo en Dios. Hoy, él está en fuego para su Señor, y produce abundante fruto como evangelista. Del mismo modo, si tu arrepentimiento es sincero, el Espíritu Santo circuncidará tu corazón y comenzarás a ver los cambios que no has podido experimentar en tus propias fuerzas. Arrepiéntete y recibe a Jesús como tu Señor y Salvador, y repite la siguiente oración:

> Padre celestial, reconozco que soy un pecador y que mi pecado me separa de ti. Mi corazón necesita una transformación, una que solo tú puedes lograr. Yo creo que Jesús murió en la cruz por mí y que tú lo levantaste de entre los muertos. Confieso con mi boca que Jesús es el Señor. Me arrepiento de todos mis pecados y rompo todo pacto malo que haya hecho con el mundo, con mi naturaleza de pecado y con el diablo. Rompo todas las maldiciones generacionales operando en mi vida, por el poder del sacrificio que Jesús hizo por mí. Ahora, hago un nuevo pacto de justicia con Cristo. Y le pido a Él que venga a mi corazón y cambie mi vida, y me llene con el Espíritu Santo. Si hoy muriera, sé que al abrir mis ojos en la eternidad, estaría en tu presencia. En el nombre de Jesús, ¡amén y amén!

5

Sanidad para el corazón ofendido

A lo largo de mi ministerio, he visto las trágicas consecuencias que vie-nen a la vida de las personas cuando permiten que las ofensas se arrai-guen en su corazón. Dondequiera que haya un corazón ofendido, ¡tenga cuidado! porque, como dice la Escritura: *"El hermano ofendido es más tenaz que una ciudad fuerte, y las contiendas de los hermanos son como cerrojos de alcázar"* (Proverbios 18:19).

En este libro, uso los términos *ofensa* y *ofendido* en relación a la actitud negativa que una persona adopta luego de recibir una afrenta, y por lo cual peca de actitud, palabra o hecho; y por lo general, *sigue pecando*, porque desarrolla amargura y resentimiento hacia la persona o situación que la ofendió. Una ofensa va más allá de un momento de molestia causado por un comentario casual de alguien o por el maltrato de un extraño (a menos que eso continúe latente en su interior). Podemos molestarnos por los co-mentarios o la conducta ajena, pero soltar eso de inmediato o descargarlo en oración, sin guardar sentimientos negativos. Por el contrario, una ofensa es algo que permanece en el corazón.

Como escribí antes, he visto ofensas que dividen iglesias, ministerios, matrimonios, familias, negocios y organizaciones. He visto gente que pier-de su herencia espiritual y natural también —herencias en forma de mi-lagros, sanidades, liberaciones y bendiciones financieras— de modo que nunca alcanzan su propósito en Dios. Yo creo que la razón principal por la cual la gente se va de una iglesia es que se sienten ofendidos por alguien o por alguna regulación o norma. Si nunca nadie se ofendiera, nuestras iglesias y ministerios crecerían y se mantendrían así; ciertamente seríamos más efectivos en la expansión del reino de Dios, y nuestro testimonio al mundo tendría un impacto mucho mayor. *"En esto conocerán todos que sois mis discípulos, si tuviereis amor los unos con los otros"* (Juan 13:35).

El problema de las ofensas no es nada nuevo. Por ejemplo, la Biblia registra el caso del rey Saúl, quien guardó una ofensa, y eso le trajo graves consecuencias; entre otras, fue quitado de la presencia de Dios, y perdió su unción y su reinado; incluso hasta su propia vida. (Vea 1 Samuel 9–31). Lo más trágico de guardar una ofensa —y el aspecto más temible— es que puede ocasionar su separación eterna de Dios, porque si la persona continúa en su camino de ira y venganza, su amargura le impedirá recibir a Cristo o lo llevará a rechazarlo.

En este capítulo, exploraremos lo que es una ofensa, las características de un corazón ofendido, la raíz de las ofensas y cómo lidiar con ellas de manera efectiva. Oro para que usted sea capaz de ver el estado de su corazón en lo relacionado a este tema y sea libre de cualquier ofensa destructiva que pueda estar guardando.

¿Qué es una ofensa?

Hay varias palabras griegas en el Nuevo Testamento, que la versión *Reina-Valera 1960* traduce como *"ofensa"*. Una de ellas es *skándalon*, de donde deriva la palabra "escándalo". Este término significa "palo para carnada" (trampa), o "cepo" (figurativamente se traduce como causa de disgusto o pecado). Indica, "ocasión de caer" (o tropezar), "piedra de tropiezo" o "algo que ofende". De hecho, al traducir *skandalon*, ciertas versiones de la Biblia a veces usan la palabra *"piedra de tropiezo"* en lugar de *"ofensa"*, como vemos en Mateo 16:23 (LBLA).

La ofensa es una trampa, y las trampas difícilmente son puestas por accidente. Cuando alguien le pone una trampa a otra persona, significa que quiere impedir que avance, quiere robarle o incluso matarla. Satanás, el enemigo de nuestra alma, está detrás de varias de las trampas que aparecen en nuestra vida para estorbarnos y quitarnos lo que Dios nos ha dado; el enemigo quiere robar nuestro propósito, destino, herencia espiritual y natural, la unidad familiar y la armonía espiritual con nuestros hermanos y hermanas en Cristo. Trata de impedir que la voluntad de nuestro Padre celestial se establezca en la tierra, y concibe planes para frustrar el avance del reino de Dios. No sólo quiere engañarnos, sino también matarnos espiritual, mental, emocional y físicamente. Por esa razón, busca que nos ofendamos con la gente, pero además con Dios mismo.

En la Escritura vemos varios ejemplos de gente que se ofendió con el Señor, incluyendo a Juan el Bautista. Al final de su ministerio, durante el cual había servido a Dios con fidelidad, él fue encarcelado por el rey Herodes. Mientras Juan esperaba una respuesta de su primo Jesús, se ofendió cuando sus expectativas —tal vez de un rescate sobrenatural— no se cumplieron. Su fe estaba en crisis y su madurez, a prueba; tanto que comenzó a dudar de la identidad de Jesús como el Mesías.

Juan envió a dos de sus discípulos a preguntarle a Jesús: *"¿Eres tú aquel que había de venir, o esperaremos a otro?"* (Mateo 11:3). Cristo les dijo a esos discípulos que le contaran a Juan acerca de las señales que lo seguían y los milagros que sucedían por su mano, los cuales Juan reconocería como obras del Mesías. (Vea Mateo 11:4–5).

Entonces, Cristo declaró, *"Bienaventurado es el que no halle tropiezo en mí"* (Mateo 11:6). La palabra que se traduce como "tropiezo" en este versículo es *skandalizo*, que es la forma verbal del sustantivo *skándalon* que estudiamos antes. *Skandalizo* significa "atrapar, tropezar (figurativamente, tropezón o tentación a pecar, apostasía o disgusto)". Por tanto, creo que Jesús en efecto estaba diciendo, "Díganle a Juan que no se ofenda conmigo, porque la ofensa puede hacerlo tropezar en su fe, incluso puede llevarlo a apartarse de mí y que se pierda mi propósito por el cual vine a la tierra".

Hoy en día, mucha gente está ofendida con Dios porque Él aún no ha respondido sus oraciones; porque no los ha sanado; por alguna adversidad que están sufriendo, de la cual Él no los ha librado; o por otras razones. Esta gente ha llegado a ver a Dios como un obstáculo, más que como su mayor fuente de vida y poder en medio de su situación. Si Jesús mismo no pudo evitar ofender a algunas de las personas con las cuales convivió y ministró (como Juan el Bautista, muchos escribas y fariseos, Judas Iscariote y otros), nadie en la tierra podrá evitarlo. A veces, cuando ofendemos a alguien, es porque cometemos un error o nos mostramos insensibles; sin embargo, otras veces, es porque las personas esperan que hagamos algo que no podemos o que ni siquiera debemos hacer.

La ofensa es una trampa del enemigo para robar nuestro propósito, destino y armonía en las relaciones.

Ofensas no inten

Una vez, mientras enseñaba en mi iglesia acerca de las ofensas, le pedí a la gente que yo hubiera ofendido que se acercara para que pudiéramos hablar y resolver el asunto. Para mi sorpresa, descubrí que había ¡mucha gente ofendida conmigo! En la mayoría de los casos, yo ni siquiera sabía que tal o cual persona estaba ofendida, mucho menos la razón. Lo que más me impactó fueron las razones por las que la gente estaba ofendida, las cuales en su mayoría me parecían intrascendentes. Por ejemplo, alguien me dijo: "Yo estoy ofendido con usted porque pasó a mi lado y no me saludó". Yo no recordaba la ocasión, pero seguramente iba enfocado en alguna tarea en particular o apurado. Otro me dijo: "Yo estoy ofendido porque el mensaje que usted predicó hace un mes era contra mí". Lo cierto es que yo no tenía idea de que esta persona tenía un problema relacionado con lo que yo estaba predicando en ese momento. Alguien más se quejó diciendo: "Usted no oró por mí; sino que puso a otro pastor a hacerlo". Nuestra iglesia tiene miles de miembros activos; es imposible para mí orar por cada persona que me lo pide. Para eso Dios nos ha equipado con varios pastores, ministros y ancianos, cuyo corazón es genuino, a los cuales hemos entrenado en el ministerio para que nos ayuden a servir al pueblo. Aquellos que se han ofendido porque creen que mi esposa o yo los ignoramos, no saben la "sangre, sudor y lágrimas" que hemos derramado para entrenar espiritualmente a esos pastores y obreros. Hemos invertido en ellos todo lo que Dios nos ha dado, y el poder del Señor opera a través de sus vidas tanto como a través de la nuestra.

Otros se han ofendido conmigo porque no los visité personalmente cuando estuvieron en el hospital; porque no los ordené como anciano, ministro, pastor o líder; porque no los llamé para desearles feliz cumpleaños; porque no los abracé cuando los vi, y por muchas otras razones.

¿Cuál fue mi respuesta ante la ofensa de esa gente? Con el deseo de sanar su corazón y preservar nuestra relación de padre espiritual e hijo o hija espiritual, les pedí perdón con toda sinceridad, porque no había sido mi intención ofenderlos.

Las ofensas suceden en el corazón, no en la mente.

Diferentes manifestaciones de la trampa de la ofensa

Muchas son las razones por las cuales la gente se ofende. Un problema común en la iglesia es que una gran cantidad de líderes se ofenden por el éxito de otros en el cuerpo de Cristo. Por ejemplo, pueden sentir celos porque la iglesia de otro pastor es más grande, porque aparenta tener mayor unción, o porque parece que ha sido más bendecida por Dios. Lamentablemente, es común en las iglesias que la gente permita que las ofensas fermenten en su interior, sin llegar a resolverlas nunca. Yo creo que esto explica por qué tanta gente en el cuerpo de Cristo vive en derrota y sufre diferentes dolencias.

Como Juan el Bautista, la gente a menudo se ofende cuando sus expectativas e ideas preconcebidas no se cumplen. Miremos dos escenarios del mundo empresarial. Un empleado ofendido por un despido, decide demandar a la compañía porque lo despidió injustamente o porque no le pagaron lo que le correspondía. Hay ocasiones en que un pleito es válido porque ha habido un maltrato; sin embargo, hay casos en que el empleado ha sido irresponsable o improductivo, y aun así se enoja porque espera que la compañía lo siga empleando, más allá de su mal comportamiento, bajo rendimiento o falta de diligencia. En su mente, cree que tiene una buena razón para demandar a la compañía, cuando en realidad no ha completado ni siquiera el mínimo de trabajo necesario para cumplir con sus responsabilidades. Por otro lado, hay dueños o directores de empresas que creen que son "dueños" de sus empleados y que tienen el derecho de controlarlos y tomar ventaja de ellos. Estos, cuando un empleado fiel y con cierta antigüedad les pide un aumento razonable o una mejora en sus condiciones de trabajo, se ofenden.

Asimismo, hay gente que se ofende porque no soporta ver a otros felices, bendecidos, prosperados o amados. Les ofende la riqueza o prosperidad ajena porque no quieren que nadie tenga mayor éxito o dinero que ellos. También suelen ofenderse porque otro trabaja duro, mientras ellos son mediocres en lo que hacen. Hay quienes toman como un insulto que su prójimo sea más inteligente o que tenga una vida familiar más feliz. Esa gente ofendida no toma en cuenta los sacrificios que la otra persona ha tenido que hacer, los pactos que ha hecho y ha cumplido con Dios —aun en tiempos de dificultad—, lo obediente que ha sido a los principios del reino, y más.

En el siguiente testimonio, podemos ver cómo el guardar una ofensa dolorosa debilitó la vida de una mujer llamada Jeniffer. Ella escribe: "Quedé embarazada cuando tenía dieciocho años. Para entonces, llevaba un largo tiempo en pareja con el padre de mi bebé; pero apenas él supo de mi embarazo, me pidió que lo abortara. Yo me negué, y él me dejó. Cuando mi madre se enteró por boca de otra gente, sufrió mucho, porque ella era madre soltera de dos hijas y sabía lo difícil que es esa vida. Yo tenía tres meses de embarazo cuando ella también me pidió que abortara a mi bebé. Mi propia madre hizo la cita y, al día siguiente, yo estaba sentada en la sala de espera de una clínica de abortos.

"Allí había muchas mujeres, pero yo era la más joven. El procedimiento duraba diez minutos o menos, y las mujeres entraban y salían. Cuando llegó mi turno, el proceso resultó muy doloroso; sentía que algo dentro de mí me succionaba el útero. Aquella experiencia me cambió; dirigí todo el dolor y la amargura que había en mi corazón hacia mi madre, por negarme a mi hijo. Yo no le expresaba mis sentimientos a ella, pero la trataba muy mal.

"Al poco tiempo, lo único que quería era volver a quedar embarazada. Lloraba tocándome el vientre y me comportaba como si tuviera un bebé dentro de mí. Finalmente, quedé embarazada de otro novio, pero perdí a mi bebé. Allí fue que todo se me derrumbó y caí en una fuerte depresión. No podía dormir y me sentía vacía. Creía que sólo un bebé podía llenar mi vacío, y buscaba refugio en la fornicación y la pornografía.

"Cuando todo había perdido sentido, encontré a Cristo a través de una compañera de trabajo que me invitó a un servicio. Cuando entré, sentí que había vuelto a casa. ¡Mi corazón estaba lleno de emoción! Pasé al altar y recibí a Cristo en mi corazón. Desde entonces mi vida ha cambiado. Ahora sirvo a Dios y soy feliz. Él restauró la relación con mi madre y borró la culpabilidad. Definitivamente sé que mis bebés están en el cielo con el Señor".

En su amor, Dios liberó a Jeniffer de tener un corazón ofendido, quitó su culpa, la ayudó a perdonar y restauró su capacidad para disfrutar la vida. En la siguiente sección, veremos algunas verdades significativas acerca de las ofensas, las cuales nos ayudarán a aprender a lidiar con ellas de manera efectiva.

Verdades importantes acerca de las ofensas

1. En un mundo caído, las ofensas son inevitables

Jesús dijo: *"Imposible es que no vengan tropiezos [skándalon]; mas ¡ay de aquel por quien vienen!"* (Lucas 17:1). En esta declaración, Cristo usó una palabra poderosa: *"imposible"*. Como resultado de la caída, y de la naturaleza pecaminosa que los seres humanos heredamos, las ofensas se convirtieron en una parte inevitable y lamentable de nuestras relaciones. Sin embargo, cuando nos reconciliamos con Dios, por medio de Cristo, y nos convertimos en sus hijos, somos llamados a vivir de acuerdo a una nueva naturaleza que refleje su corazón. Por tanto, es fundamental que aprendamos a lidiar con las ofensas de manera efectiva. El primer paso es, determinar en oración, antes que nada suceda, cómo nos comportaremos cuando las ofensas vengan y cuál será la actitud de nuestro corazón para lidiar con ellas. Este capítulo lo ayudará a dar el primer paso para llegar a ser libre de las ofensas.

2. Todos ofendemos de palabra o hecho

Dado que somos miembros de la raza humana, en un momento u otro, vamos a ofender a los demás de palabra o hecho. Como dicen las Escrituras: *"Porque todos ofendemos muchas veces. Si alguno no ofende en palabra, éste es varón perfecto, capaz también de refrenar todo el cuerpo"* (Santiago 3:2). En este versículo, la palabra "ofender" es la traducción de la palabra griega *ptaio* que, en forma literal significa, "trastabillar" (dar traspiés o tropezar). Figurativamente, quiere decir "errar", "pecar", "fallar" (en relación a la salvación); "caer", "equivocarse" u "ofender".

Del mismo modo, más allá de dónde o con quién vivamos, inevitablemente seremos ofendidos por otras personas, puede ser un esposo, esposa, hijos, padres, amigos, jefe, compañeros de trabajo, de estudios y otros. A pesar de esto, debemos saber que, en la mayoría de los casos, la gente que nos provoca la ofensa ni siquiera sabe que lo ha hecho; y como hemos visto, nosotros también podemos ofender a otros sin darnos cuenta. Nuestra cooperación con Dios en la transformación sobrenatural de nuestro corazón incluye, pedirle que nos ayude a soltar voluntariamente las ofensas, vivir libres de amargura y resolver cualquier desacuerdo con otros, tan pronto como podamos. (Vea, por ejemplo, Romanos 12:17–18). Cuando hagamos esto con sinceridad de corazón seremos bendecidos por Dios y llenos de su gozo.

3. Las ofensas son instructivas

Hemos observado que las ofensas generan reacciones, y que éstas revelan lo que realmente hay en nuestro corazón. A veces, podemos creer que ya hemos avanzado bastante en nuestra madurez espiritual; pero luego comprobamos que hay un asunto no resuelto en nuestro corazón cuando reaccionamos mal —quizá con amargura u orgullo— al sufrir alguna ofensa. Por tanto, cuando somos ofendidos, debemos usar esa circunstancia para nuestro bien, permitiendo que nos instruya acerca de la verdadera condición de nuestro ser interior, y que busquemos sanidad.

Algunas personas cuando reciben una afrenta, ignoran a quien se la causó, dejan de comunicarse y hasta dan por terminada la relación; otras atacan al ofensor con insultos y peleas. En otras palabras, se comportan como niños, y forman una pataleta o un berrinche cuando no se salen con la suya. Aun otros, exageran la ofensa y comienzan a tramar venganza, hacen acusaciones a espaldas del ofensor, envuelven a otra gente en la situación, y mucho más.

A veces, la gente que considerábamos inmadura nos sorprende, porque sabe lidiar mejor con las ofensas que aquellos que considerábamos maduros. En lugar de terminar una relación de buenas a primeras, o en vez de gritarle a la otra persona o buscar venganza, ellos siguen el patrón bíblico; hablan en privado con quienes los ofendieron, y buscan la reconciliación y el perdón, especialmente si la ofensa fue intencional. (Vea, por ejemplo, Mateo 18:15–17). Ese es el patrón que todos deberíamos seguir cuando somos ofendidos.

Permítame agregar algo más a este tema. Suponga que usted se ofende por un asunto sin importancia —por ejemplo, alguien no lo saludó como usted esperaba o hizo un comentario que a usted no le gustó—, pero la otra persona no está consciente de haberlo ofendido; en ese caso, lo mejor es descargar la ofensa; pedirle perdón a Dios por su actitud, y seguir adelante con su vida, sin decir ni hacer algo que pueda prolongar o empeorar el asunto.

Cuando usted se ofenda, discierna el estado real de su corazón, arrepiéntase de cualquier pecado, pídale perdón a Dios y sea sano.

4. Ofenderse puede ser válido o no

En el mundo hay muchas ofensas válidas que causan una afrenta a la gente —ofensas que producen dolor, confusión y desesperanza—. Todos tenemos emociones y, cuando somos tratados injustamente o vemos que tratan mal a alguien más, por naturaleza experimentamos emociones como ira, ansiedad o angustia. Queramos o no, los sentimientos de hostilidad y dolor pueden surgir en nuestro interior. Recuerde que Jesús también mostró ira cuando vio a la gente actuando de manera injusta o hipócrita en el templo. (Vea, por ejemplo, Juan 2:13–17). Por otra parte, como ya hemos dicho, hay ocasiones en que nos sentimos ofendidos por asuntos insignificantes o sin importancia.

No es tanto el sentimiento inicial de ofensa lo que importa, sino lo que hacemos con esa emoción. Por tanto, ya sea que nos hayamos ofendido de manera justa o injusta por cierta situación, siempre deberíamos elegir el perdón como respuesta. De otro modo, nuestro corazón se llenará de resentimiento y amargura, y nos llevará a tener actitudes y realizar actos destructivos que después lamentaremos. Jesucristo fue juzgado injustamente por los líderes religiosos de su época; ellos dijeron que era un blasfemo y lo entregaron a los romanos para que lo crucificaran. Sin embargo, Él perdonó a sus asesinos. (Vea Lucas 23:34). Con el fin de alcanzar un propósito mayor rindió su derecho a ofenderse. Ese propósito era salvar a la humanidad del pecado, y eso incluía a quienes lo habían tratado injustamente. ¿Quién podría tener más razones para sentirse ofendido con quienes lo maltrataban que el Hijo de Dios sin pecado? Pero Jesús mantuvo su corazón puro y dejó que Dios el Padre, estableciera la justicia a su manera y en su tiempo. De este modo, logró la redención del mundo entero.

5. Las ofensas son señales de los últimos tiempos

"*Muchos tropezarán entonces, y se entregarán unos a otros, y unos a otros se aborrecerán.…Y por haberse multiplicado la maldad, el amor de muchos se enfriará*" (Mateo 24:10, 12). Antes establecimos que la maldad aumentará en los postreros tiempos; de hecho, ya está aumentando, y eso empuja a la gente a enfriar su corazón. Por lo general, la gente de hoy parece mucho menos interesada en los sentimientos y necesidades de su prójimo. No le importa si hiere, ofende o maltrata a los demás, mientras pueda alcanzar sus propios objetivos. La peor parte es que mucha gente parece indiferente a la realidad de que su corazón se está enfriando y endureciendo cada vez más.

Una de las principales razones de ese enfriamiento es que, a medida que la maldad aumenta, las ofensas se multiplican. Con el aumento de la maldad se desarrolla un patrón vicioso: Las ofensas llevan a la frialdad, y la frialdad genera corazones endurecidos, y éstos a su vez llevan a nuevas ofensas. ¡Es muy peligroso entrar en ese ciclo!

Si elegimos permanecer ofendidos, promoveremos el engañoso patrón descrito arriba. Lo mejor es dedicarnos a ser ejemplos vivientes de las palabras proféticas de Cristo, que aparecen en Mateo 24:13: "*Mas el que persevere hasta el fin, éste será salvo*". Una manera de perseverar hasta el fin es no permitiendo que una ofensa corrompa o endurezca nuestro corazón. Cada vez que recibimos una afrenta de alguien, tenemos la oportunidad de escoger entre permanecer ofendidos o perdonar y dejar ir el resentimiento, avanzando hacia la madurez espiritual y emocional.

Conozco a muchos exlíderes de la iglesia que fueron preciosos siervos de Dios hasta que permitieron que una ofensa entrara a su corazón; no fueron lo suficientemente maduros para lidiar con la ofensa de manera apropiada y constructiva. Esos creyentes volvieron al mundo, y hoy, están sufriendo las consecuencias: viven esclavos del pecado, están enfermos y llorando la destrucción de su familia, por mencionar sólo algunas de sus condiciones. La ofensa que no pudieron perdonar se convirtió en su piedra de tropiezo y en la razón de su caída. Su corazón cayó en la trampa de la ofensa que les tendió el enemigo, y se contaminó. Mantengamos siempre nuestros ojos puestos en Cristo, confiándole a Él cada situación, manteniendo nuestro corazón puro, blando y rendido ante Dios, y perdonando siempre.

Cada vez que somos ofendidos,
tenemos la oportunidad de escoger entre permanecer ofendidos,
o perdonar y madurar espiritual y emocionalmente.

En la siguiente historia, un hombre llamado Pablo describe la forma cómo fue liberado de un corazón ofendido. Él cuenta: "Yo era un joven en busca de los placeres de este mundo, y terminé pasando un año y medio en prisión. Durante ese tiempo, conocí a Jesús pero no le entregué mi vida a Él. Además, tuve algunas experiencias sobrenaturales que me demostraron la realidad del mundo espiritual —la realidad tanto de Dios como de los demonios—.

"Al cumplir mi sentencia me liberaron de prisión, pero se me hizo muy complicado conseguir un trabajo; así que volví a mis viejas actividades. Para entonces, mi abuelo estaba muy enfermo; oramos por él pero de todos modos murió. Me sentí horrible por todo el sufrimiento que mi comportamiento le había causado, pero aun así seguí usando drogas, practicando brujería y consultando adivinos; quería entender la muerte de mi abuelo. De cierto modo, llegué a maldecir a Dios por mi vida diciendo: 'Un Dios que ama nunca hubiera permitido esto. ¿Por qué debería seguir confiando en Él?'

"Mientras tanto, la relación con mi esposa se iba deteriorando lentamente. Traté de ir a la iglesia de nuevo, y encontré un trabajo; sin embargo, el mismo día que me contrataron me llamaron para decirme que mi madre tenía cáncer. Así que viajé a verla y orar por ella. Le dije que todo saldría bien, pero aquel mismo día murió. Esa fue una experiencia muy dura para mí. Sentía dolor y enojo, y quería abandonarlo todo.

"Mi esposa e hijos me hablaron de la iglesia El Rey Jesús y me pidieron que fuera allí. Yo estaba perdido y no tenía adónde ir, así que accedí. Necesitaba algo que me cambiara para siempre. Allí, el Señor me tocó; le abrí mi corazón y Él me sanó. Ahora, soy un hombre nuevo y sirvo a Dios testificando de las grandes obras que ha hecho en mí".

La causa de aferrarse a las ofensas es la inmadurez

Ofenderse con facilidad y permanecer ofendido son las principales características de una persona espiritual y emocionalmente inmadura.

Algunos eligen vivir en inmadurez perpetua porque no sueltan las ofensas; se atan a ellas y éstas controlan su vida. Debemos darnos cuenta —por nuestro bien y el de los demás— que el inmaduro es fácilmente engañado y se convierte en presa fácil de falsas doctrinas. Pablo escribió: *"Para que ya no seamos niños fluctuantes, llevados por doquiera de todo viento de doctrina, por estratagema de hombres que para engañar emplean con astucia las artimañas del error"* (Efesios 4:14).

Las siguientes características se evidencian en aquellos inmaduros espiritual y emocionalmente. La gente inmadura...

+ se ofende fácilmente.
+ es fácilmente engañada.
+ es insegura.
+ es dominada por sus emociones.
+ no tiene dominio propio.
+ se ofende cuando es corregida.
+ se ofende cuando la responsabilizan de sus errores.
+ es de doble ánimo.
+ es incapaz de ejercer un liderazgo efectivo porque reproducen su inmadurez en los demás.

Por el contrario, cuando aprendemos a lidiar bien con las ofensas, tratándolas de forma bíblica, desarrollamos madurez. Si no lo hacemos así, sufriremos algunos o todos los costos de vivir con un corazón ofendido, los cuales describo a continuación.

Cuando maduramos,
la trampa de la ofensa pierde su poder sobre nosotros.

Los costos de vivir con un corazón ofendido

1. La gente ofendida se aparta de los demás, y a veces se vuelve ermitaña

Guardar una ofensa impide el crecimiento espiritual de las personas, porque ellas vuelven a ser controladas por la naturaleza de pecado y se conducen como lo hacían antes de conocer a Cristo. Debido a que dejan de avanzar en su madurez y apartan su corazón de Dios y de otra gente, se refugian en viejas conductas; es decir, se encierran y esconden en su dolor. Tampoco muestran sus emociones ni se abren a otras personas, y sienten miedo de desarrollar nuevas relaciones. Éste es un lugar peligroso porque, cuando Satanás encuentra a alguien aislado del resto del cuerpo de Cristo, implementa un plan de ataque para empujarlo por un descenso espiritual difícil de revertir. De este modo la gente termina en muerte espiritual. Por favor, ¡no caiga en la trampa de la ofensa!

2. La gente ofendida se priva del flujo de la vida

Las personas que se alejan de los demás, como describí antes, sufren una pérdida de libertad porque se excluyen a sí mismas del flujo normal de la vida, y de sus actividades en la familia, la iglesia, la empresa u otro organismo. Si esto le sucede a un miembro de una iglesia, éste ya no se siente parte del cuerpo de creyentes ni siente que comparte la visión de la iglesia. Pueda que todavía ofrende y diezme, pero ya no participa de la vida de la misma. Tal vez tenga un don o talento que podría ser de bendición si lo compartiera con otros creyentes, pero no se siente en libertad de hacerlo. Más bien, experimenta un enfriamiento en su relación con los demás, porque ya no está de acuerdo con las actividades en las que participan. Hasta puede que le resulte difícil orar y adorar a Dios en un ambiente corporativo.

Como consecuencia, puede desarrollarse en su vida el siguiente patrón: Se rehusará a integrarse al cuerpo de creyentes de continuo, aun cuando sea invitado. Tal vez elija sentarse en el asiento más alejado en la última fila en la iglesia, para poder observar todo lo que sucede sin ser notado por mucha gente, criticando internamente todo lo negativo que ocurre. Es posible que siga construyendo una gruesa muralla entre él y los demás; una barrera de ofensas, errores, malentendidos y otros más. Tal vez asista a la iglesia durante años para librarse de un sentido de obligación, pero se habrá aislado del flujo del Espíritu de Dios y del gozo de compartir con los demás.

3. La gente ofendida emplea mecanismos de defensa

Conforme a su aislamiento auto impuesto, la persona ofendida entrará a cada nueva relación con una barricada alrededor de su corazón. Debido a que nunca ha superado las ofensas, constantemente está en guardia para repeler cualquier ataque (real o percibido) contra su autoestima, sus derechos personales y su integridad como ser humano. Para protegerse a sí mismo desarrolla mecanismos de defensa, tales como la desconfianza, los prejuicios, el negativismo y una continua actitud de juicio.

Aquellos que emplean mecanismos de defensa emocional pondrán trabas, de manera inevitable, a sus relaciones personales. Por ejemplo, cuando una pareja se prepara para casarse, es importante que ambos sean transparentes entre sí, que discutan las heridas y desilusiones que hayan experimentado en el pasado. La razón es que mucha gente arrastra cargas de dolor o culpa de las que necesita sanar. Estos asuntos pueden tratarse en sesiones de consejería prematrimonial con un pastor maduro u otro líder de la iglesia, o con un consejero cristiano. Si el dolor o la culpa no son tratados, tarde o temprano saldrán a la superficie por medio de palabras o conductas negativas dirigidas al cónyuge. De una u otra manera, este último se verá afectado y la relación correrá el riesgo de dañarse o romperse.

Veamos otro ejemplo. Supongamos que un pastor desea desarrollar líderes en su iglesia; pero si él mismo ha construido una barricada alrededor de su corazón como reacción a las ofensas del pasado, ese pastor encontrará grandes impedimentos para cumplir su propósito. Y es que quienes guardan ofensas no resueltas no suelen confiar en otras personas. Al pastor le puede resultar muy difícil entrenar futuros líderes, debido a que tiene un miedo muy profundo a que la gente le falle o que lo traicionen. Como resultado, no será capaz de nutrir a los potenciales líderes, ni podrá delegarles tareas o darles autoridad para actuar en su nombre.

A lo largo de los años he levantado muchos líderes, algunos de los cuales me han traicionado de una u otra manera. Su comportamiento me ha ofendido muy hondo porque no esperaba eso de ellos. Sin embargo, tuve que perdonarlos; de lo contrario nunca hubiera podido entrenar más líderes. En cada oportunidad, Dios sanó mi corazón para que yo pudiera levantar miles de líderes en todo el mundo para edificar el cuerpo de Cristo y extender el reino de Dios.

4. La gente ofendida se conforma a su corazón, generando una forma de vida de dolor

A menudo, una persona ofendida, inconscientemente empieza a transformar los sentimientos de ofensa que le causaron, y convierte el daño espiritual y emocional en un *estilo de vida* de dolor. A medida que construye un muro que lo separa de los demás y se equipa con mecanismos de defensa, se acostumbra a su nuevo estilo de vida aislado. Después de un tiempo, "encarna" sus sentimientos de ofensa, y se convierte así en una "ciudad" de dolor, fortificada por altos muros de defensa, de manera que todo lo que piensa o hace, a partir de ese momento, es generado desde ese lugar —esa identidad— de dolor. Se rehúsa a confiar en otros o a abrirles su corazón. También es posible que se niegue a invertir su tiempo y dinero en causas dignas, porque no está dispuesto a arriesgarse a nuevas desilusiones o heridas que puedan surgir de dicha actividad. Está condicionado y rehecho por su experiencia negativa, de modo que ahora está siempre sujeto al dolor, incapaz de alcanzar la felicidad verdadera.

Una persona con un corazón ofendido es capaz de permitir que el dolor emocional de una afrenta se convierta en excusa para rehusarse a funcionar en ciertas áreas de su vida.

La historia de María, una joven que asiste a nuestra iglesia, es un vívido ejemplo de cómo una persona puede construir una forma de vida de dolor debido a las ofensas, hasta que fue liberada por Jesús. Ella relata: "Yo nací en Cuba. Mi vida estuvo en peligro desde antes de nacer porque mi madre me quiso abortar. Es más, durante su embarazo, cayó accidentalmente de una altura de tres pisos por las escaleras, pero no me perdió. Como sobreviví a todo eso, al nacer, ella ofreció mi vida al servicio de los santos, en una religión llamada 'Santería'.

"Años más tarde, mi padre encontró la manera de traernos a vivir a los Estados Unidos. Cuando tenía nueve años me introduje en el mundo de las calles. Conocí las pandillas, las fiestas, el alcohol, la actividad sexual, las drogas, el robo, el abuso, la persecución policial y más. Durante mi infancia, mi experiencia estudiantil fue horrible. Los demás niños se burlaban de mí, y eso llenó mi corazón de ira, odio y deseos de venganza.

"A los catorce años, mi madre se mudó buscando alejarme de ese ambiente, sin saber que todo se pondría peor en el nuevo lugar. Me uní a una pandilla, comencé a frecuentar bares nocturnos, a escaparme de la casa, beber alcohol sin límites, usar drogas pesadas y no asistía nunca a clases. Traté de suicidarme tres veces. Tuve dos sobredosis de drogas, me enredé en la actividad sexual a mayores niveles, pero la verdad es que era esclava del pecado y de quien lo produce.

"A los diecisiete años conocí al 'hombre perfecto'. Él me dijo que tenía veintiún años y que se había enamorado de mí a primera vista. Su personalidad era cautivante. Sabía cómo hablarme y era tan comprensivo conmigo que me enamoré de él y le entregué mi inocencia. Pero al pasar el tiempo, me di cuenta que todo era una gran mentira —tenía treinta años y tres hijos—. Aun así, quería casarme con él. Pero al darme cuenta que nuestra relación era una mentira, comencé a sentir un gran odio hacia los hombres. Sentí que mi vida no tenía sentido.

"Sin embargo, en medio de la noche más oscura, tenía dos padres que oraban por mí, ya que ellos habían abrazado a Cristo unos años atrás. Un día, asistí a una cruzada de milagros del evangelista Benny Hinn, y le dije a Dios: 'Si soy tuya, haz algo antes de que me vaya'. En ese momento, mis huesos comenzaron a temblar. Empecé a llorar sin control y, aunque no entendía lo que pasaba, me sentí muy bien. El Espíritu Santo había descendido sobre mi vida. Más tarde, esa misma noche, era liberada y transformada. Dejé mi vieja manera de vivir y me convertí en una nueva criatura.

"Han pasado casi seis años, y estoy bendecida. Tengo identidad y propósito. Sobre todo, estoy muy enamorada de Jesús. Nunca en mi vida hubiera creído que esto sucedería. Estoy viviendo los mejores días de mi vida. Si Dios lo hizo por mí, ciertamente lo puede hacer por ti".

Si usted también ha permitido que su vida sea conformada por las heridas del pasado y ha creado una forma de vida de dolor, hoy, a través del poder del Espíritu Santo puede ser libre, entregándole sus ofensas a Él, perdonando a quienes lo han herido y recibiendo el perdón y la gracia de Dios por medio de Cristo.

5. La persona ofendida no puede recibir la unción de Dios

Yo he experimentado la presencia manifestada de Dios y he ministrado bajo esa presencia. En ocasiones he impuesto las manos sobre ciertas personas y he sentido que la unción vuelve a mí, como si ésta hubiera chocado contra un muro. Ésa es señal de un corazón cerrado por las ofensas, que no puede recibir la unción de Dios ni experimentar la transformación que ocurre en su ser interior.

Asimismo, he predicado mensajes en el poder del Espíritu Santo que han transformado las vidas de miles de personas en un auditorio, mientras que otras personas, en el mismo lugar y bajo la misma unción, siguieron con sus mismos problemas financieros, familiares, de salud u otros. Yo creo que no experimentaron ningún cambio porque no pudieron entrar en esa unción ni permanecer en ella, porque su corazón estaba contaminado con una o varias ofensas. De modo similar, si una persona guarda resentimiento contra un líder que ha sido puesto por Dios como su autoridad, no puede esperar un día heredar su unción, porque nadie puede portar la unción de un vaso de Dios que no haya honrado, o peor aún, que haya rechazado.

6. La persona ofendida no puede alcanzar su propósito y destino

Cuando un creyente es ofendido, no vive en el "eterno presente" de Dios, sino que queda atrapado en el pasado; en el momento que lo ofendieron. En ese estado, es imposible que pueda cumplir el propósito para el cual Dios lo ha creado.

Veamos en el Antiguo Testamento el ejemplo de Moisés cuyo ministerio fue glorioso. Por el poder de Dios, Moisés hizo milagros extraordinarios, incluyendo la liberación sobrenatural de cientos de miles de israelitas de la esclavitud egipcia, para luego guiarlos hacia la Tierra Prometida.

Sin embargo, un día se ofendió con el pueblo debido a la incredulidad de ellos. Su ofensa era justificable. Tenía todo el derecho de sentir una ira justa. Los israelitas se encontraban en el Desierto de Zin (vea Números 20:1), y la Escritura nos dice que: *"Porque no había agua para la congregación, se juntaron contra Moisés y Aarón....Entonces alzó Moisés su mano y golpeó la peña con su vara dos veces; y salieron muchas aguas, y bebió la congregación, y sus bestias"* (Números 20:2, 11).

El patriarca cometió varios errores durante este incidente. Primero, su acción fue motivada por la ofensa. No obedeció las instrucciones del Señor, que le había dicho que le *hablara* a la roca —no que la golpeara— para que el agua fluyera de ella. (Vea Números 20:8). Años atrás, Dios sí le había ordenado que golpeara la roca para sacar agua para el pueblo (vea Éxodo 17:1–7), pero ésa no fue su instrucción en esta ocasión. Siempre debemos prestar atención a lo que Dios nos está diciendo en el presente. Segundo, Moisés cometió un error al decirle a la gente que él mismo haría el milagro: *"¡Oíd ahora, rebeldes! ¿Os hemos de hacer salir aguas de esta peña?"* (Números 20:10). Y tercero, operó el poder de Dios en ira, no en justicia y verdad.

Trágicamente, Moisés pecó al ofenderse por la rebelión popular, y eso le costó la entrada a la Tierra Prometida. *"Y Jehová dijo a Moisés y a Aarón: Por cuanto no creísteis en mí, para santificarme delante de los hijos de Israel, por tanto, no meteréis esta congregación en la tierra que les he dado"* (Números 20:12).

Pasando al Nuevo Testamento, miremos el caso del joven rico que se acercó a Jesús porque quería saber cómo entrar al cielo, o averiguar qué más debía hacer para ganarlo. Este joven se perdió la oportunidad de entrar en el reino de Dios y de seguir a Jesús, porque la corrupción de su corazón lo llevó de cierto modo a ofenderse con la respuesta del Maestro, y rechazó la voluntad de Dios para su vida.

[El joven rico le preguntó a Jesús:] *Maestro bueno, ¿qué haré para heredar la vida eterna? Jesús le dijo:...Los mandamientos sabes: No adulteres. No mates. No hurtes. No digas falso testimonio. No defraudes. Honra a tu padre y a tu madre. Él entonces, respondiendo, le dijo: Maestro, todo esto lo he guardado desde mi juventud. Entonces Jesús, mirándole, le amó, y le dijo: Una cosa te falta: anda, vende todo lo que tienes, y dalo a los pobres, y tendrás tesoro en el cielo; y ven, sígueme, tomando tu cruz. Pero él, afligido por esta palabra, se fue triste, porque tenía muchas posesiones.* (Marcos 10:17–22)

Aquel joven rechazó a Jesús porque el amor al dinero se había convertido en su amo; había tomado el señorío de su corazón. Cristo se paró frente a él como *El Shaddai*, término hebreo que significa "Aquel que es más que suficiente". Esto quiere decir que si el joven hubiera renunciado a todo lo que poseía, Dios hubiera podido ser más que suficiente para él; pero sus riquezas lo cegaron. El desafío de Jesús probó la condición de su corazón, midió cuánto estaba dispuesto a rendirle a Dios, y cuál era su límite.

Si el joven hubiera renunciado a todas sus riquezas, Cristo le hubiera devuelto cien veces más. Justo después de este incidente, Jesús le dijo a Pedro:

> *De cierto os digo que no hay ninguno que haya dejado casa, o hermanos, o hermanas, o padre, o madre, o mujer, o hijos, o tierras, por causa de mí y del evangelio, que no reciba cien veces más ahora en este tiempo; casas, hermanos, hermanas, madres, hijos, y tierras, con persecuciones; y en el siglo venidero la vida eterna.* (Marcos 10:29–30)

Si darle a Dios le ofende, también debería ofenderle recibir de Él.

Todo lo que usted da al reino de Dios, el Señor se lo devuelve multiplicado. El joven rico creía que lo que tenía le pertenecía; lo cierto es que los seres humanos sólo somos mayordomos de todo lo que Dios nos da; somos los administradores de sus bienes. Sin embargo, si nuestro corazón se corrompe por amor al dinero, no le daremos nuestros recursos al Señor como un acto de adoración. En cambio, usaremos el dinero para satisfacer nuestra naturaleza de pecado, y dejaremos que nuestro amor por el dinero ejerza su poder sobre nosotros. Esto definirá nuestra vida —nos definirá a *nosotros*—. Para guardar nuestro corazón de la corrupción, debemos buscar a Dios primero, rendirnos a Él y ejercer dominio propio sobre lo que hacemos con el dinero y cómo lo gastamos. Así podremos invertir nuestras finanzas en su reino y en otros propósitos positivos.

Algunas personas se ofenden cuando se les pide ayuda para financiar ciertos ministerios de su iglesia, donar dinero para ayudar a los pobres, reunir fondos para asistir a las víctimas de algún desastre natural, o hacer algo más que no sea para su propia ganancia o placer. Sin embargo, no se ofenden cuando reciben la factura de su automóvil de lujo, cuando les cobran una larga y abultada cuenta por ropa o accesorios de moda, o cuando deben pagar la entrada a eventos deportivos u otras formas de entretenimiento.

Si alguien se siente insultado por una enseñanza bíblica acerca de la mayordomía en las finanzas, la razón más probable es que esa persona sienta que su verdadero "dios" está siendo atacado. Yo he visto gente irse de un servicio justo antes de que se recojan las ofrendas. Su comportamiento indica que el dinero es su prioridad. No les interesa ser mayordomos de los recursos de Dios; en cambio, creen que son dueños de todo lo que Él les ha provisto.

Si Dios lo ha bendecido con recursos financieros, yo considero que usted y su familia deben disfrutarlos, pero también creo que su prioridad debe ser Él y la expansión de su reino. (Vea Mateo 6:33). Hay mucha gente que luego de ser liberada de la maldición de la pobreza recibe abundante bendición financiera de Dios; y después de haber aprendido que la clave de la prosperidad es sembrar en su reino, deja de darle a Dios. ¿Por qué? Tal vez fue porque no era difícil diezmar de su ingreso cuando éste era de 100 dólares por semana, pero se volvió muy duro hacerlo cuando el diezmo comenzó a sumar miles de dólares. La verdadera condición de su corazón fue revelada cuando dejaron de ser fieles en sus diezmos y ofrendas, y cuando le pusieron un límite a lo que estaban dispuestos a darle a Dios. No podemos esperar que Dios derrame abundancia sobre nosotros mientras le damos a Él nuestras "sobras".

7. La gente ofendida puede ser quitada de la presencia de Dios

Cuando los primeros seres humanos pecaron, Dios se ofendió —en sentido santo—. Su justicia fue ofendida por el pecado y la traición. Dada la situación, era necesario que los sacara de su presencia; pero al mismo tiempo que lo hacía, anunciaba su plan de redención para la humanidad a través de Jesucristo. Cada vez que pecamos —incluyendo la transgresión de aferrarnos a una ofensa— necesitamos ser restaurados a una correcta relación con nuestro Padre celestial. Si aceptamos el sacrificio que Cristo hizo en nuestro lugar y recibimos el perdón a través de Él, podemos estar seguros de esa restauración; "*...y si alguno hubiere pecado, abogado tenemos* *para con el Padre, a Jesucristo el justo. Y él es la propiciación por nuestros pecados..."* (1 Juan 2:1–2).

Debemos soltar las ofensas que hemos guardado, porque no podemos permanecer en la presencia de Dios con ofensas en nuestro corazón. La razón por la que cierta gente no siente la cercanía de Dios es porque ha estado tratando de presentarse ante Él guardando ofensas. A veces ni siquiera se dan cuenta que lo están haciendo. Ésa es la razón fundamental por la que debemos monitorear, con regularidad, la condición de nuestro corazón, para que esté conforme a la Palabra de Dios; además, debemos permitir que su Espíritu nos traiga convicción de pecado para que nuestro corazón pueda ser transformado.

Siempre recuerde que usted tiene acceso completo a la redención en Jesucristo. No se aísle de la gracia de Dios, que le permite ser perdonado por Él, ser restaurado a Él, y comenzar de nuevo en Él Además, gracias a que hemos sido perdonados y reconciliados con Dios en Cristo, nosotros también podemos perdonar a quienes nos han ofendido, y podemos buscar la reconciliación con ellos, porque su gracia produce en nosotros *"...así el querer como el hacer, por su buena voluntad"* (Filipenses 2:13).

La solución para las ofensas

Dado que las ofensas son inevitables en nuestro mundo caído, aunque también son oportunidades para discernir el estado de nuestro corazón, lo más sano que podemos hacer cuando somos ofendidos, es enfrentar ese asunto de inmediato. Por tanto, ahora mismo —antes que ocurra una nueva ofensa— tome conscientemente la decisión de perdonar a cualquier persona que lo ofenda en el futuro, y de buscar también la reconciliación. Si usted se niega a hacer esto, sus relaciones serán débiles y de corta duración.

Los siguientes pasos, basados en lo que hemos tratado en este capítulo, lo capacitarán para escapar de la trampa de la ofensa.

1. Confesar las ofensas

"Confesaos vuestras ofensas unos a otros, y orad unos por otros, para que seáis sanados. La oración eficaz del justo puede mucho" (Santiago 5:16). Para

ser libres de las ofensas, la confesión es necesaria; primero, la confesión a Dios; segundo, la confesión ante aquellos que hemos ofendido y ante quienes nos ofendieron. Si estamos genuinamente contritos, debemos expresar nuestro arrepentimiento. Así que, comience a confesar ante Dios que usted ha guardado ofensas en su corazón, reconociendo que son pecados contra Él y contra otras personas. Sólo a través de la confesión, su corazón podrá comenzar el proceso de sanidad.

2. Pedirle a Dios que lo perdone y perdonar a quienes lo han ofendido

Es importante no sólo confesar nuestras ofensas, sino también pedirle perdón a Dios por ellas; además debemos perdonarnos a nosotros mismos así como a nuestro prójimo, por las ofensas cometidas. Si no vamos más allá de confesar las ofensas en nuestro corazón, nuestra "confesión" puede volverse una queja amarga, que servirá sólo para verbalizar nuestro resentimiento, no para sanarlo. El perdón es el antídoto que traerá sanidad. Por eso, de nuevo digo, debemos pedirle perdón a Dios y a los demás por nuestras ofensas, y perdonar a cualquiera que nos haya ofendido.

Debemos practicar el perdón como un estilo de vida.

3. Morir al "yo" y a la naturaleza de pecado

Si queremos alcanzar mayores dimensiones del poder y la gloria de Dios, debemos renunciar al egocentrismo que demanda su derecho a la compensación y/o venganza cuando se ha cometido una falta contra nosotros. Estar "muerto al yo" significa que no retenemos nada de Dios; Él es el Señor de nuestro corazón, alma, mente, fuerzas, finanzas, ¡de todo! Ya no nos pertenecemos a nosotros mismos, sino que le pertenecemos a Él.

Además, debemos morir a la naturaleza de pecado quitándole el control sobre nosotros y, en cambio, dejando que sea la vida de Cristo y el Espíritu Santo de Dios quienes dirijan nuestros pensamientos y empoderen nuestras acciones:

Con Cristo estoy juntamente crucificado, y ya no vivo yo, mas vive Cristo en mí; y lo que ahora vivo en la carne, lo vivo en la fe del Hijo de

Dios, el cual me amó y se entregó a sí mismo por mí....Pero los que son de Cristo han crucificado la carne con sus pasiones y deseos. Si vivimos por el Espíritu, andemos también por el Espíritu.

(Gálatas 2:20; 5:24–25)

Cuando usted muere a su naturaleza de pecado ya no se ofende fácilmente, tampoco se siente ofendido por asuntos triviales. Cuando usted muere al "yo", libera su egocentrismo y le entrega su vida a su amoroso Creador para su propósito. Sabrá que cuando ocurra una verdadera ofensa, Dios traerá justicia en esa circunstancia, y/o usará la ofensa para su bien. *"Y sabemos que a los que aman a Dios, todas las cosas les ayudan a bien, esto es, a los que conforme a su propósito son llamados"* (Romanos 8:28).

4. Comprometerse a madurar

Es hora de dejar la inmadurez atrás para poder hacernos más fuertes, espiritual y emocionalmente. A medida que maduramos, esas ofensas que solían carcomer nuestro ser interior ya no hallarán lugar para permanecer en nuestro corazón. Consideraremos irrelevante e innecesario gastar tiempo en esos asuntos, y no querremos arriesgar la salud de nuestra alma por una mera ofensa. Tendremos el amor y la paciencia para entender que quienes nos ofenden necesitan recorrer el camino hacia la madurez, tanto como nosotros lo necesitamos.

La siguiente es la historia de Kenneth, un hombre que construyó y mantuvo una barrera contra Dios durante años, antes de recibir la liberación y sanidad de su corazón. Kenneth comenta: "En 1997, estaba trabajando en una planta química en New Jersey, cuando un accidente casi termina con mi vida. Quedé atrapado dentro de una máquina durante seis horas. Uno de mis brazos sufrió daños considerables, y un tubo atravesó mi pecho. Cuando me rescataron, los médicos y el personal de emergencias no podían creer que hubiera sobrevivido.

"Lo cierto es que mientras me hallaba dentro de la máquina, no dejaba de oír una voz que decía: 'Ríndete. ¡Dios no te ama! Siempre fuiste una buena persona; no hay razón para que Él te haga esto. Si te rindes ahora, el dolor desaparecerá'. Pero entonces, oí una segunda voz que decía: 'Si Dios hubiera querido matarte, ya lo hubiera hecho. Rendirte es tu decisión'.

Entonces, decidí no rendirme, aunque seguía sintiendo que Dios era injusto y estaba muy enojado con Él. Por mucho tiempo no quise hablar con Dios, debido a todos los años de sufrimiento que tuve que soportar después del accidente, durante los cuales fui sometido a trece cirugías y muchas sesiones de fisioterapia.

"Un día mi primo me invitó a la iglesia, y decidí recibir al Señor como mi Salvador. En 2006, me mudé a la Florida para comenzar una nueva vida, y allí todos mis sueños se hicieron realidad. Estudié una carrera en justicia criminal; conocí a mi esposa, que era miembro de la iglesia El Rey Jesús, y comencé a asistir regularmente a la iglesia. Un día, durante una reunión de oración en casa de alguien, mientras adorábamos, un hermano vio que una muralla se derrumbaba a mi alrededor. Muchos años antes yo había visto cómo esa muralla se levantaba y me impedía comunicarme con el Señor, hasta ese día. Desde entonces, he podido hablar con Dios.

"En 2008, mi esposa fue diagnosticada con sarcoma (cáncer) en el útero. Dos oncólogos dijeron que su útero debía ser extirpado, pero nosotros creímos que Dios tenía otros planes, así que no lo permitimos. Teníamos fe en Dios y, no mucho después, mi esposa quedó embarazada y dio a luz a nuestra hermosa hija. Dios sanó mi corazón y me dio una vida plena".

Oración para perdonar

Una ofensa es una trampa del enemigo —diseñada para herirnos y aislarnos—, que separa nuestro corazón de Dios y daña nuestras relaciones con la gente. Las ofensas entorpecen nuestra capacidad de extender el reino de Dios en el mundo e impiden nuestro progreso en la vida. Yo lo invito hoy a ser libre de las ofensas, y que le permita a Dios remover la tortura emocional que sufre por vivir en una prisión de desconfianza, enojo, miedo y confusión. Repita por favor la siguiente oración, que es tan simple como poderosa. Pero no la diga sólo una vez; ore cada día para que las verdades de la revelación divina en cuanto a las ofensas puedan establecerse en su vida.

Padre celestial, hoy vengo delante de tu presencia como tu hijo o hija. Reconozco y confieso que he guardado ofensas y heridas en mi corazón. Me arrepiento de esta práctica y me aparto de ella. Ahora mismo, perdono a todo aquel que me haya ofendido, y te pido que perdones mis ofensas.

También muero al "yo", incluyendo la actitud de egocentrismo que busca condena y venganza cuando alguien me ofende. Tomo la decisión de morir a mi naturaleza pecaminosa para que la vida de Cristo y el Espíritu de Dios puedan dirigir mis pensamientos y empoderar mis actos.

Me comprometo a pasar al siguiente nivel de madurez. Lo que antes me ofendía ya no me ofenderá más. No permaneceré como un "bebé" espiritual sino que creceré en gracia y seré más como Cristo. Ayúdame a caminar en amor y a tener un corazón perdonador hacia los miembros de mi familia, mis amistades, y mis hermanos y hermanas en Cristo. Remueve toda ofensa, herida y dolor de mi corazón. ¡Hazme libre! Recibo tu perdón, sanidad y liberación. En el nombre de Jesús, ¡amén!

Ahora que usted ha hecho esta oración, asegúrese de acompañarla con un acto de fe que confirme su compromiso. Hable con alguien a quien haya ofendido, o que le haya ofendido a usted, y haga lo posible por restaurar la relación a través del perdón, la reconciliación y la paz.

6

Libres de un corazón de incredulidad

Dios me ha dado el privilegio y la bendición de proclamar el evangelio en más de cincuenta países alrededor del mundo. Le he predicado a gente de diferentes culturas, razas, idiomas, edades y estratos sociales. A lo largo de los años, he hallado dos factores que son comunes en esos diversos grupos de personas: (1) que todos tienen las mismas necesidades humanas; y (2) que el mayor obstáculo para recibir su salvación, sanidad, milagros, o cualquier otra bendición de Dios, es la presencia de la incredulidad en su corazón. Muchos luchan por creer en Dios, en su naturaleza, y/o en su poder. Y su conflicto me recuerda al hombre que en el Nuevo Testamento buscaba liberación para su hijo, y le dijo a Jesús: *"Creo…"* (Marcos 9:24), pero de inmediato añadió: "… *ayuda mi incredulidad"* (Marcos 9:24). En realidad, lo que ese hombre estaba diciendo era, "Yo creo, ¡pero me resulta muy difícil hacerlo!".

Luchando con la fe

Tal vez usted ha experimentado la misma lucha cuando trata de creerle a Dios. Por ejemplo, ¿le es difícil tener fe en la salvación de su familia? ¿Es todo un desafío creer que Dios le proveerá para cubrir sus necesidades materiales? ¿Le resulta difícil ver a Dios como su Sanador y Libertador, y recibirlo como tal? ¿Todavía duda que Dios existe? Si ha contestado sí a alguna de estas preguntas, la razón puede ser que —pese a que es posible que tenga una fe general en Cristo para salvación—, todavía haya cierta incredulidad atrincherada en su corazón, y esa falta de fe le impide vivir en verdadera libertad y recibir las bendiciones espirituales y físicas que Dios desea darle.

Incredulidad es "apartarse del Dios vivo"

En el capítulo 4, observamos que la incredulidad es una de las causas de un corazón endurecido. Las Escrituras dicen: *"Mirad, hermanos, que no haya en ninguno de vosotros corazón malo de incredulidad para apartarse del Dios vivo"* (Hebreos 3:12). Muchas personas tratan de hacer frente a la incredulidad solamente desde el punto de vista mental. Sin embargo, la incredulidad no es tanto una condición de la mente, como una condición del corazón que influye en la mente —intelecto, razón y pensamientos—. Tal como sucede con las ofensas, la incredulidad hará que nuestro corazón se endurezca, y eso no nos permitirá creer lo que Dios ha dicho, ni recibir sus promesas y provisión. Y un corazón endurecido produce en consecuencia cada vez más incredulidad.

A lo largo de este libro, hemos visto que cada aspecto de nuestra vida se origina en el corazón. Ya sea que oremos, adoremos, compartamos, sirvamos a otros, cuidemos a los niños, administremos nuestro hogar, trabajemos, practiquemos deportes o hobbies, o cualquier otra actividad; quiénes somos y lo que hacemos procede del corazón. Si éste se encuentra lleno de incredulidad, nuestros esfuerzos serán en vano. En lo espiritual, operaremos según la "religión", la cual es simplemente una apariencia de piedad, aunque carece de poder. Las obras que no nacen de la fe básicamente son obras muertas. (Vea Santiago 2:17). Cuando nos "[apartamos] *del Dios vivo"* debido a la incredulidad, nuestro corazón se vuelve corrupto y eso afecta negativamente nuestra vida. En cambio, cuanto más nos ocupamos de los problemas de nuestro corazón y permitimos que Dios nos transforme, más evidencia veremos de su sanidad, liberación, prosperidad, paz y gozo en nuestra vida.

La incredulidad hace que el corazón se endurezca, y un corazón endurecido produce más incredulidad.

El origen de la incredulidad

Uno de los términos griegos traducidos como *"incredulidad"* en el Nuevo Testamento es *apistía*. Esta palabra incluye los siguientes significados: "falta de fe, descreencia (falta de fe cristiana) o infidelidad (desobediencia)". *Apistía* también significa "impío" y se refiere a alguien "sin fe cristiana (especialmente un pagano)" o una "persona no confiable". De estas definiciones, podemos concluir que la incredulidad es más que una mera ausencia de creencia intelectual, y apunta a un corazón lleno de infidelidad hacia Dios y su Palabra. Demuestra deslealtad y duda acerca de la naturaleza y el carácter de nuestro amoroso, poderoso y justo Dios.

Dudar de Dios es la raíz de la incredulidad y ésta conduce a la desobediencia

Antes de la caída, los primeros seres humanos vivían como niños confiados; aceptaban lo que Dios les decía sin cuestionar ni discutir. No estaban contaminados con el pecado, así que su corazón, alma y cuerpo, pese a que vivían en el mundo natural, funcionaban conforme a la vida del ámbito sobrenatural; es decir, por encima y más allá del ámbito físico. Ellos no tenían que luchar contra una mentalidad de duda que lleva a la permanente enfermedad, pobreza y opresión, como muchos hoy lo hacen.

Sabemos que la desobediencia del primer hombre y la primera mujer ocurrió cuando éstos cuestionaron la veracidad de las palabras de Dios y creyeron las mentiras de Satanás. En el capítulo 3, hablamos de la importancia de tener dos elementos cruciales en nuestro corazón: confianza y fe en Dios. Pero Adán y Eva permitieron que el enemigo socavara ambos elementos, y eso los llevó a actuar con infidelidad hacia su Creador.

En la Escritura vemos que mucha gente que fue desobediente a Dios primero mostró incredulidad; lo mismo ocurre en nuestros días. Cuando nuestra fe está activa, somos fieles y obedientes a Dios porque confiamos en sus planes para nuestro bien, y sabemos que obedecerlo traerá resultados positivos para nuestra vida. En cambio, cuando nuestra fe está inactiva, podemos volvernos infieles, de corazón duro y desobedientes a Dios. Cuando nuestro corazón está duro, Dios no puede confiar en que haremos su voluntad ni que seremos buenos administradores de lo que Él nos ha dado.

Si usted identifica infidelidad, dureza de corazón y desobediencia en su corazón, es posible que la raíz de eso sea un espíritu de incredulidad.

La mente caída cuestiona a Dios

La Escritura dice que Dios colocó dos diferentes árboles en el huerto del Edén. *"Y Jehová Dios hizo nacer de la tierra todo árbol delicioso a la vista, y bueno para comer; también **el árbol de vida** en medio del huerto, y **el árbol de la ciencia del bien y del mal"** (Génesis 2:9). Y Adán y Eva violaron el siguiente mandamiento, el cual Dios había instituido para su bien: "De todo árbol del huerto podrás comer; mas del árbol de la ciencia del bien y del mal no comerás; porque el día que de él comieres, ciertamente morirás"* (Génesis 2:16–17).

Yo creo que el árbol de la ciencia del bien y del mal representa el conocimiento natural, mental y sensorial (relativo a los cinco sentidos), que incluye el intelecto y la razón. Este nivel de conocimiento opera exclusivamente en el ámbito físico, o el mundo material. Cuando los seres humanos cayeron en desobediencia al comer del fruto de ese árbol, su espíritu se apagó, y su mente comenzó a depender sólo de la razón y el intelecto, los cuales no son suficientes para entender o discernir el ámbito sobrenatural. Ellos fueron *"…destituidos de la gloria de Dios"* (Romanos 3:23) y por tanto, fueron destituidos del conocimiento sobrenatural y la perspectiva eterna que tenían antes, gracias a su conexión vital con Dios y su relación cercana con Él.

El intelecto y la razón son dones dados por Dios al ser humano que lo capacitan para funcionar en el mundo físico, pero, repito, no son suficientes por sí mismos. Además, cuando el intelecto y la razón se separan de Dios por la maldición del pecado y son controlados por la naturaleza pecaminosa, son terriblemente imperfectos. La mente caída, desprovista del conocimiento y la sabiduría sobrenaturales, dudará de la existencia y el poder de Dios y cuestionará sus propósitos. La mente caída se vuelve hostil al Creador, es "anti-Dios". *"Pero el hombre natural no percibe las cosas que son del Espíritu de Dios, porque para él son locura, y no las puede entender, porque se han de discernir espiritualmente"* (1 Corintios 2:14).

Por el contrario, el conocimiento y la sabiduría sobrenaturales de Dios no operan en la mente sino en el corazón, en el espíritu de una persona que ha sido vivificada por el Espíritu Santo a través de Jesucristo. (Vea Juan 3:5). Si el corazón de un creyente está endurecido por la incredulidad, eso demuestra que, de alguna manera, no se ha apartado por completo del árbol de la ciencia del bien y del mal, y que se está "alimentando" de éste, en lugar de alimentarse de Jesús, el *"pan de vida"* (Juan 6:35, 48). Si vemos que ésa es nuestra condición, debemos arrepentirnos y permitir que Dios ablande nuestro corazón y nos llene con su *"...espíritu de fe"* (2 Corintios 4:13), para que podamos entrar en plena fe y total confianza en nuestro Padre celestial y recibir todo lo que Él desea darnos.

Hasta que una persona no sea libre del corazón de incredulidad, no podrá entender las realidades espirituales o sobrenaturales.

Tres clases de incredulidad

A medida que he estudiado las Escrituras, he identificado tres maneras diferentes como la gente puede manifestar incredulidad. Explorémoslas, examinando nuestro propio corazón, y veamos cómo la incredulidad puede influenciarnos.

1. La incredulid

La ignorancia es un nivel básico de incredulidad que todos los seres humanos heredamos como resultado de la caída. Por ejemplo, el apóstol Pablo perseguía a los cristianos antes de encontrarse con Jesús y de convertirse en el camino a Damasco. Respecto a ese momento de su vida, él escribió: *"Habiendo yo sido antes blasfemo, perseguidor e injuriador* ["insolente", NVI]; *mas fui recibido a misericordia porque lo hice por ignorancia, en incredulidad"* (1 Timoteo 1:13).

No sólo la gente que no es cristiana cae en incredulidad por ignorancia; también puede sucederle a los creyentes. Sinceramente, creo que muchos que conocen a Cristo, pero obran contra Él y sus propósitos, lo hacen por ignorancia no por maldad. Por ejemplo, si aún no han aprendido a aplicar la Palabra de Dios en un ámbito particular del mundo, o en un área específica de su propia vida, cometerán errores y/o caerán en falta. Cada uno de nosotros ha hecho esto en un momento u otro; de hecho, algunos cristianos están enfermos porque no saben que Cristo ya pagó por sus enfermedades en la cruz (vea Isaías 53:5), o porque no entienden los principios divinos para recibir sanidad (vea, por ejemplo, Santiago 5:14–16). Dios por su misericordia perdona ese tipo de incredulidad. Como Pablo escribiera, él fue "...*recibido a misericordia porque lo hice por ignorancia, en incredulidad*".

2. La incredulidad causada por rebelión en el corazón

"*¿Y a quiénes* [Dios] *juró que no entrarían en su reposo, sino a aquellos que desobedecieron? Y vemos que no pudieron entrar a causa de incredulidad*" (Hebreos 3:18–19). La rebeldía es una forma de desobediencia a Dios, que se caracteriza por la decisión de no creer en Él ni confiar en su Palabra. Una persona rebelde levanta su puño contra el Creador del universo y dice: "Yo no creo en ti, y no te necesito en mi vida. Yo puedo vivir a mi manera, independientemente de ti".

Debido a la dureza de su corazón, la gente rebelde decide voluntariamente no creerle a Dios, sino dudar y rechazar sus promesas y provisiones, incluyendo la salvación, protección, sanidad y liberación. Su dureza es con frecuencia el resultado de haber experimentado rechazo, traición, abuso o alguna otra dificultad, o de haber sufrido a manos de alguna otra persona o personas. Por ejemplo, cuando Dios liberó a los israelitas de la esclavitud de Egipto, ellos vieron sus milagros, señales y maravillas en el desierto; el Señor los alimentó a diario con un pan sobrenatural llamado "*Maná*." (Vea Éxodo 16:14–15, 31). Dos veces, cuando la gente no tenía agua, Dios calmó su sed haciendo que el agua brotara de una roca. (Vea Éxodo 17:5–6; Números 20:8–11). Su ropa y sandalias nunca envejecieron. (Vea Deuteronomio 29:5). Su presencia estaba con ellos durante el día en una "*columna de nube*" que los guiaba en el camino y los protegía del calor del sol, y también durante la noche en una "*columna de fuego*" que los alumbraba para viajar y los protegía del frío de la noche. (Vea Éxodo 13:21–22). Y Dios hizo muchos otros milagros en su favor.

Aún con todas las demostraciones de la provisión, protección y cuidado de Dios, los israelitas escogieron, en actos de abierta rebelión, no creerle. Por eso, la generación que salió de Egipto nunca entró a la Tierra Prometida —sólo sus descendientes lo hicieron—, con la excepción de los fieles Josué y Caleb. En mi opinión esto se debió a que el corazón del pueblo se había endurecido a causa de la esclavitud, y ellos no le entregaron esa dureza al Señor para que Él pudiera sanar sus corazones.

De la misma forma, muchos cristianos hoy se rehúsan a creerle a Dios, aun cuando Él les ha mostrado su amor y gracia. ¡El Señor ha sido extraordinariamente bueno con nosotros! Nos ha dado salvación eterna por medio de su Hijo Jesucristo; y nos ha amado, provisto, protegido y sanado. Muchos de nosotros lo hemos visto realizar obras maravillosas en nuestra vida, en la de nuestros familiares, en la gente de la iglesia y en la comunidad. Hemos visto, oído y experimentado su poder sobrenatural, ¡y aun así dudamos! Semejante incredulidad en medio de la bondad de Dios puede ser señal de un corazón rebelde. Como establecimos en un capítulo previo, cuando un individuo decide no creer en las promesas de Dios, básicamente lo está tratando de mentiroso. Creo que uno de los peores insultos que puede haber es llamar a alguien "mentiroso". ¿Cómo cree que se siente Dios cuando le faltamos el respeto con nuestra incredulidad voluntaria?

La rebelión es la decisión de no creer en Dios ni confiar en su Palabra.

Un corazón de incredulidad puede llegar a controlar la vida de una persona. *"Porque cual es su pensamiento en su corazón, tal es él"* (Proverbios 23:7). Un corazón incrédulo allana su propio camino, confía en su propio juicio y rechaza la sabiduría de Dios. Cada decisión que tomamos en nuestra propia fuerza y capacidad es una señal de falta de fe e independencia de Dios. Por lo general, he hallado que cuando una persona vive independiente de Dios, termina fracasando; y si finalmente busca a Dios es porque la vida se le tornó en contra y ya tocó fondo, perdiendo todo lo que atesoraba.

Cuando una persona tiene un corazón duro de incredulidad, Dios a veces permite que ciertas situaciones adversas ocurran en su vida —situaciones que escapan al control humano, y dejan a la persona sin poder para solucionarlas—, porque ésa es la única forma de quebrantar su corazón endurecido; llevando al individuo a humillarse y rendirse al Señor para poder ser salvado y liberado.

Toda falta de fe hacia Dios produce consecuencias negativas; algunas terribles. Hay quienes creen que pueden vivir en rebeldía contra Dios y su Palabra sin sufrir consecuencias, pero las Escrituras son claras respecto a que quienes persisten en la incredulidad serán castigados. Vivir en rebelión tiene un precio en esta vida, pero también en la venidera, porque nos conduce a una separación eterna de Dios en el infierno: *"Pero los cobardes e **incrédulos**, los abominables y homicidas, los fornicarios y hechiceros, los idólatras y todos los mentirosos tendrán su parte en el lago que arde con fuego y azufre, que es la muerte segunda"* (Apocalipsis 21:8). Revise cuidadosamente la lista anterior que muestra quiénes son los que acompañarán a los *"incrédulos"* en la eternidad. ¡Dios juzga la incredulidad con tanta dureza como la idolatría, la brujería y el homicidio!

Si Dios le ha estado hablando a través de un pariente, un amigo, compañero de trabajo, de estudio o alguien más, acerca de reconciliarse con Él y recibir a Cristo, ¡no endurezca su corazón! Ríndalo a Dios ahora y renuncie a su incredulidad, para que no termine en ese lugar de tormento.

Los hijos de Dios, nacidos de nuevo, tampoco pueden permanecer indiferentes a la incredulidad en su corazón. Nada tendrá valor en nuestra relación con Cristo o en nuestra vida si no nos conducimos conforme a la fe. (Vea Hebreos 11:6). ¡Sea libre de la incredulidad! Pablo escribió: *"Por fe andamos, no por vista"* (2 Corintios 5:7). Sin fe, viviremos sólo por vista, y esto con frecuencia nos lleva a temer el futuro. Así que deje de cuestionar a Dios, su Palabra y sus promesas. Decida creer en Él ahora, y Él cumplirá lo que le ha prometido.

Un hombre llamado Roberto compartió el siguiente testimonio de una larga enfermedad y lo que sucedió cuando se decidió a dar un paso de fe: "Cuando tenía seis años, me clavé una jeringa en el ojo izquierdo; lo cual me provocó una gran hemorragia. Me llevaron a la sala de emergencias, donde me operaron de inmediato. Para salvarme el globo ocular, los médicos me cortaron la vena óptica y mi ojo quedó ciego.

"Treinta y siete años pasaron y me acostumbré a la ceguera de mi ojo izquierdo. Todo lo que veía era una sombra oscura, así que me tropezaba con las cosas al caminar. Cuando quise obtener mi licencia de conducir para manejar un camión, me otorgaron una licencia restringida que me permitía conducir sólo durante el día. Esto limitaba las oportunidades en mi trabajo.

"Si bien creía en el poder de Dios, había aceptado mi discapacidad. Pero un día, unos amigos me invitaron a un servicio en la iglesia El Rey

Jesús. En un momento determinado, hicieron un llamado para sanidad. Yo no quería pasar, pero mis amigos insistieron. Finalmente, decidí pasar y, una vez al frente, cerré mis ojos y oí al Pastor Maldonado declarar: 'Ojos ciegos, ¡vean!'. Entonces sentí que mis manos iban directamente hacia mis ojos, y, al instante, sentí un 'fuego' que me quemaba, y caí al suelo bajo el poder de Dios. De repente, dentro de mí, oí una voz que decía: *Volverás a ver.* Cuando me levanté y abrí los ojos, mi visión era clara y perfecta. Mi ojo izquierdo, con el cual sólo veía una sombra oscura, ahora registraba el resplandor de la luz, la gente y los objetos a mi alrededor.

"Muy emocionado di mi testimonio con un profundo agradecimiento a Dios. Había dejado de creer que Él podía sanarme; me había acostumbrado a la idea de vivir semiciego. Hoy, me siento un hombre nuevo y sé que Dios es el Único que me podía sanar porque, de acuerdo con la ciencia médica, era imposible que recuperara la vista".

La incredulidad es la máxima expresión de falta de respeto y deshonra a Dios, porque cuando nos negamos a creer en Él, esencialmente le estamos llamando mentiroso.

---

3. La incredulidad causada por un espíritu maligno

La tercera clase de incredulidad es, en efecto, una extensión de la anterior. Alguna gente ha practicado la incredulidad por tanto tiempo que ha abierto puertas a un espíritu demoníaco de incredulidad —un espíritu malo de Satanás— para que corrompa su corazón y tome control de ella. Cuando algunos líderes religiosos le preguntaron a Jesús si era el Mesías, Él confirmó que era el Hijo de Dios diciendo: *"Yo y el Padre uno somos"* (Juan 10:30). Los líderes protestaron diciendo que las palabras de Jesús eran una blasfemia. En su testarudez de corazón, no pudieron identificar las señales de que en realidad Jesús era el verdadero Mesías, y que era Dios en forma humana.

Dios el Padre había testificado audiblemente desde el cielo que Jesús era su Hijo amado (vea, por ejemplo, Mateo 3:16–17), pero los líderes religiosos se rehusaban a creerlo, y se convirtieron en enemigos de Dios. De la misma forma, hoy, muchos líderes eclesiásticos y otros cristianos no reconocen por completo lo que significa que Cristo sea el Mesías; tampoco creen que Él siga haciendo milagros por su pueblo, y eso los coloca en sentido contrario a los propósitos y obras de Dios.

La incredulidad es una plaga de la raza humana, y Satanás quiere que así se mantenga. Cuando la humanidad desobedeció a Dios en el huerto, fue como si el espíritu de incredulidad hubiera comprado acciones en la bolsa de valores del infierno. Cuando el Mesías vino a la tierra a redimirnos, y los líderes religiosos y el pueblo lo rechazaron gritando: *"¡Crucifícale, crucifícale!"* (Lucas 23:21; Juan 19:6), fue como si esas acciones se hubieran disparado para arriba. Sin embargo, cuando Jesús fue gloriosamente resucitado de entre los muertos, el valor de esas acciones se desplomó, debido a que Jesús *"llevó cautiva la cautividad"* (Efesios 4:8), liberando a la humanidad de las garras del pecado y la incredulidad. Quienes pensaron que finalmente habían triunfado sobre Jesús fueron derrotados y dejados en bancarrota espiritual.

Si usted invierte su corazón en renegar de Dios y su Hijo, perderá su alma, porque Jesús es el Conquistador eterno. Por el contrario, si al ver que un espíritu malo de incredulidad está controlando su vida, usted se arrepiente, renuncia a la incredulidad, recibe a Cristo como Señor y Salvador, y luego ata y echa fuera ese espíritu de incredulidad en el nombre de Jesús, será libre. ¡No arriesgue su alma por la incredulidad!

Nos han enseñado la incredulidad

La incredulidad es una consecuencia de la caída, que aflige a todo ser humano. Sin embargo, a través de la influencia de nuestra sociedad, las escuelas, y hasta algunas iglesias, nos enseñan —directa e indirectamente— que no le creamos a Dios.

Nuestra mentalidad cultural eleva la razón por encima de Dios

En general, la mentalidad occidental trata de explicar la vida a través de la razón, la lógica y la ciencia. En sí mismas, estas facultades no son suficientes para lidiar con el hombre total, que consta de espíritu, alma y cuerpo. Estamos entrenados para dudar de todo lo que no encaja perfectamente dentro del marco del mundo material, y eso incluye a Dios, el ámbito espiritual y el poder sobrenatural de Dios. En algunos casos, se aceptan creencias espirituales y sobrenaturales falsas, mientras que la Biblia y sus enseñanzas acerca de Jesús se consideran con frecuencia sospechosas.

En términos generales, la ciencia moderna se ha apartado tanto de la fe en Dios, que a menudo rechaza todo lo que no puede explicar por medio de hechos basados solamente en evidencias naturales. Tampoco acepta la realidad del mundo espiritual, por lo que descarta la idea de éste o lo califica como un mito. Por lo mismo, duda de todo fenómeno espiritual que no pueda entender con el intelecto; o considera que esos fenómenos son irrelevantes para la ciencia, y los deja fuera de los parámetros de investigación.

Mucha gente ha hecho de la razón su dios.

Es más, gran parte de nuestro sistema educativo moderno está diseñado para entrenar solamente el intelecto de los alumnos, enseñándoles simples hechos e información, e ignorando su espíritu. Los hechos y la información resultan útiles para vivir en un mundo físico; por ejemplo, ellos nos permiten funcionar de manera efectiva bajo las diversas leyes y principios que rigen el ámbito natural, según el cual nuestro planeta físico opera. Y, la educación en sí misma es buena; es beneficiosa para aprender a analizar y crear, para adquirir información y datos, para prepararse en una carrera, y ganar habilidades que nos permitan prosperar en la vida.

No obstante, insisto en que la mayor parte de lo que se enseña está diseñado sólo para la mente, no para el corazón, cuando en realidad los asuntos espirituales y emocionales, además de las diferentes funciones creativas, no se pueden abordar solamente con el intelecto y la razón. Más allá del tema y del ámbito al que pertenezcan —mental, físico, emocional o espiritual—, nuestro proceso educacional suele filtrar los conceptos únicamente a través del intelecto; restringiendo así el nivel en que el estudiante puede aplicar la enseñanza en su vida y, lo más importante, limitando su comprensión de esa materia en relación con su Creador. Por tanto, muchos estudiantes viven sin un concepto de Dios, lo cual confirma que el sistema educacional moderno ha dado a luz una "incredulidad educada".

Por tanto, la mentalidad de nuestra cultura y el sistema educativo han jugado un papel muy importante en robarnos el conocimiento de Dios, y su revelación y poder sobrenatural. Como resultado, los corazones de mucha gente se han corrompido por la falta de fe, o porque se han dejado controlar por la incredulidad. Sabiendo esto, los padres de niños que aún están en edad escolar deberían usar la sabiduría y preparar a sus hijos e hijas para asistir a la escuela en semejante ambiente; de modo que aprendan a recibir lo *bueno* de la educación y rechazar aquello que es contrario a la Palabra de Dios. Quiero hacer énfasis de nuevo en que no estoy diciendo que la educación en sí misma sea mala. Sin embargo, el espíritu que hoy opera detrás de gran parte de la educación es, en efecto, anti-Dios.

El sistema de educación moderno ha dado a luz la "incredulidad educada".

Algunas denominaciones, iglesias y pastores niegan lo sobrenatural

Además de haber sido influenciados por la mentalidad científica de nuestra cultura, y nuestro sistema educativo basado en la razón, los creyentes a menudo son influenciados a dudar de Dios por la propia iglesia; por ministros, iglesias y denominaciones dentro del cuerpo de Cristo. Por ejemplo, un pastor puede enseñar la doctrina de una denominación en particular que asegura que los milagros sucedieron en el tiempo de Jesús y sus discípulos, pero que ya no están disponibles. Esto no afirma la declaración de Jesús: *"El que en mí cree, las obras que yo hago, él las hará también; y aun mayores hará, porque yo voy al Padre"* (Juan 14:12). Puede ser que otro pastor enseñe que los milagros registrados en la Biblia no sucedieron en realidad, sino que son "ilustraciones" de verdades espirituales. Lo que muestran las posturas de esos pastores es que Dios "no querrá" o "no podrá" intervenir con su gracia y poder en nuestro mundo contemporáneo.

Lo que creo que está sucediendo es que un espíritu de incredulidad ha tomado el control en diferentes iglesias, llevando a la gente a operar sólo en base a su conocimiento intelectual, en lugar de hacerlo por medio del conocimiento revelado o espiritual. Afirmar que algo es imposible para nuestro Dios todopoderoso, especialmente cuando ya nos ha demostrado su capacidad para hacerlo, es contradecir su naturaleza y carácter. Hoy en día, una gran porción de la iglesia de Jesucristo funciona de acuerdo a esa mentalidad, justificando su falta de poder con doctrinas erróneas incapaces de producir frutos espirituales que perduren. (Vea Juan 15:16, NVI). Por lo tanto, muchos pastores no experimentan el poder sobrenatural de Dios, debido a que la incredulidad en su corazón les impide —a ellos y a sus congregaciones— hacerlo.

Durante el tiempo que Jesús vivió en la tierra, los fariseos tenían una condición similar; ellos creían que se estaban dedicando de forma exclusiva a las cosas de Dios, cuando en realidad apenas seguían rituales religiosos. Jesús los comparó con *"sepulcros blanqueados"* (Mateo 23:27) porque no había fe ni vida en sus palabras. Ellos le enseñaban al pueblo la incredulidad porque servían sólo a la letra de la Palabra de Dios pero carecían del Espíritu de la misma. (Vea Romanos 7:6).

¿Quién tiene la última palabra?

Como resultado de la mentalidad cultural, el proceso educativo y las creencias religiosas erradas que hoy prevalecen, la mayoría de la gente deja que los campos de la ciencia y la medicina, así como otros ámbitos del conocimiento humano, tengan la última palabra —y a menudo la única— en su vida. Si alguien está enfermo, simplemente va al médico. Si necesita dinero, solicita un préstamo al banco o acude a una agencia financiera para refinanciar su deuda. Si su negocio se estanca, busca estrategias de marketing, publicidad y promoción, nuevos productos, tecnología moderna y demás. Si tiene un hijo rebelde, lo manda al psicólogo. Si se siente deprimido, toma un antidepresivo.

Si ninguna de las opciones anteriores resulta exitosa para resolver su problema, siente que ya no hay nada más que hacer, porque lo único que ha aprendido es a depender de lo que puede hacer la razón, la medicina y la ciencia. La mentalidad y el proceso educacional de la cultura le han enseñado lo que es posible y lo que es imposible de acuerdo a condiciones naturales, temporales y físicas. Si el médico le dice que tiene una enfermedad terminal y que no hay cura, tiene que aceptar el diagnóstico; y su razón le confirma que no hay nada más que hacer. Si su banco le dice que van a embargar su casa, y su abogado le explica que no le queda otra alternativa más que entregar la casa, su razón le dicta que debe admitir lo inevitable de la situación, porque no hay manera de conseguir el dinero. O quizá, si su matrimonio ha estado en crisis por años y ha contemplado la posibilidad del divorcio; si el amor entre esposa y esposa se enfrió y no hay consejero ni psicólogo que pueda ayudar a la pareja a encontrar una solución; tiene que aceptar la idea de que su matrimonio ha terminado, con la convicción de que es "imposible" que la relación se restaure. No importa cuánto lo intente, no hay manera de salvarla.

Mucha gente que enfrenta esas situaciones no cree en orar por sanidad, provisión financiera o liberación espiritual y sanidad emocional, ni en pedirle a otros que oren por un milagro. Pero Dios habita por encima de la razón, la medicina y la ciencia humana. Muchos de los recursos médicos y científicos son excelentes y nos ayudan a disfrutar de una mejor salud, diferentes avances y comodidades. Sin embargo, no pueden sustituir el amor y el poder que Dios, nuestro Creador, quiere darnos. Tenemos que darle a Cristo la prioridad, e ir a Él primero cuando tenemos una necesidad. Jesús debe ser el número uno en nuestra vida, no el segundo (ni el tercero, cuarto o quinto…). Él no quiere ser nuestra última y desesperada opción, "cuando todo lo demás falla".

La razón y la ciencia han establecido límites acerca de lo que es posible e imposible para nosotros en este mundo natural.

Cuando María, la madre de Jesús, recibió el mensaje del ángel Gabriel de que daría a luz al *"Hijo del Altísimo"*, cuyo reino no tiene fin (vea Lucas 1:26–33), ella preguntó, *"¿Cómo será esto?"* (Lucas 1:34). Mucha gente hoy hace la misma pregunta en cuanto a lo que Dios le ha prometido. Si María, una joven pura que amaba a Dios y había hallado gracia ante Él para traer a su Hijo al mundo, podía preguntar *"¿Cómo?"*, entonces nosotros también tendremos momentos en los que cuestionaremos a Dios y sus caminos. Pero el punto no es que María preguntara cómo se cumplirían las palabras del ángel; sino que, luego de recibir la explicación del ángel —la cual resultaba imposible para el razonamiento humano— ella confió en Dios por completo, y respondió desde su espíritu diciendo: *"He aquí la sierva del Señor; hágase conmigo conforme a tu palabra"* (Lucas 1:38). Ahora es tiempo de seguir el ejemplo de María y decirle al Señor: "Que se haga conmigo conforme a tu Palabra", para así permitirle obrar el milagro que tanto necesitamos.

El intelecto humano caído, duda que puedan ocurrir sanidades físicas u otros milagros, lo cual lleva a la gente a hacer preguntas como las siguientes: "¿Cómo podría hacer Dios lo 'imposible'?". "¿Cómo podría Dios sanarme si tengo una enfermedad incurable?". "¿Cómo podría Dios restaurar mi matrimonio cuando mi esposo y yo hemos dejado de amarnos?". "¿Cómo podría Dios hacer que mi ex esposo se convierta en un verdadero padre para nuestra hija si nos abandonó hace tantos años?". "¿Cómo podría Dios transformar el corazón rebelde de mi nieto, para que se vuelva obediente a sus padres y comience a honrarlos?".

Tratamos de entender cómo Dios podría tener la capacidad de intervenir en una situación en particular, y si no podemos encontrar un medio racional, le damos cabida a la incredulidad. Entonces, la pregunta "¿Cómo?" se convierte en una fortaleza de incredulidad en nuestra vida. Tal vez Dios no nos diga "cómo" responderá a nuestra oración o "cómo" realizará el milagro que necesitamos; pueda que sólo nos pida que confiemos en que *"para Dios todo es posible"* (Mateo 19:26; Marcos 10:27, NVI). Él puede proveer sanidad, bendiciones financieras y amor renovado. ¡Él sabe "cómo"hacerlo! La única condición es *"Si puedes creer..."* (Marcos 9:23).

¡Jesús es todopoderoso! *"Toda potestad me es dada en el cielo y en la tierra"* (Mateo 28:18). *"Y [Dios] sometió todas las cosas bajo sus pies [de Jesús], y lo dio por cabeza sobre todas las cosas a la iglesia"* (Efesios 1:22). Hemos limitado las capacidades de Dios a lo que podemos razonar, y nos olvidamos que Él es *El Shaddai*, "Aquel que es más que suficiente". Cuando creemos, habilitamos a Dios para realizar el milagro donde Él quiera y cuando Él quiera.

Tome la decisión de remover todos los límites basados en la razón humana que le haya puesto a Dios.

Cuando el hijo de Emilse nació, sufrió falta de oxígeno en su cerebro y esto le causó pérdida permanente de audición en su oído izquierdo. A los cinco años le realizaron una cirugía para hacerle un implante auditivo, pero la sordera continuó. Después de ver la condición de su hijo, a Emilse le resultaba difícil creer en milagros, cuando ni siquiera una cirugía había sido suficiente. Sin embargo, durante una cruzada de milagros yo hice un llamado especial para la gente que necesitaba oídos nuevos. Emilse y su hijo, ya de catorce años, pasaron al frente. Un ministro oró por él y lo declaró sano. Más tarde, dando un paso de fe, el muchacho cubrió su oído derecho y el ministro se paró junto a él y palmeó sus manos para ver si él respondía. ¡Lo hizo! El poder de Dios estaba presente para sanar y el oído del muchacho ¡fue abierto! Había pasado catorce años sin oír, pero en cuestión de segundos, Dios le devolvió el oído. Cuando la ciencia médica se había quedado sin respuestas, Dios hizo un milagro asombroso, con su poder sobrenatural.

¿Tiene usted un corazón de incredulidad?

¿Puede romper con el condicionamiento mental al que la mentalidad científica, la razón humana y la doctrina religiosa lo han sometido? ¡Por supuesto que puede! Esto es posible si entra, por la fe, en el ámbito de lo sobrenatural y le cree a Dios, más que a cualquier enfermedad, embargo, relación rota o cualquier problema que esté enfrentando. Hablando humanamente, no niego que algunas cosas parezcan imposibles; pero el mundo natural y todo en él están sujetos a la soberanía y el poder de Dios. Así que le pregunto: ¿Qué reporte escogerá usted creer, el del hombre, o el de Dios?

Para ayudarlo a romper la incredulidad, y comenzar a creer en el reporte de Dios antes que en el reporte de los hombres, repasemos las características de un corazón de incredulidad, de modo que pueda examinar el suyo a la luz de éstas.

1. Un corazón de incredulidad sólo piensa conforme al ámbito natural

Como hemos visto, el intelecto humano o la razón respaldan sus conclusiones sólo con hechos, y la razón se ha convertido en el medio por el cual la mayoría de las personas determinan si lo que creen es real y verdadero. Hemos sido condicionados a pensar así. Pero en nuestro mundo, los hechos cambian de manera constante, mientras que la verdad es eterna; incluyendo la verdad absoluta de que Jesucristo y su reino sobrenatural son reales. El reino de Dios es una realidad superior a cualquier hecho natural.

Recuerde lo que Jesús le dijo al padre del muchacho endemoniado: *"Si puedes creer, al que cree todo le es posible"* (Marcos 9:23). Entonces fue cuando este hombre *"clamó y dijo: Creo; ayuda mi incredulidad"* (Marcos 9:24). Según nuestro conocimiento humano limitado y nuestra razón, en el mundo hay cosas imposibles. Sin embargo, Jesús dijo: *"Para los hombres es imposible, mas para Dios, no; porque todas las cosas son posibles para Dios"* (Marcos 10:27).

2. Un corazón de incredulidad resiste el cambio

Como creyentes, se supone que vayamos de un nivel de fe al otro, y de una dimensión de gloria a otra; se supone que estemos en un estado constante de transformación hacia la semejanza a Cristo. (Vea, por ejemplo, 2 Corintios 3:18; Efesios 4:13). Pero la falta de fe en el corazón frustrará la transformación. Así, cuando vengan los diferentes desafíos como oportunidades para transformar nuestro corazón y mente, los rechazaremos, porque la incredulidad nos ha estancado en el pasado y nos ha vuelto escépticos respecto al futuro.

El escepticismo es "una actitud de duda o una disposición a la incredulidad, sea en general o hacia algo en particular". A menudo, una persona cuyo corazón se ha endurecido por la traición, abuso o rebeldía se vuelve escéptico; aun cuando ve el poder de Dios operando en la vida de los demás, o incluso si ha experimentado ese poder en su propia vida en el pasado. Encuentra imposible creer que Dios hará algo a su favor *en el presente*. Si ésta es su condición, debe resolver su incredulidad y reactivar el proceso de transformación que lo llevará a la semejanza de Cristo y a confiar por completo en Dios.

3. Un corazón de incredulidad bloquea los milagros

Cuando pensamos con una mentalidad solamente racional, y nos resistimos al cambio, bloqueamos los milagros en nuestra vida. Jesús fue a

Nazaret, su ciudad natal, para anunciar el evangelio del reino y manifestar milagros y maravillas, tal como lo había hecho en las otras aldeas. Pero allí no pudo hacer mucho, excepto sanar un par de enfermos, porque su propia familia, vecinos y la gente del pueblo, lo recibieron con un corazón de incredulidad. (Vea Marcos 6:5–6). *"Y [Jesús] no hizo allí muchos milagros, a causa de la incredulidad de ellos"* (Mateo 13:58).

Como ya discutimos, hoy mucha gente en la iglesia niega, critica y/o rechaza las demostraciones del poder sobrenatural de Dios —como milagros, sanidades, liberaciones, los dones del Espíritu Santo y más—. En efecto, su incredulidad se ha "institucionalizado", tanto que les parece ilógico buscar las manifestaciones sobrenaturales de Dios.

Si usted quiere recibir un milagro en su vida, renuncie a toda incredulidad en su corazón y ¡recíbalo! *"Jesucristo es el mismo ayer, y hoy, y por los siglos"* (Hebreos 13:8). Jesús hacía milagros ayer, los hace hoy y seguirá haciéndolos.

Cuando los médicos no pudieron hacer nada para mejorar la salud de Marisol, quien vive en Perú, su fe movió la mano de Dios y recibió su milagro. Éste es su testimonio: "Cuando tenía veinte años, me caí por las escaleras, y luego, a los treinta y cinco volví a sufrir la misma caída. Como resultado, la quinta vértebra lumbar de mi columna perdió su cartílago protector; esta condición me causaba mucho dolor. No me podía sentar ni dormir de costado, y arrastraba una pierna al caminar. Traté varias alternativas para mejorar, como masajes e inyecciones, pero cada vez empeoraba más.

"Supe del Pastor Maldonado a través de sus libros y videos que la gente me prestaba; el contenido de esos libros y videos me ministraban mucha liberación. Cuando supe que él iba a viajar a Perú, sentí que Dios me iba a sanar a través de su ministerio, y quise asistir al evento. Mis amigos me decían que era mejor que fuera al médico, pero yo ya no quería saber nada de médicos ni medicina. Estaba determinada a creerle a Dios.

"El dolor era muy intenso, pero confiaba en mi Señor y le pedía que no me dejara avergonzada. Él me proveyó el dinero para asistir, y me coloqué unas inyecciones para el dolor; así fue que pude llegar. En una de las primeras sesiones, el Pastor Maldonado dijo que no debíamos esperar que él tocara a la gente, sino que cada uno tendría que tomar su sanidad directamente del Espíritu Santo. Yo me apropié de aquella palabra. Me recliné contra una pared y, en ese preciso instante, el dolor comenzó a desaparecer. El Pastor dijo que Dios estaba sanando espaldas y que, como un acto de fe, debíamos empezar a hacer lo que no podíamos hacer antes. Otra vez clamé al Señor y me empecé a mover. Mi esposo, mi familia y mis amigos que habían visto en qué condiciones yo había llegado, estaban asombrados. ¡Mi sanidad era evidente! Pasé adelante a testificar y el Pastor Maldonado selló mi sanidad imponiendo sus manos sobre mi cabeza. Caí bajo el fuego y la presencia de Dios, y todo cambió. Gracias a mi testimonio, mi familia entera ha llegado a Cristo. Ahora, mi esposo sirve al Señor en la iglesia, y nuestra relación matrimonial está mucho mejor que antes".

La incredulidad siempre niega el poder sobrenatural de Dios.

Entregue su incredulidad a Dios

Hasta ahora usted ha identificado algunas áreas en su corazón en las que la incredulidad le está impidiendo recibir lo que Dios le ha prometido. Satanás no quiere que sus ojos sean abiertos para ver la realidad del poder infinito de Cristo y que pueda acceder a lo sobrenatural; él quiere mantener su corazón endurecido por la incredulidad. Tal vez, Dios lo ha llamado a iniciar un negocio o ministerio, a llevar a su iglesia al próximo nivel de fe, o a orar por los enfermos y a moverse en el poder sobrenatural de Dios, pero usted sigue pensando, *¿Cómo será esto?* Las Escrituras dicen que una persona de doble ánimo es inestable (vea Santiago 1:5–8) y que no puede recibir revelación de Dios ni convertirse en un instrumento que manifieste su poder y presencia.

Es posible que usted esté luchando con pensamientos negativos que llenan su mente con razones y argumentos por los que "no puede" acceder a algo que Dios le ha prometido, o "no puede" hacer algo que Dios le ha pedido. Quizá alguna enfermedad es hereditaria en su familia y su razón parece decirle: "Tu abuelo la tuvo, tu padre la tuvo y, según la ciencia médica, tú también tendrás que padecerla. Así es como funciona". Pero, repito, ¿qué dice la Palabra de Dios acerca de la enfermedad? *"Ciertamente llevó [Jesús] nuestras enfermedades, y sufrió nuestros dolores; ...y por su llaga fuimos nosotros curados"* (Isaías 53:4–5).

O tal vez, usted ha sido bendecido con millones de dólares, y Dios ha puesto en su corazón sembrar parte de ese dinero en los propósitos de su reino. Pueda que su razón humana le esté dando una serie de excusas por las cuales no debería hacerlo, cuando tantos ministerios cristianos necesitan finanzas en este momento para ¡extender el reino! Muchas iglesias ganadoras de almas necesitan fondos para hacer cruzadas evangelistas, llevar adelante orfanatos, y tantas otras obras, pero no hay quien esté dispuesto a sembrar esos fondos porque su razón no se lo permite. La gente deja que su razón tenga más peso que lo que Dios ha puesto en su corazón, porque para ellos lo que le dice la razón tiene sentido, mientras que la voluntad de Dios y sus caminos no las tienen.

Hay un pasaje en el Antiguo Testamento en el que el Señor le pide a Abraham que tome a Isaac, el hijo de la promesa —el que había sido concebido y nacido gracias a un milagro de Dios— y lo lleve a un monte y allí lo sacrifique. (Vea Génesis 22:1–2). La razón de Abraham debe haber gritado en su interior: "¡No! Esperaste décadas por tu hijo, y ahora que lo tienes ¿vas a matarlo? ¡Eso no tiene sentido!". Aun hoy, esa situación no tiene sentido para mucha gente. Cuando leen lo que Dios le pidió a Abraham, su razón protesta, y consideran que el pedido divino era "ilógico" y "cruel", y por lo tanto no creen que haya sido cierto; entonces rechazan a Dios, o creen que ésta es una simple fábula que nunca sucedió, sino que se utiliza como una metáfora para graficar la fe.

La fe de Abraham

Abraham tenía toda la razón para decirle a Dios que no podía obedecerlo, empezando por el hecho de que Él mismo le había prometido a Isaac y le había dicho que multiplicaría su descendencia. (Vea, por ejemplo, Génesis 17:1–21). ¡No tenía sentido que Dios le pidiera que sacrificara a su hijo! Sin embargo, Abraham se movió en fe para obedecer a Dios, y en el último minuto, el Señor impidió que sacrificara al muchacho. Habiendo visto que estaba dispuesto a ofrecer su hijo, Él ahora sabía que no le negaría nada. (Vea Génesis 22:3–18). El mandato había sido una prueba de la fe, la confianza y la devoción de Abraham por Dios.

En dicha circunstancia, podríamos decir que Abraham hizo que su razón fuera guiada por su confianza en Dios, porque las Escrituras dicen: *"Consideraba Abraham que Dios tiene poder hasta para resucitar a los muertos, y así, en sentido figurado, recobró a Isaac de entre los muertos"* (Hebreos 11:19, NVI). ¡Qué diferente hubiera sido si este hombre hubiera confiado en su razón humana solamente! Pero ahora, su fe sigue dando fruto como bendición a todos los que creen y reciben el evangelio de Jesucristo. (Vea Gálatas 3:6–9).

¿Podría poner usted a su "Isaac" en el altar, de manera que Dios supiera que a Él no le retiene nada? ¿Será acaso su "Isaac" su negocio, ministerio, riqueza, hobby o familia? ¿Será acaso su "Isaac" su intelecto, su razón, o quizá su corazón completo? ¿Rendiría usted la supremacía de la razón para que su corazón sea liberado del espíritu de incredulidad, y pueda recibir la fe para creer que Dios puede hacer lo "imposible"?

Deje de preguntarse "¿Cómo será esto?". ¿Cree que tiene sentido para el intelecto, la razón, y las prioridades de la humanidad caída, que Dios haya venido al mundo en la persona de Jesucristo? No, pero Él vino de acuerdo a su propia fe, razón y propósitos. Al final de su ministerio en la tierra, Jesús se dejó golpear y azotar hasta el grado de quedar irreconocible. Dejó que le ciñeran una corona de espinas en su cuero cabelludo, y permitió que lo clavaran a una cruz, hasta expirar en muerte agónica. ¿Por qué hizo todo eso? ¡No era lógico! Pero repito, Dios no vino a la tierra en la persona de Jesús a morir porque eso "tuviera sentido". Lo hizo por su amor eterno por nosotros.

Cuando la "razón" tiene más sentido para nosotros que la voluntad de Dios, es porque nuestro corazón está endurecido por la incredulidad.

La mente natural no redimida es enemiga de Dios (vea Romanos 8:7); cuestiona su existencia, conocimiento, sabiduría y juicio; y rechaza su poder sobrenatural. *"Porque los que son de la carne piensan en las cosas de la* carne; pero los que son del Espíritu, en las cosas del Espíritu" (Romanos 8:5). Para superar el obstáculo de una mente influenciada o controlada por la naturaleza de pecado, debemos hacerle un *bypass* a la mente racional y operar directamente por la fe que ha nacido en nuestro corazón por el Espíritu Santo. Una manera de lograr ese *bypass* es orando en *"otras lenguas"* (Hechos 2:4; vea también 1 Corintios 14:2, 14) por el Espíritu. Sin embargo, si un espíritu de incredulidad habita en nuestro corazón, puede impedir que la fe more allí. En consecuencia, nuestro corazón debe ser *liberado* del espíritu de incredulidad.

Derribe la fortaleza del "¿Cómo...?"

Si usted quiere experimentar el poder de Dios en su vida, no puede entrar en acuerdo con la naturaleza de pecado, las actitudes del mundo caído, la mentalidad de nuestra cultura contemporánea, el proceso educativo, la práctica de la "religión" ni con su propia razón humana limitada. En cambio, debe ponerse de acuerdo ¡con Cristo! Recíbalo a Él y lo que ha hecho por usted a través de su muerte y resurrección. Las Escrituras dicen: *"No os conforméis a este siglo* ["mundo", NVI, LBLA], *sino transformaos por medio de la renovación de vuestro entendimiento, para que comprobéis cuál sea la buena voluntad de Dios, agradable y perfecta"* (Romanos 12:2). La perfecta voluntad de Dios gobernará en su corazón y en su mente a medida que es transformado por su Palabra, lo cual lo llevará a desarrollar un corazón conforme al de Él.

La fe nos da acceso al poder sobrenatural de Dios; pero ese acceso se cerrará si la incredulidad se atrinchera en nuestro corazón.

Es hora de derribar la fortaleza del "¿Cómo...?" que sostiene la incredulidad en nuestro corazón; es hora de dejar que Dios sea Dios en nuestra vida. Algo como esto le sucedió a una mujer llamada Guadalupe. Ella quería un milagro, pero como no sucedía, decidió dejar de creer. Sin embargo, Dios, en su amor, no se rindió con ella. La siguiente es su historia.

"Yo asisto a una iglesia en Honduras. Hace aproximadamente tres años me detectaron unos tumores cancerosos en la glándula tiroides, los que hacían que me desmayara y sufriera gran dolor en la garganta. Apenas podía reconocer a las personas que me rodeaban, y me tenían que vendar los ojos para aliviar el dolor. Pasé dos meses hospitalizada. Dejé de ir a la iglesia, y no tenía planes de regresar a ninguna. Me mantenía diciendo que creía en el Señor, pero estaba convencida de que todo permanecería igual para mí.

"La gente de una Casa de Paz oraba mucho por mí. En una ocasión, el pastor me visitó; puso sus manos sobre las mías y sentí la presencia de Dios; un estremecimiento y una electricidad recorrieron todo mi cuerpo. Después de eso, volví a la iglesia. El grupo siguió orando por mí, mientras los médicos me seguían diciendo que necesitaba cirugía. Yo quería operarme, pero Dios tenía otros planes. Justo antes de la cirugía, el doctor me hizo una biopsia. Colocó un instrumento en mi garganta para detectar el estado del cáncer, y entonces, dijo: '¡Es extraño! ¡No puedo encontrar nada!'. Lo único que pudo ver fueron unas líneas blancas, como cicatrices de una operación. Su conclusión fue que parecía como si Dios me hubiera operado. ¡Desde ese momento fui sana! No he vuelto a sufrir ninguno de los síntomas que solía sentir. Me reconcilié con Dios, creí en su poder, y Él me liberó de rencor y de aceptar la enfermedad. ¡Él me sanó!".

Cómo ser libre de un corazón de incredulidad

Todos debemos ser libres de algún tipo de incredulidad. Muchos hemos heredado la "incredulidad educada" que viene de nuestra cultura, o la "incredulidad religiosa" que viene de nuestra iglesia o denominación. Necesitamos ser libres para creerle a Dios las grandes cosas que quiere hacer en y a través de nosotros. Los siguientes pasos nos capacitarán para alcanzar esa libertad.

1. Reconocer nuestro estado de incredulidad y arrepentirnos

El primer paso es reconocer que hemos permitido que una actitud, mentalidad y/o espíritu de incredulidad entre a nuestro corazón. Hemos cuestionado el carácter, integridad, Palabra y promesas de Dios. Hemos metido a Dios dentro de las limitaciones de nuestra razón, y hemos caído presos de la fortaleza del "¿Cómo...?". Luego de reconocer nuestra incredulidad, debemos arrepentirnos de haber permitido que ésta eche raíces en nuestro corazón, y pedirle al Señor que nos perdone.

2. Renunciar al espíritu de incredulidad

Debemos quitarle todo derecho legal que, sin saber, le habíamos dado a Satanás para que un espíritu de incredulidad opere en nuestro corazón. Esto lo hacemos renunciando a la incredulidad y ordenándole a ese espíritu que se vaya de nuestra vida, en el nombre de Jesús. Al hacer esto, vamos a recuperar el territorio de nuestro corazón que le habíamos cedido a la incredulidad, y desde el cual ese espíritu nos estaba gobernando. Tenga presente que, después de haber renunciado al espíritu de incredulidad, el diablo se resistirá y peleará para recuperar el territorio perdido. Esto significa que incluso después de habernos arrepentido de la falta de fe y de haber renunciado a la incredulidad, podemos encontrarnos luchando con diversas dudas y temores. Por ende, es fundamental que renunciemos a ese espíritu diariamente, para así poder dar el paso siguiente.

3. Recibir el "espíritu de fe"

Pidámosle al Espíritu Santo que nos llene con el *"espíritu de fe"* (2 Corintios 4:13). Recuerde que antes de la venida del Espíritu de Dios, en Pentecostés, los discípulos mostraban tanta incredulidad que Cristo los reprendió. Pero después de recibir el bautismo del Espíritu Santo, fueron llenos de fe y osadía. Cuando alguien es bautizado por inmersión, es cubierto por completo. Por tanto, pídale al Espíritu Santo que le dé un "bautismo de fe" —que lo sumerja en fe—, y que lo capacite para vivir una vida plena como creyente, sin que las dudas lo detengan.

Cuando esto suceda, nunca más podrá entender ¡cómo pudo haber dudado! Se moverá en una dimensión en la que conocerá y percibirá el ámbito espiritual; una dimensión donde la razón, la lógica, el sentido común y la incredulidad humanos no pueden tener influencia. El ámbito espiritual se convertirá en una realidad más grande en su vida que el mundo natural.

4. Recibir la Palabra ungida

Otra forma de ser libres de un corazón de incredulidad es recibiendo enseñanzas ungidas del Espíritu. Recuerde que mientras Jesús predicaba el evangelio en Nazaret, su pueblo natal, no pudo hacer tantos milagros, excepto sanar unas pocas enfermedades, porque la gente no tenía fe en Él. (Vea Marcos 6:1–5). Las Escrituras dicen: *"Y [Jesús] estaba asombrado de la incredulidad de ellos*" (Marcos 6:6). A Jesús le "asombró" que la gente dudara de Dios, limitando así su obra en la vida de ellos. Irónicamente, por su incredulidad, ellos restringieron los milagros que provenían de Dios, ¡en quien no hay límites!

El pasaje continúa diciendo: "Y [Jesús] *recorría las aldeas de alrededor, enseñando*" (Marcos 6:6). Yo creo que hay una conexión directa entre las dos afirmaciones en este versículo: Una de las razones por las cuales la gente no aceptó el mensaje del evangelio, es que no había recibido suficiente enseñanza acerca de las verdades de la Palabra de Dios, lo que habría edificado su fe. Esa falta de conocimiento espiritual los había condicionado para que no creyeran. Sin embargo, lo contrario también puede ser cierto. Tener una adecuada enseñanza de la Palabra de Dios nos puede pre-acondicionar para creer.

Entonces, una manera de vencer la incredulidad es ser enseñado en la verdad de la Palabra de Dios; ¡pero no cualquier enseñanza! Como hemos notado, hay doctrinas de incredulidad que enseñan la Biblia sólo como un libro histórico. Tratan todos los temas desde un punto de vista intelectual, en vez de uno espiritual. Por ejemplo, es difícil para los predicadores enseñar acerca del poder sobrenatural de Dios, cuando realmente no creen en él ni lo han experimentado. Por tanto, debemos recibir las enseñanzas bíblicas de alguien que tenga la unción del Espíritu y que esté capacitado para recibir conocimiento revelado para hoy. Al margen de su estudio personal de la Biblia, una persona no puede ir más allá de quien le enseña. Y sólo el conocimiento revelado progresivo puede llevar la fe de una persona al siguiente nivel, a fin de que pueda entender y recibir los propósitos de Dios para ella hoy. Un predicador no puede enseñar adecuadamente lo que Dios quiere hacer en nuestra vida *hoy*, si lo único que tiene es una revelación de lo que Dios hizo en años anteriores.

No podemos esperar que la gente crea lo que no se le ha enseñado.

No podemos esperar que la gente crea lo que no se le ha enseñado. Ésa es la razón por la que la primera vez que predico el evangelio del reino en un lugar, enseño temas básicos de lo sobrenatural. La siguiente vez que voy a ese lugar, observo que mucha gente ha captado las verdades que prediqué antes y se ha movido para experimentarlas. La primera enseñanza rompe su incredulidad, y les permite recibir las promesas de Dios por fe. Entonces, la segunda vez que les enseño, ayudo a la gente a ir al siguiente nivel de fe con enseñanzas más profundas de las verdades de Dios.

Por lo tanto, además de leer regularmente la Palabra de Dios, asegúrese de recibir enseñanzas ungidas que lleven su fe al próximo nivel.

La incredulidad hace que Dios se asombre.

---

5. Hablar de continuo en "otras lenguas"

Como escribí antes, otra manera de hacerle un *bypass* a la razón humana para alcanzar la mente de Dios, es hablar en *"otras lenguas"* por el Espíritu Santo. (Vea Hechos 2:4; 1 Corintios 14:2, 14). Cuando oramos en lenguas podemos activar lo sobrenatural. Las Escrituras dicen: *"A Aquel que es poderoso para hacer todas las cosas mucho más abundantemente de lo que pedimos o entendemos, según el poder que actúa en nosotros"* (Efesios 3:20). Haga del orar en lenguas, una práctica regular, que lo lleve a romper toda barrera de incredulidad, para que pueda recibir del reino espiritual lo que Dios quiere darle.

Oración para liberación de la incredulidad

Dios nos está llamando a rendirle nuestro corazón para que Él pueda transformarlo y remover las ofensas y la incredulidad. Él nos está preparando para los últimos tiempos, cuando una gran cosecha de almas será recogida, y cuando Dios transferirá las riquezas financieras de los impíos a sus hijos, para que puedan usarlas para su gloria y sus propósitos de reino. Para recibir esas riquezas y ser fieles administradores de las mismas, debemos tener un corazón puro, uno que esté libre de incredulidad. Con el *"espíritu de fe"* y *"según el poder que actúa en nosotros"* podemos recibir cada promesa que Dios tiene reservada para esta generación. ¡Ahora es el tiempo! ¡Ríndase a Dios, renuncie a la incredulidad y deje que la transformación sobrenatural de su corazón se lleve a cabo!

Estimado amigo, permítame guiarlo en una sencilla oración para que sea libre del espíritu de incredulidad. Recuerde confesarla a diario, hasta que cada raíz de ese espíritu sea arrancada de su corazón y desechada.

Padre celestial, gracias por abrir mis ojos espirituales y por permitirme ver la incredulidad que hay en mi corazón. Te alabo y te bendigo por enseñarme cómo ser libre de esta rebeldía contra ti y de resistirme a tu voluntad. En Cristo, y con todo mi corazón, te pido que me perdones por haber permitido que mi razón e intelecto humanos limitados me hicieran dudar de ti y de tus promesas, y por haber dejado que el espíritu de incredulidad entrara a mi vida. Perdóname por hacer de mi mente un "dios". Ahora mismo, renuncio al espíritu malo de incredulidad y, en el nombre de Jesús le ordeno que se vaya de mi vida.

Señor, te pido que a través del Espíritu Santo desates en mí el "espíritu de fe". "Bautízame" en la fe para creer en cada porción de tu Palabra que antes me resultaba difícil aceptar y recibir, ¡y para creer por cosas mayores! Yo recibo tu fe ahora mismo. Ayúdame a guardar mi mente y mi corazón, y no permitir que la incredulidad entre allí. Declaro que todo lo que estaba retenido en mi vida, debido a la incredulidad, ahora es liberado. Recibo mi [salvación, sanidad, liberación, provisión financiera, restauración familiar u otras bendiciones], en el nombre de Jesús. ¡Amén!

7

El corazón obediente

Dondequiera que voy, la gente me pregunta: "¿Cuál es la clave del éxito de su ministerio?". Mi respuesta es siempre la misma: "La obediencia a Dios". Si bien considero que son varios los factores que contribuyen al éxito de un ministerio, familia, empresa o cualquier otra organización o proyecto, sé que la obediencia a Dios siempre es el factor principal. Cada vez que Él me ha pedido que haga algo, lo he obedecido sin importar el costo. Y he visto su fidelidad en las recompensas y logros que he presenciado como resultado. Cada día, miles de vidas —a nivel local, nacional y global— son salvas, transformadas, sanas, liberadas y capacitadas para prosperar, gracias a que nuestro ministerio ha obedecido el mandato divino de formar y equipar líderes; de la misma manera que Dios nos ha enseñado, según el patrón con que Él nos ha formado y equipado a nosotros. De hecho, podría compartir numerosos testimonios de las veces que Dios ha honrado nuestra obediencia.

Por eso creo que este libro no estaría completo sin un capítulo dedicado al corazón obediente. Todo corazón que ha sido transformado por el poder sobrenatural de Dios manifiesta la obediencia como una de sus características fundamentales. Obedecer, sin embargo, no es fácil. De hecho, tomar la decisión de obedecer es una de las mayores dificultades que encuentran los creyentes cuando comienzan a acercarse a Dios con el deseo de someter su vida entera a Él. Esto ocurre porque los seres humanos somos rebeldes, independientes y egocéntricos por naturaleza; es decir, por la naturaleza de pecado. En este capítulo, analizaremos algunos de los temas de capítulos anteriores con mayor profundidad, con el fin de entender mejor la rebeldía contra Dios que con frecuencia brota de nuestro corazón, y que se manifiesta en nuestras decisiones y comportamientos. También descubriremos cómo establecer una forma de vida de obediencia a Dios.

La obediencia fluye del amor a Dios

Jesús dijo: "*Si me amáis, guardad mis mandamientos*" (Juan 14:15). Cuando amamos a Dios, nuestro deseo es obedecerlo. Es más, le expresamos un amor genuino obedeciendo su Palabra. Cualquier amor que nos impida seguir sus mandamientos es un amor falso.

En el siguiente testimonio, vemos un claro ejemplo de la obediencia a Dios inspirada por un profundo amor a Él. Fue el amor a Dios lo que llevó a Alejandro, de Costa Rica, a dejar su profesión de médico cirujano para seguir el llamado de Dios para su vida y convertirse en pastor. Él lo relata así: "Una pariente nuestra que era pastora sintió la necesidad de ir a Costa Rica y predicarle la Palabra a mi familia. Mi madre, mi hermana y mis tías recibieron al Señor Jesús por medio de ella. Después, mi hermana me preguntó: 'Alejandro, ¿quieres recibir a Jesús en tu corazón?'. Mi respuesta fue: 'Sí, ¿qué tengo que hacer?'. ¡Esa fue mi experiencia de salvación! En mi interior, había un deseo de conocer a Dios que iba más allá de mi razón; porque mi mente analítica e intelectual solía ser con frecuencia un obstáculo para mí. Creo que había un vacío en mi corazón del cual no estaba consciente, que me guió a aceptar a Cristo por encima de mi razón.

"Si bien recuerdo con cariño mi tiempo en la universidad, también recuerdo haber sentido una profunda necesidad de servir a Dios. Cada año me preguntaba cuándo llegaría ese momento. Durante nueve años, serví en la iglesia, aprendiendo, creciendo, evangelizando y preparándome para tomar la decisión de dedicar mi vida por completo al servicio de Dios. Sabía que no sería una decisión sencilla debido al historial de mi familia; lo más ridículo que podía hacer era dejar mi profesión para ¡convertirme en pastor! Pero Dios confirmó esa decisión en mi corazón y enfrenté a mi familia. Mi madre, hermana y tías me respaldaron porque ya eran cristianas, y mi padre también me apoyó, pero el resto de la familia se opuso a semejante 'locura'. Lo cierto es que hasta hoy he servido a mi Jesús con todo mi corazón, ¡y seguiré haciéndolo!".

El amor es la motivación detrás de la verdadera obediencia.
Todo amor que no resulte en obediencia a Dios es falso.

Dios no siempre le pedirá que renuncie a su profesión para cumplir su voluntad en usted. En el caso de Alejandro, Dios lo había llamado a cambiar de vocación y convertirse en pastor, y él obedeció voluntariamente porque Dios ya había puesto ese deseo en su corazón, el cual estaba abierto para el Señor. El punto es éste: Cualquiera que sea su situación en la vida, su profesión o sus planes para el futuro, ¿está siguiendo aquello que usted sabe que Dios lo llamó a hacer, y lo está haciendo desde un corazón de amor para Él?

La obediencia también fluye de la fe en Dios

La palabra griega que con mayor frecuencia se traduce como *"obediencia"* u *"obediente"* en el Nuevo Testamento es *jupakoé*. Significa "escuchar atentamente", e implica "acatamiento o sumisión". Al igual que la obediencia de Abraham que examinamos en el capítulo 6, la verdadera obediencia se basa tanto en el amor a Dios como en la fe en Él, que lo lleva a estar *"plenamente convencido de que [Dios] era también poderoso para hacer todo lo que había prometido"* (Romanos 4:21). Cuando alguien es completamente obediente, significa que ha ido más allá del punto de retorno, y confía en su Padre celestial por completo. Cuando dudamos de nuestra capacidad para obedecer, es porque no estamos plenamente convencidos del amor, la autoridad y/o el poder de Dios para cumplir sus promesas. Una persona con un corazón obediente escucha la Palabra de Dios con atención, acepta su autoridad y se somete a su voluntad por elección, con la total convicción de que Él hará todo lo que ha prometido.

La obediencia a Dios nace en el corazón, no en la mente.

¿Qué es desobediencia?

Si queremos obedecer a nuestro Padre celestial, primero debemos entender lo que significa desobedecerlo o rebelarse contra Él. La desobediencia es una actitud del corazón que no permite que nada ni nadie —en especial Dios— nos persuada de ver un asunto o situación como en realidad es, y que podamos tratarlo adecuadamente. La desobediencia se manifiesta cuando nos rehusamos a creer que la voluntad de Dios es lo mejor para nosotros. Nuestra naturaleza pecaminosa es rebelde por herencia y siempre se resiste a la verdad. Judas Iscariote es un ejemplo perfecto de alguien que permitió que la naturaleza rebelde de pecado lo controlara y lo llevara a traicionar a Cristo. Luego, tampoco se dejó persuadir por la verdad bíblica de que si nos arrepentimos de nuestro pecado, Dios es fiel para perdonarnos. Por el contrario, siguió por el camino de corrupción que lo llevó a la muerte. Cierta gente elige permanecer en desobediencia por tanto tiempo que se hace muy difícil que acepte el perdón de Dios y se aleje de su conducta pecaminosa.

La desobediencia es una actitud del corazón que no permite que nada ni nadie nos persuada de ver un asunto o situación como realmente es, ni que respondamos a ella apropiadamente.

La batalla interior

Jesús vino a la tierra a proclamar el reino de Dios y su poder para liberarnos del pecado y del reino de las tinieblas. Una nueva batalla comienza cada vez que el reino de Dios llega para destruir el reino de las tinieblas en el "territorio" del corazón de una persona. Es más, una vez que el reino de Dios es establecido en la vida de alguien, un nuevo conflicto se desata entre su corazón o espíritu nacido de nuevo y su naturaleza caída. Puede que antes de eso, la persona no hubiera experimentado tanto conflicto en cuanto a sus actitudes y conductas hacia Dios, dependiendo de cuán sensible sea su conciencia. Sin embargo, ahora que su espíritu ha sido renovado, lucha contra su naturaleza de pecado, de la cual no será totalmente libre hasta que se vaya con el Señor o hasta que Cristo regrese. La gente se suele preguntar, "¿Por qué siempre tengo que luchar para obedecer a Dios?". Esto se debe a la batalla que continuamente libramos en nuestro interior, así como a los incesantes ataques de Satanás contra nosotros, en su intento por reconquistar el "territorio" que ya perdió.

El apóstol Pablo escribió: *"Porque lo que hago, no lo entiendo; pues no hago lo que quiero, sino lo que aborrezco, eso hago. Y si lo que no quiero, esto hago, apruebo que la ley es buena. De manera que ya no soy yo quien hace aquello, sino el pecado que mora en mí"* (Romanos 7:15–17). En estas palabras, se puede sentir el conflicto interno que describía Pablo. Si usted desea obedecer a Dios, pero algo parece "empujarlo" a desobedecerlo, es porque la naturaleza de pecado se está rebelando, tratando de asumir el control de su vida.

Despojarse del *"viejo hombre"*

"En cuanto a la pasada manera de vivir, despojaos del viejo hombre ["vieja naturaleza", NVI], *que está viciado conforme a los deseos engañosos"* (Efesios 4:22). Pablo escribió la instrucción anterior en una carta dirigida a los creyentes de Éfeso, cristianos genuinos, nacidos de nuevo y llenos del Espíritu Santo, pero que aparentemente carecían de revelación en cuanto a la naturaleza de pecado que batallaba en su interior. Anteriormente, destacamos dos sinónimos de naturaleza de pecado que se usan en el Nuevo Testamento: la *"carne"* (vea, por ejemplo, Romanos 7:5) y el término empleado en el versículo anterior, el *"viejo hombre"* o la *"vieja naturaleza"*. Algunos sinónimos adicionales son *"mente carnal"* (Colosenses 2:18), *"concupiscencia"* (Santiago 1:14), *"cuerpo del pecado"* (Romanos 6:6), y *"cuerpo pecaminoso carnal"* (Colosenses 2:11). Además, algunos teólogos y otros creyentes la llaman "naturaleza adámica".

Revisemos brevemente la forma cómo nació la naturaleza de pecado. Dios había instruido a Adán claramente: *"Más del árbol de la ciencia del bien y del mal no comerás; porque el día que de él comieres, ciertamente morirás"* (Génesis 2:17). Pero Satanás negó las palabras de Dios diciendo: *"No moriréis"* (Génesis 3:4). Cuando los primeros seres humanos creyeron el engaño del enemigo y desobedecieron a Dios, nació la naturaleza de pecado. Adán y Eva se pusieron bajo la autoridad de Satanás en lugar de la de Dios. En consecuencia, los seres humanos se hicieron física, emocional y espiritualmente corruptos, y esa naturaleza corrupta ha pasado a toda la gente, de generación en generación, hasta hoy. Las Escrituras dicen: *"Todos nosotros nos descarriamos como ovejas, cada cual se apartó por su camino; mas Jehová cargó en él el pecado de todos nosotros"* (Isaías 53:6).

Aun cuando los primeros seres humanos desobedecieron y tomaron su propio camino, Dios les prometió que los redimiría por medio de un Mesías. Por esta redención, el corazón de la humanidad sería transformado para convertirse en un *"nuevo hombre"* (Efesios 4:24) a imagen de Dios otra vez. El Señor le dijo a Satanás: *"Y pondré enemistad entre ti y la mujer, y entre tu simiente y la simiente suya [Jesús, el Mesías]; ésta te herirá en la cabeza, y tú le herirás en el calcañar"* (Génesis 3:15).

Sabemos que Satanás, o el diablo, fue el primero en rebelarse contra Dios. La rebeldía es su naturaleza, y el *"viejo hombre"* es su *"simiente"* o su *"hijo"*. La rebeldía no es otra cosa que desobediencia, la cual ocurre cuando una persona decide separarse de Dios para hacer su propia voluntad, satisfacerse a sí misma y gobernar su propia vida; es decir, para actuar en independencia del Padre celestial. Esta decisión resulta en un inevitable alineamiento con otro *"padre"*, el diablo, quien no obedece la verdad y es *"padre"* de mentira. Jesús les dijo a algunos líderes que a sí mismos se consideraban piadosos: *"Vosotros sois de vuestro padre el diablo, y los deseos de vuestro padre queréis hacer. Él ha sido homicida desde el principio, y no ha permanecido en la verdad, porque no hay verdad en él. Cuando habla mentira, de suyo habla; porque es mentiroso, y padre de mentira"* (Juan 8:44).

Todo creyente nacido de nuevo debe cuidarse de ser engañado por Satanás a desobedecer. *"Sed sobrios, y velad; porque vuestro adversario el diablo, como león rugiente, anda alrededor buscando a quien devorar; al cual resistid firmes en la fe..."* (1 Pedro 5:8–9). Todos debemos estar alertas contra las maquinaciones de Satanás. La obediencia a Dios no es sólo un asunto de creer en Jesús o de tener buena conducta. Si queremos ser obedientes, nuestro corazón debe ser continuamente transformado. Estudiemos el proceso por el cual Adán y Eva desobedecieron a Dios, de manera que podamos reconocer las estrategias del diablo en nuestra propia vida.

El único poder que el enemigo tiene, es aquel que le damos cuando no estamos bajo la autoridad de Dios.

El proceso original por el cual el corazón del hombre se hizo desobediente

1. Adán y Eva fueron atraídos por las mentiras de Satanás a través de sus sentidos físicos, y por su deseo de sabiduría y poder, en independencia de Dios

La serpiente tentó a Adán y Eva a través de sus sentidos físicos. El árbol de la ciencia del bien y del mal les pareció *"bueno para comer, y... agradable a los ojos"* (Génesis 3:6). Satanás también hizo que les sonara atractivo llegar a ser tan sabios como Dios (vea Génesis 3:5–6), lo cual debió haberles parecido a ellos una forma de alcanzar mayor iluminación espiritual. Como resultado, les presentó una tentación que era muy difícil de resistir. Al igual que Adán y Eva, nosotros también luchamos con tentaciones, basadas en nuestros sentidos físicos y ambiciones, que nos empujan a desobedecer a Dios.

2. Los deseos erróneos e inapropiados de Adán y Eva los llevaron a ser tentados y a pecar

Las Escrituras dicen: *"Cada uno es tentado, cuando de su propia concupiscencia es atraído y seducido. Entonces la concupiscencia, después que ha concebido, da a luz el pecado..."* (Santiago 1:14–15). Los deseos rebeldes son perversiones de la voluntad de Dios. Adán y Eva comieron del árbol de la ciencia del bien y del mal aun cuando Dios les había advertido que no lo hicieran. Tal vez, creyeron que estaría bien si lo hacían "una sola vez". Sin embargo, ese único acto generó la concupiscencia en su naturaleza. El pecado vino para quedarse, dando a luz más pecado y estableciendo un patrón perpetuo de desobediencia. Los seres humanos no pudieron deshacerse del pecado ni de la maldición que éste desató. El objetivo de Satanás no era que ellos pecaran una sola vez sino que *practicaran el pecado de continuo;*

que vivieran en *un estado de pecado*. Así, él podría entrar a sus vidas para controlarlas y oprimirlas.

Si usted es creyente, le advierto: No juegue con el pecado. Debe arrepentirse de todo pecado y alejarse de él porque es una trampa mortal. Es una espiral en descenso sin fin; una vez que comienza, sigue produciendo maldad, a menos que usted renuncie a él, sea perdonado por medio de Jesucristo y abandone el pecado.

3. El pecado de Adán y Eva produjo la muerte para ellos, y para toda la humanidad

"*...El pecado, siendo consumado, da a luz la muerte*" (Santiago 1:15). La entrada del pecado al mundo produjo la muerte espiritual de la humanidad —separación de Dios—, así como la muerte física. El propósito de Satanás es tentarnos a pecar y separarnos —si es posible, permanentemente— de nuestro Padre celestial.

Cuando entendemos las verdades anteriores, reconocemos que cada vez que actuamos conforme a la naturaleza pecaminosa, en esencia, estamos repitiendo el proceso por el cual los primeros humanos cayeron. Por eso, el apóstol Pablo nos urge diciendo: "*En cuanto a la pasada manera de vivir, despojaos del viejo hombre* ["*vieja naturaleza*", NVI], *que está viciado conforme a los deseos engañosos*" (Efesios 4:22). Debemos decidir diariamente "*despojaos del viejo hombre*" —rechazar el pecado y obedecer a Dios—, de manera que podamos escapar de la muerte y recibir su vida abundante.

La corrupción del "*viejo hombre*" puede llevar a una persona a pensar que la muerte es su única opción, y que debería terminar con su vida. Durante un retiro espiritual en nuestro ministerio El Rey Jesús, cinco mujeres fueron liberadas del espíritu de suicidio. Una de ellas, llamada Flor, se había sentido deprimida y vacía debido a la muerte de su hija ocurrida dos años antes. Flor había decidido acabar con su vida tomando más de cien pastillas para dormir, pero su intento de suicidio falló. Dos semanas después, nuevamente estaba planeando cómo matarse, pero alguien la invitó al retiro. Estando allí, ella experimentó la presencia de Dios, y recibió el amor del Padre, de modo que ya no tuvo más deseos de morir. Ella fue liberada del espíritu de luto y suicidio.

Otra mujer, Catalina, había empezado a consumir drogas y alcohol a los trece años, porque se sentía rechazada por su madre y extrañaba mucho la presencia de su padre en casa. A los dieciocho años, ya no quería seguir viviendo; pero aceptó ir al retiro. Allí, la paternidad de Dios la abrazó y la hizo sentir digna y amada. Se dio cuenta que Dios era su Padre y que tenía un propósito, por lo que dejó las adicciones y los pensamientos suicidas atrás. Hoy, ¡es una nueva persona!

Milena era una joven casada, con hijos preciosos, pero quería suicidarse porque se sentía muy culpable e indigna. Se enojaba con mucha facilidad y era extremadamente agresiva con su esposo y sus hijos. Milena se sentía tan culpable por su comportamiento que sólo quería desaparecer de este mundo, así que escribió su testamento y su última voluntad, con el plan de quitarse la vida. Sin embargo, para la gloria de Dios, Milena decidió asistir al retiro, y allí fue libre de los espíritus de manipulación, culpa y suicidio. Ahora, está aprendiendo a ser una buena esposa y madre.

Cesia y Sarah son dos hermanas que fueron abandonadas por su madre cuando eran muy jóvenes. Su padre era alcohólico, drogadicto, traficante y asesino. Nunca cuidó de ellas ni de su hermano menor, así que prácticamente crecieron solos. Cuando las niñas tuvieron dieciséis y doce años, respectivamente, también comenzaron a drogarse y beber alcohol. Poco después, comenzaron a practicar el lesbianismo como estilo de vida.

Cuando el padre de Cesia y Sarah murió, se vinieron con su hermano a Estados Unidos para vivir con su madre, quien trabajaba en un bar y también era alcohólica. Cuando la madre supo que sus hijas bebían, las puso a trabajar en el bar y bebía con ella. Pero la madre era una inmigrante ilegal y al poco tiempo las autoridades la deportaron. Así que los tres hermanos volvieron a quedar desamparados nuevamente. Las muchachas se volvieron violentas y se lastimaban la una a la otra. Pronto llegaron al límite y lo único que querían era morir. De hecho, la mayor ya había intentado quitarse la vida y había pasado un mes en el hospital. Entonces, alguien las invitó al retiro de liberación, donde recibieron al Señor y fueron libres de los espíritus de suicidio, abandono, lesbianismo, rechazo, amargura, ira, falta de perdón y adicción. Ahora están comenzando una nueva vida. Saben lo que es vivir en el mundo y no quieren regresar a eso nunca más.

La naturaleza pecaminosa es continuamente corrupta

La naturaleza pecaminosa está en un constante estado de decadencia, e impulsa a la gente a cometer un acto corrupto tras el otro. Aun cuando la corrupción no siempre es evidente, siempre está presente; y a la larga, sus efectos destructivos se manifestarán. Por ejemplo, hoy usted puede ver a un joven o una jovencita físicamente atractivos, educados y adinerados, que se creen los "dueños del mundo". Sin embargo, si esas personas siguen los deseos de su naturaleza pecaminosa, en poco tiempo usted verá que su buena apariencia y su fuerza habrán decaído, y su cuerpo habrá comenzado a lucir viejo, debido a la decadencia física, intelectual y espiritual, además de otros efectos generales de la caída.

En comunidades y naciones alrededor del mundo, hay un patrón de constante decadencia social, debido a la corrupta naturaleza pecaminosa. Los gobiernos y otros organismos poco pueden hacer para prevenir que la corrupción humana infecte la sociedad con males como la mentira, el engaño, el fraude, la violencia y otros abusos; especialmente cuando la mayoría de líderes que encabezan esas instituciones tienen también un corazón corrupto que ejerce control sobre ellas. Satanás puede provocar fácilmente la rebeldía en mucha gente porque, a menos que su corazón haya sido transformado, ellos por naturaleza son *"hijos de desobediencia"*:

> *Y él os dio vida a vosotros, cuando estabais muertos en vuestros delitos y pecados, en los cuales anduvisteis en otro tiempo, siguiendo la corriente de este mundo, conforme al príncipe de la potestad del aire, el espíritu que ahora opera en los hijos de desobediencia, entre los cuales también todos nosotros vivimos en otro tiempo en los deseos de nuestra carne, haciendo la voluntad de la carne y de los pensamientos, y éramos por naturaleza hijos de ira, lo mismo que los demás.* (Efesios 2:1–3)

Hay un "rebelde" en cada ser humano que produce deseos engañosos y pensamientos de mal, que lo llevan a desobedecer a Dios. ¡Nada puede detener la corrupción o la decadencia de la raza humana excepto el poder de Jesucristo!

La naturaleza pecaminosa es rebelde y lleva a la corrupción espiritual, moral y física.

Características de la obediencia de Jesús

Jesucristo es el máximo ejemplo de obediencia total a Dios el Padre. Su vida de obediencia estuvo marcada por dos características:

1. La rendición o "negación" de sus atributos divinos

Jesús era 100 por ciento Dios y 100 por ciento Hombre. Él tenía una naturaleza sin pecado, y nunca cometió pecado alguno, así que Él no tuvo que renunciar al "hombre viejo" o a la voluntad rebelde. Sin embargo, sí tuvo que rendirse o "despojarse" de su gloria y poder divinos cuando vino a vivir a la tierra como un Hombre. *"[Jesús], siendo en forma de Dios, no estimó el ser igual a Dios como cosa a que aferrarse, sino que se despojó a sí mismo, tomando forma de siervo, hecho semejante a los hombres"* (Filipenses 2:6–7). De la misma forma, nuestra obediencia a Dios puede incluir no sólo la crucifixión del "yo" sino también la negación de algunos de nuestros "privilegios humanos" y "derechos humanos" por causa de un bien mayor al que Dios nos llama.

Si Jesús hizo a un lado sus atributos divinos cuando vino a la tierra, ¿cómo entonces realizó sus milagros, tales como sanidades, liberación de gente poseída por demonios, multiplicación de panes y peces, y caminar sobre las aguas? Él hizo todo eso absolutamente como Hombre, usando los mismos recursos que hoy están disponibles para cualquier creyente nacido de nuevo —ejercitando su fe, sometiéndose a Dios el Padre, y con la unción del Espíritu Santo—. Si Él hubiera hecho alguno de sus milagros como Dios, eso hubiera sido "ilegal", porque Jesús había venido como nuestro representante a vivir una vida llena de total obediencia a Dios como ser humano, y a morir en la cruz como nuestro Sustituto sin pecado.

Observe que cuando Satanás tentó a Jesús en el desierto, él atacó la identidad divina de Jesús, diciendo: *"Si eres Hijo de Dios…"*. Pero Jesús no defendió su deidad ante el diablo ni lo apartó con su poder divino. En cambio, respondió a cada una de las tentaciones de Satanás con la Escritura, como también podemos hacerlo nosotros hoy, bajo la guía del Espíritu. (Vea, por ejemplo, Lucas 4:1–12).

Cuando Jesús fue arrestado en el huerto de Getsemaní y Pedro trató de defenderlo con una espada, Jesús le dijo: "*¿Acaso piensas que no puedo ahora orar a mi Padre, y que él no me daría más de doce legiones de ángeles? ¿Pero cómo entonces se cumplirían las Escrituras, de que es necesario que así se haga?*" (Mateo 26:53–54). Como Dios, y como el Hijo amado del Padre, Jesús podría haber sido rescatado de sus perseguidores por un ejército de ángeles; en cambio, Él escogió permanecer obediente a la voluntad del Padre y morir en la cruz por nuestra causa.

Cuando Jesús moría en aquella cruz, la gente que pasaba por el lugar se burlaba de Él diciendo: "*Si eres Hijo de Dios, desciende de la cruz*" (Mateo 27:40). Repito, Él no trató de probar su deidad a nadie. Él siguió poniendo de lado su inherente divinidad que le correspondía, con el fin de obedecer al Padre y cumplir el propósito por el cual había venido a la tierra.

Como seres humanos caídos —pero redimidos—, debemos morir al "yo", negándonos a las inclinaciones de la naturaleza de pecado, como las ambiciones egoístas y los pensamientos impuros. ¿Qué cree usted que sea más fácil: que Jesús renuncie a sus atributos divinos para depender totalmente de Dios el Padre y del Espíritu Santo, para vivir en la tierra como un Hombre; o que nosotros muramos al "yo" y nos neguemos a la naturaleza pecaminosa? Yo creo que es más fácil que nosotros nos neguemos a nosotros mismos porque, en la cruz, Jesús nos proveyó la gracia y el poder que nos capacitan para hacerlo. Jesús ya conquistó el pecado y la muerte para nosotros. Lo que Él hizo por nosotros no fue fácil; fue extremadamente duro y doloroso. Si Jesús renunció a todo por nosotros, nosotros deberíamos rendirlo todo por Él también.

2. La continua sumisión a la autoridad de Dios

Mientras Jesús estuvo en la tierra, constantemente renunció a su voluntad para hacer la voluntad de Dios. Como ya hemos dicho, Cristo tenía una naturaleza santa, no la naturaleza adámica, pecaminosa. Sin embargo, como ser humano, tenía libre albedrío, el mismo que Dios nos ha otorgado a todos. Cada día Jesús renunciaba a su voluntad —su capacidad para hacer lo que Él quisiera— con tal de obedecer la voluntad del Padre. Él vivía en sumisión constante a la autoridad de Dios. Jesús dijo: *"No puedo yo hacer nada por mí mismo; según oigo, así juzgo; y mi juicio es justo, porque no busco mi voluntad, sino la voluntad del que me envió, la del Padre"* (Juan 5:30). El libro de Hebreos nos dice: *"Y aunque [Jesús] era Hijo, por lo que padeció aprendió la obediencia"* (Hebreos 5:8).

Aunque Jesús rendía su voluntad a Dios a diario, su mayor prueba vino cuando tuvo que someterse a la burla más cruel y a la tortura de la muerte en la cruz. Rendirse para someterse a este duro sufrimiento fue una lucha para Él; sin embargo, después de orar mucho, pudo decir con convicción: *"Padre, si quieres, pasa de mí esta copa; **pero no se haga mi voluntad, sino la tuya**"* (Lucas 22:42).

Getsemaní fue el lugar donde Cristo luchó como Hombre para obedecer al Padre. Parecía como si todos los principados y potestades esperaran ver a Jesús fallar. El diablo y sus demonios no habían logrado hacer caer a Jesús ni tentándolo con la fama, las riquezas, la inmoralidad, el orgullo o los bienes materiales, para que negara la voluntad de Dios. Pero esta vez, se estaba enfrentando a una tortura espiritual y una muerte agonizante. Getsemaní fue el "Armagedón" personal de Cristo —su última batalla—. El conflicto que sucedía en su corazón era tan intenso que *"era su sudor como grandes gotas de sangre que caían hasta la tierra"* (Lucas 22:44). Desde el punto de vista médico, sus vasos capilares estallaron. ¡Su corazón se quebró esa noche!

Jesús era un hombre que vivía bajo la autoridad de Dios; no sabemos cuánto tiempo oró, pero cuando terminó, estaba rendido, listo para hacer la voluntad del Padre y terminar la obra que había venido a hacer a la tierra. *"Y estando en la condición de hombre, se humilló a sí mismo, haciéndose obediente hasta la muerte, y muerte de cruz"* (Filipenses 2:8).

Usted se compromete a obedecer a Dios en la medida que se somete a Él.

¿Siente que está enfrentando su propio Getsemaní? Aprender obediencia es un proceso; el mismo Jesús tuvo que hacerlo, pese a que no tenía pecado. Nosotros no nacemos en obediencia, y tampoco se trata de un don que pueda ser impartido. A medida que pasamos este proceso de aprender la obediencia, cometemos errores, y habrá ocasiones en que desobedeceremos, porque nuestra voluntad es difícil de quebrar. Sin embargo, eso no debería desanimarnos. Si bien aprender a obedecer lleva tiempo, la obediencia no es imposible, porque la gracia del Espíritu Santo nos capacita para obedecer. Cada vez que rendimos nuestra voluntad para llevar a cabo la de Dios, pasamos a niveles mayores de obediencia, lo cual a su vez, nos da acceso a mayores recompensas espirituales.

En el principio de este proceso, Dios nos pide que lo obedezcamos en asuntos pequeños, que hasta parecen insignificantes. Si somos fieles, Él nos pondrá desafíos más grandes para someternos a su voluntad. Yo creo que así sucedió con Jesús, que aprendió la obediencia desde lo más simple hasta lo más difícil, que era rendirse al Padre como el Cordero del sacrificio. Es interesante ver que Cristo "murió" a su voluntad muchas veces antes de morir físicamente en la cruz; obedeció al Padre en cada etapa de su vida y afrontó el sufrimiento que todos pasamos en la tierra. (Vea, por ejemplo, Hebreos 2:18). Él hizo esto para aprender la obediencia y para identificarse con la raza humana. Jesús tuvo que pasar por el proceso de aprender obediencia, en el cual siempre *escogió* someterse al plan del Padre. Por eso Cristo nos puede decir: *"Si alguno quiere venir en pos de mí, niéguese a sí mismo, y tome su cruz, y sígame"* (Mateo 16:24).

Cuando Jesús murió, luego de haber rendido su voluntad a la del Padre, el velo del templo se rasgó en dos, lo cual significaba la restauración de la relación entre Dios y el hombre. Entonces ¡Dios resucitó a Jesús! Cristo entendió el principio de que la resurrección —en sentido literal y figurado— es el resultado de la muerte al "yo" y la obediencia total a Dios. Él antes le había dicho: *"Por eso me ama el Padre, porque yo pongo mi vida, para volverla a tomar. Nadie me la quita, sino que yo de mí mismo la pongo. Tengo poder para ponerla, y tengo poder para volverla a tomar. Este mandamiento recibí de mi Padre"* (Juan 10:17–18). El Hijo de Dios fue obediente hasta la muerte en la cruz; de nuevo, porque Él se sometió a la autoridad de Dios, y su obediencia lo hizo apto para resucitar.

Ninguno de nosotros puede crucificar la naturaleza de pecado hasta que haya rendido su voluntad a Dios. Pídale al Espíritu Santo que le dé su gracia sobrenatural para aprender a rendirse diariamente a la voluntad del Padre, tal como lo hizo Cristo.

Dios el Padre levantó a Jesús de la muerte, porque Él murió bajo la autoridad de Dios.

Obediencia a la autoridad de Dios

Debemos tomar la decisión de obedecer a Dios y a sus autoridades delegadas. Si no estamos bajo sumisión a la autoridad divina que Dios ha puesto sobre nuestra vida, estamos en estado de rebeldía. Nosotros obedecemos a nuestros líderes en la iglesia porque la Palabra dice: *"Obedeced a vuestros pastores, y sujetaos a ellos; porque ellos velan por vuestras almas, como quienes han de dar cuenta; para que lo hagan con alegría, y no quejándose, porque esto no os es provechoso"* (Hebreos 13:17). Obedecemos a las autoridades delegadas en nuestro lugar de trabajo porque las Escrituras dicen: *"Siervos, obedeced a vuestros amos terrenales con temor y temblor, con sencillez de vuestro corazón, como a Cristo"* (Efesios 6:5). Obedecemos a las autoridades en nuestro hogar porque el mandamiento es: *"Honra a tu padre y a tu madre, que es el primer mandamiento con promesa"* (Efesios 6:2). Obedecemos las leyes y a los líderes de nuestros gobiernos porque la Biblia dice: *"Sométase toda persona a las autoridades superiores; porque no hay autoridad sino de parte de Dios, y las que hay, por Dios han sido establecidas"* (Romanos 13:1). Cuando obedecemos a las autoridades terrenales delegadas por Dios, también lo obedecemos a Él, y cuando las desobedecemos, también lo desobedecemos a Él.

La obediencia a Dios incluye la sumisión voluntaria a sus autoridades delegadas.

El "cómo", "cuándo" y "dónde" de la obediencia

Como vimos antes, la obediencia está relacionada con la fe. No es un sentimiento ni una emoción sino el resultado de una convicción interna que se origina en el corazón. *"Es, pues, la fe la certeza de lo que se espera, la convicción de lo que no se ve"* (Hebreos 11:1). Caminar por fe es tener fuerte convicción de la realidad del Dios soberano y su ámbito espiritual invisible. Cuando obedecemos a Dios, nuestra convicción es manifestada en el ámbito natural mientras Él obra en nuestra vida de manera sobrenatural.

Tener un corazón de verdadera y total obediencia significa hacer lo que Dios manda —cómo, cuándo y dónde Dios dice—. Tal corazón de obediencia refleja una gran fe. A veces nos ponemos de acuerdo con Dios acerca de lo que Él nos manda, pero aun así no lo obedecemos en el "cómo" ni en el "cuándo", por lo que terminamos obedeciéndolo sólo parcialmente con respecto al "dónde". Esto fue lo que le sucedió al rey Saúl cuando no esperó a Samuel para ofrecer un sacrificio al Señor sino que lo ofreció él mismo, sabiendo que no estaba autorizado para ello. (Vea 1 Samuel 13:1–13). En otra oportunidad, Saúl obedeció el "dónde" y el "cuándo" pero no el "cómo". Dios le había dicho que destruyera a los amalecitas y todos sus bienes, incluyendo los animales. Si bien Saúl *"derrotó a los amalecitas"* y mató al pueblo (vea 1 Samuel 15:7–8), él y su ejército *"perdonaron a Agag [el rey], y a lo mejor de las ovejas y del ganado mayor, de los animales engordados, de los carneros y de todo lo bueno, y no lo quisieron destruir..."* (1 Samuel 15:9). Dado que el corazón de Saúl fue desobediente a Dios, el Señor lo rechazó como rey. (Vea 1 Samuel 13:14; 15:10–11, 22–23).

El profeta Samuel le dijo a Saúl: *"Ciertamente el obedecer es mejor que los sacrificios"* (1 Samuel 15:22). Tenemos que atesorar estas palabras porque en la iglesia de hoy se presenta un escenario similar. Cierta gente obedece a Dios y a las autoridades delegadas sólo de forma parcial, y esto le ha dado al enemigo el derecho de atacarla. La Biblia establece de forma clara: *"Ni den cabida al diablo"* (Efesios 4:27, nvi). Sabemos que Cristo venció a Satanás en la cruz y lo despojó de su poder y autoridad; el diablo fue vencido, destronado y desarmado. Si sabemos esto, ¿por qué hay tanto creyente derrotado, enfermo, pobre, deprimido y ansioso? A veces, la causa es la desobediencia —total o parcial— la cual le ha dado al enemigo una entrada o *"cabida"* en su vida.

La obediencia parcial equivale a desobediencia.

Debido a que Cristo venció a Satanás, y nos dio la victoria sobre él, la única forma en que el enemigo puede tener derecho legal para ejercer poder sobre nosotros es a través de nuestra desobediencia. Si esta situación aplica a usted, ¡hoy es el día de quitarle esos derechos y reclamar su victoria en Cristo! Arrepiéntase, pídale perdón a Dios, cierre cada puerta de desobediencia y reprenda al enemigo por atacar su salud, su hogar, su economía o cualquier otra área de su vida. Pablo les escribió a los romanos: *"Porque vuestra obediencia ha venido a ser notoria a todos, así que me gozo de vosotros; pero quiero que seáis sabios para el bien, e ingenuos para el mal. Y el Dios de paz aplastará en breve a Satanás bajo vuestros pies"* (Romanos 16:19–20).

Nuestra desobediencia a Dios empodera a Satanás, mientras nuestra obediencia lo desarma.

Taylor es un estudiante que retornó a Dios luego de experimentar las consecuencias de caer en una vida de rebeldía y desobediencia. Él escribe: "Fui criado en la iglesia, pero mientras crecía, poco a poco le fui dando la espalda a Dios. Pasé por depresión e ira, aunque nunca se lo dije a nadie, hasta que una noche al volver a mi habitación en la universidad, pensé en quitarme la vida. Estaba a punto de hacerlo cuando 'algo' me llevó a buscar a una amiga cristiana. Fui a su habitación, donde ella oró por mí y me invitó a una reunión en el campus. Ésta no era la primera vez que ella me invitaba, pero yo siempre le daba excusas. Sin embargo, esta vez fui.

"En la reunión oraron por mí y me ministraron. Luego, me invitaron a un servicio de sanidad y liberación en la iglesia. Yo me sentía escéptico porque nunca había visto algo así, y no estaba seguro de que funcionara. Sin embargo, cuando comencé a entender de qué se trataba, rompí a llorar sin control, y le rendí mi corazón al Señor. En ese momento, dieciocho años de cargas y opresión fueron quitados de mis hombros. Cuando el pastor hizo el llamado para pasar al altar, yo corrí. Sentí que Dios me había estado llamando durante años para que volviera a Él, pero yo lo había ignorado todo ese tiempo.

"Después de darle mi vida a Cristo, me sentí libre y lleno de una paz que no había conocido antes. Solía llevar una vida llena de inmoralidad, depresión, ira, amargura y miedo, pero fui libre de todo eso por el poder de Dios. Él empezó a transformarme para convertirme en la persona que había planeado que fuera. Ahora, dejo que Dios haga las cosas a su manera a través de mí, y que me use para que otros se acerquen a su presencia".

Barreras para la obediencia

Todos tenemos diferentes barreras espirituales, mentales y emocionales que nos detienen de darle una total obediencia a Dios. A medida que pasamos el proceso de aprender la obediencia total, vamos superando estos obstáculos. El aspecto más importante de este proceso es seguir rindiéndonos a Dios y dependiendo de su gracia para lograr la transformación de nuestro corazón. Examinemos algunas de las barreras de la obediencia, al mismo tiempo que evaluamos nuestro corazón en relación a ellas.

1. Comodidad y conveniencia

Miles de creyentes han permitido que la comodidad y la conveniencia se conviertan en su "dios", de modo que ya no pueden obedecer al Señor ni hacer sacrificios personales para Él. Si acaso tuvieran que correr el riesgo de perder sus comodidades y conveniencias, muchos demostrarían rápidamente lo débil que en realidad son su amor, paciencia, bondad, perseverancia y sumisión a Dios. En la mayoría de casos, las bendiciones materiales y financieras que disfrutan originalmente vinieron a ellos como una bendición de Dios, pero se aferran a ellos con fuerza y no los utilizan con el propósito de bendecir a otros, además de beneficiarse a sí mismos. O bien, se enfocan en el placer que se deriva de esos regalos, en lugar de enfocarse en el Dador mismo.

Conozco familias a las que Dios les ha hablado para que asistan a nuestra iglesia, pero ellas no lo hacen porque consideran que queda muy lejos de donde viven. Prefieren asistir a una más cercana porque les resulta más cómodo y conveniente, aun cuando el precio sea su estancamiento espiritual y la desobediencia.

¿Está dispuesto a obedecer a Dios aun si eso significa renunciar a su comodidad y conveniencia?

2. "Ganancias"

Cuando se trata de hacer la voluntad de Dios algunos creyentes se preguntan: "¿Y qué gano yo?". Ellos pueden saber que Dios quiere que hagan algo en particular, pero si no les deja ganancias económicas, no están dispuestos a obedecer. Es triste encontrar cristianos que no obedecen a Dios a menos que reciban algo material a cambio. Alguna gente obedece sólo cuando le ofrecen una mejor posición, más dinero o algo más que consideren ventajoso.

En los viajes que realizo alrededor del mundo con el fin de predicar el evangelio del reino, hay lugares donde recibo apoyo financiero para ir y ministrar al pueblo, pero hay otros donde no me dan ese apoyo, ya sea porque no pueden o porque no quieren, y nuestro ministerio tiene que cubrir los gastos de la misión. Sin embargo, mi criterio para decidir si voy a un país a manifestar el poder sobrenatural de Dios no está basado en la promesa de una ofrenda o el reintegro de los gastos de viaje. Mi criterio es siempre hacer la voluntad de Dios. Si Él quiere que vaya, nada me puede detener, porque he aprendido a obedecerlo, más allá de que sea financieramente beneficioso o no.

¿Está usted dispuesto a obedecer a Dios aun cuando no parezca "gananoso" hacerlo?

3. La razón y el entendimiento humano

En el capítulo anterior, abordamos el tema de la barrera de la razón humana con cierta profundidad. Cuando Dios le pide a su pueblo que haga una determinada tarea o que le rinda algo, pero el propósito al hacerlo va más allá de la razón y el entendimiento humano, algunos ya no están muy dispuestos a obedecer. Éste es un punto clave, ya que muchas cosas que Dios nos pide que hagamos no tendrán sentido para nuestra razón. Si no aprendemos a superar esta limitación, no avanzaremos mucho en el camino a la obediencia.

Los milagros más poderosos que Dios ha hecho a través de mí han sucedido después de haber actuado en fe para hacer algo que excedía los límites de mi razón. Este principio no lo aprendí hasta que tomé la decisión de salir y obedecer a Dios, incluso cuando no entendía por qué Él quería que hiciera algo o cómo Él lo haría. Entonces, al verlo obrar, mi fe crecía. Una de las mayores manifestaciones de este principio, que yo he presenciado, fue la manera como se construyó el edificio de nuestra iglesia que tiene capacidad para seis mil personas. Compramos un terreno y edificamos el templo en tan sólo dos años, sin préstamos ni deudas. Todo el proyecto requirió gigantescos pasos de fe para obedecer lo que Dios nos había hablado, tanto directamente como a través de sus profetas. Y Él fue fiel en cada etapa del proceso de edificación.

¿Está dispuesto a obedecer a Dios aun cuando no tenga sentido para su razonamiento humano?

Con cada acto de obediencia, el corazón se expande;
con cada acto de desobediencia, el corazón se encoge.

---

4. Sacrificio

La idea del sacrificio no le cae bien a mucha gente de hoy, porque nuestra generación quiere que todo sea gratis, fácil y rápido —como una gratificación instantánea—. La gente quiere éxito sin diligencia, prosperidad sin sembrar "semillas" financieras en el reino de Dios, salud sin fe, y liberación sin negarse a sí misma. En muchas iglesias, el mensaje bíblico del sacrificio a menudo se reemplaza con una visión extrema de la gracia gratuita de Dios. Esta perspectiva promueve la idea de que no tenemos que asumir ninguna responsabilidad personal ni tomar nuestra cruz a diario para seguir a Jesús.

Nuestros sacrificios deberían estar basados en nuestro amor a Dios y nuestro deseo de extender su reino. Como vimos en el caso de Saúl, cualquier sacrificio que ofrezcamos carece de valor si el Señor no nos pidió que lo hiciéramos. (Vea 1 Samuel 15:22). Los creyentes somos sacerdotes de Dios. (Vea Apocalipsis 1:6; 5:10). Como tales, estamos llamados a ofrecer "*sacrificios espirituales*" (1 Pedro 2:5), como oración, diezmos y ofrendas, y a presentar nuestro cuerpo físico en "*sacrificio vivo*" (Romanos 12:1) a Dios.

La única manera de que nuestros sacrificios agraden a Dios es haciéndolos con un corazón de obediencia, por fe, y de acuerdo a la revelación de su voluntad; ya sea por medio de su Palabra o directamente de su Espíritu.

¿Está usted dispuesto a sacrificar su tiempo y recursos personales para servir a Cristo? ¿Está dispuesto a caminar la milla extra para restaurar su matrimonio? ¿Está dispuesto a ofrecer a Dios su negocio, profesión, dones, talentos y visión para hacer lo que Él quiere que usted haga?

La obediencia como estilo de vida

Tal vez, usted continuamente lucha para obedecer a Dios, tanto que se hace las diversas preguntas que aquí hemos discutido —y quizá otras más— cuando está tratando de decidir si debe obedecer la voluntad de Dios. Por ejemplo, usted puede preguntarse: "¿Hay en esto algo para mí?". "¿Me resultará placentero?". "¿Me ofrece seguridad?". "¿Es conveniente para mí?". "¿Hará que me sienta cómodo?". "¿Tendré que sacrificar algo?". "¿Se reirá de mí la gente?". "¿Tengo que hacerlo ahora mismo?". Si aún se hace con frecuencia preguntas como estas, cuando está llamado a obedecer a Dios, entonces, la obediencia todavía no es su estilo de vida.

Cuando la obediencia es su forma de vivir, significa que ha hecho un compromiso de obedecer a Dios, sin que le importen los resultados. Y, cuando usted se compromete a hacer la voluntad de Dios, Él se compromete a darle lo que sea que necesite, y más también, para que cumpla lo que le ha llamado a hacer. Por tanto, usted debe tomar una decisión general de obediencia, en la cual le declare a Dios: "Te obedeceré más allá del lugar, el tiempo, las circunstancias o las dificultades que pueda enfrentar".

Dios no se compromete hasta que nosotros nos sometemos.

Cuando usted ha hecho ese compromiso, nunca más permite que la comodidad, la conveniencia, la ganancia, la razón humana o el sacrificio personal le impidan obedecer a Dios. Una vez que usted conoce su voluntad en cierta materia, obedece, ¡y eso basta! Usted acepta el hecho de que

Cristo es su Señor y que Él gobierna y controla su vida; por lo tanto, usted se rinde en fe a su voluntad.

¿Confía usted en el Dios al que sirve para que lo guíe y lo guarde? ¿Confía en que Él lo guiará a tomar la decisión correcta en cada situación, porque desea darle lo mejor para su vida, de acuerdo a sus riquezas en gloria?

Un estilo de vida de obediencia viene cuando toma la decisión general de obedecer a Dios, sin que nada más importe, y de dejar todos los resultados en las manos de Él.

Cómo establecer un camino de obediencia

Aprender a obedecer a Dios es un proceso en el cual continuamente salimos en fe a hacer lo que Él ha dicho, a la vez que nos negamos a la naturaleza pecaminosa y sus deseos destructivos. Para progresar a niveles cada vez más altos en el camino de la obediencia, debemos (1) *"despojaos del viejo hombre"* (Efesios 4:22), o de la naturaleza pecaminosa, y (2) nos *"vestíos del nuevo hombre"* (Efesios 4:24), o la nueva naturaleza a imagen de Cristo.

1. *"Despojaos del viejo hombre"*

"En cuanto a la pasada manera de vivir, despojaos del viejo hombre, que está viciado conforme a los deseos engañosos" (Efesios 4:22). Como vimos antes, la sociedad trata de controlar de varias maneras el corrupto comportamiento humano. Estudiemos los principales métodos cómo nuestra cultura intenta hacer esto, de manera que no dependamos de métodos humanos para cumplir la obra de Dios en nosotros.

El "hombre viejo" no puede ser vencido con psicología o consejería humanas

Muchos psicólogos, psiquiatras, consejeros, médicos, maestros, e incluso predicadores, tratan de "curar" la naturaleza pecaminosa con métodos y técnicas humanos. Pero sus resultados son limitados y temporales porque, por lo general, tratan sólo con los síntomas, en lugar de hacerlo con la raíz del problema, que es el pecado. Varios de sus tratamientos intentan levantar el ego de la persona, haciendo así que el "yo" se convierta en el centro de su existencia. De esta perspectiva vienen los términos *auto-realización* y *auto-ayuda*. A primera vista, estos conceptos pueden parecer buenos; sin embargo, en la práctica, lo que hacen es animar al ser humano a buscar una solución para el pecado dentro de sí mismo. Dado que están dirigidos al "yo", estos tratamientos abren paso para que la naturaleza rebelde siga reinando en el interior de la persona.

El "hombre viejo" no puede ser vencido con leyes y estándares culturales

Muchos gobiernos y agencias de aplicación de la ley tratan de enderezar la conducta negativa de la gente amenazándola con diversas multas, castigos y/u otras consecuencias para quienes no respeten las leyes sociales o estándares culturales; así y todo, la prueba de su ineficacia es evidente. Por ejemplo, ni siquiera la amenaza de la pena de muerte evita que alguna gente mate o viole a otra, o cometa otros crímenes horribles. Si bien las leyes y las normas culturales ayudan a mantener un orden general en la sociedad, no pueden ofrecer una solución permanente para el corazón rebelde ni cambiar la naturaleza de pecado.

El "hombre viejo" no puede ser vencido con religión

La práctica de la religión se enfoca principalmente en la conducta externa, que a menudo le da a los seguidores una apariencia de piedad que no toca ni modifica su corazón corrupto. Sin la transformación que viene del Cristo vivo, el hombre interior sigue siendo un árbol corrupto que produce fruto malo. *"Así, todo buen árbol da buenos frutos, pero el árbol malo da frutos malos. No puede el buen árbol dar malos frutos, ni el árbol malo dar frutos buenos. Todo árbol que no da buen fruto, es cortado y echado en el fuego"* (Mateo 7:17–19). La religión, como las leyes, puede ayudar a mantener la conducta humana bajo control temporal, pero no puede cambiar la naturaleza de pecado ni transformar un corazón desobediente. Con el tiempo, el "hombre viejo" seguirá su camino de corrupción hasta que perezca.

El "hombre viejo" sólo puede ser vencido haciéndolo morir

El remedio para la naturaleza pecaminosa no está en la psicoterapia, las leyes, las religiones ni en la educación. Tampoco se puede encontrar solamente citando las Escrituras, cantando adoraciones, tomando clases de moral o escuchando prédicas motivacionales. El remedio está en *ejecutar* al "hombre viejo" a través de la obra de crucifixión espiritual. La cruz es la única solución para lidiar con la naturaleza de pecado. Pablo escribió: "*Con Cristo estoy juntamente crucificado, y ya no vivo yo, mas vive Cristo en mí; y lo que ahora vivo en la carne, lo vivo en la fe del Hijo de Dios, el cual me amó y se entregó a sí mismo por mí*" (Gálatas 2:20).

La crucifixión de la naturaleza de pecado es un proceso diario y continuo de someterse a Dios y negarse al "yo". "*Por tanto, hagan morir todo lo que es propio de la naturaleza terrenal: inmoralidad sexual, impureza, bajas pasiones, malos deseos y avaricia, la cual es idolatría*" (Colosenses 3:5, NVI). Es nuestra responsabilidad *decidir* crucificar la naturaleza pecaminosa, y Dios nos dará su gracia sobrenatural para hacerlo.

"Despojarse del hombre viejo" y "vestirse del hombre nuevo" son dos caras de una misma moneda del plan de Dios para la transformación de nuestro corazón. La vieja naturaleza debe ser crucificada. Mientras tanto, la manifestación de la nueva naturaleza debe crecer en proporción a la crucifixión de la naturaleza vieja. El "hombre nuevo" en nuestro interior es la naturaleza misma de Cristo. Y como dijo Juan el Bautista: "*Es necesario que él [Jesús] crezca, pero que yo mengüe*" (Juan 3:30).

La manifestación de la nueva naturaleza debe crecer en proporción a la crucifixión de la vieja naturaleza.

Cada día, debemos negarnos a las demandas de la naturaleza vieja que se rebela contra Dios, con el fin de darle lugar a la nueva naturaleza que obedece la voluntad de Dios. Sabemos que la naturaleza vieja seguirá actuando como si tuviera el derecho de controlarnos, porque es adicta a hacer, pensar y actuar de manera errada; está llena de deseos engañosos y de orgullo. Pero, por el Espíritu de Dios, si crucificamos la vieja naturaleza tendrá que morir. Ésa es la única manera de establecer un estilo de vida de obediencia a Dios. ¡La decisión es nuestra! Si vivimos de acuerdo a la vieja naturaleza, nuestro fruto será pecado, enfermedad, carencia, muerte y corrupción eterna. Pero si vivimos de acuerdo a la nueva naturaleza, nuestro fruto será una manifestación de la verdadera vida, una vida de fe, amor, obediencia, salud, liberación, poder y paz. Tendremos la bendición de saber que el reino de Dios se está estableciendo en la tierra y que Cristo está siendo glorificado ¡a través de nosotros!

"Porque si fuimos plantados juntamente con él en la semejanza de su muerte [la de Jesús], *así también lo seremos en la de su resurrección; sabiendo esto, que nuestro viejo hombre fue crucificado juntamente con él, para que el cuerpo del pecado sea destruido, a fin de que no sirvamos más al pecado"* (Romanos 6:5–6). La frase *"sabiendo esto"* indica un hecho que ya ha sucedido. A menos que reconozcamos la realidad de que nuestra vieja naturaleza fue crucificada con Jesús, seguiremos desobedeciendo a Dios.

Debemos aplicar la obra completa de la crucifixión de Cristo para vencer la naturaleza rebelde de pecado que siempre trata de reafirmarse en nosotros. Aquí está la clave: Tenemos que recibir la obra de Cristo personalmente. Mucha gente no entiende este principio. Para la mayoría de creyentes, la crucifixión de su vieja naturaleza existe sólo en el ámbito teórico; no consideran que sea una realidad que se puede experimentar aquí y ahora. Por eso, aun cuando la naturaleza de pecado fue ejecutada en la cruz con Cristo, ellos siguen siendo esclavos de ella y sucumben a los pensamientos pecaminosos, como amargura y odio; y a los deseos engañosos como la inmoralidad sexual y la avaricia. Por eso también, aunque Cristo murió por sus enfermedades y su pobreza, siguen enfermos, deprimidos y con necesidades económicas. Su vida está dominada por la rebeldía, la testarudez, el orgullo, la arrogancia y el miedo.

La buena noticia es que la transformación de nuestro corazón es realmente posible, porque ¡Cristo nos hizo libres de la naturaleza corrupta de pecado! El apóstol Pablo dijo: *"¡Miserable de mí! ¿quién me librará de este cuerpo de muerte? Gracias doy a Dios, por Jesucristo Señor nuestro. Así que, yo mismo con la mente sirvo a la ley de Dios, mas con la carne a la ley del pecado"* (Romanos 7:24–25). Hay una diferencia entre recibir el perdón de nuestro pecado y matar la naturaleza rebelde de pecado. Cuando yo era un nuevo creyente, cometía ciertos pecados que sabía que volvería a cometer luego de haberlos confesado. Como resultado, me preguntaba si valía la pena confesarlos. Estaba atrapado en un patrón de pecado y me sentía un cristiano hipócrita y desobediente. Lo que tenía era una especie de religión.

No fue hasta que recibí la revelación de la cruz, hasta que recibí el evangelio del reino con poder, que fui hecho libre del pecado recurrente. El evangelio del reino resuelve el problema de la corrupción del corazón, y revela la única solución para el problema del pecado —la crucifixión y muerte de la vieja naturaleza—. El plan de redención de Dios incluye no sólo perdonar los pecados del pasado sino también la victoria sobre el corazón rebelde que nos empuja a cometer actos de desobediencia. Debemos entender por completo que cuando Cristo murió en la cruz, Él ejecutó y removió la vieja naturaleza, ¡de una vez y para siempre!

Cristo en la cruz ejecutó la vieja naturaleza para que podamos recibir una naturaleza nueva en Él.

2. *"Vestíos del nuevo hombre"*

"Vestíos del nuevo hombre, creado según Dios en la justicia y santidad de la verdad" (Efesios 4:24). Este misterio de "[vestirse] *del nuevo hombre"* debe ser entendido y realizado con la revelación del Espíritu Santo. No se puede analizar con la mente, porque el intelecto no tiene capacidad alguna para comprenderlo. Tiene que ver con un acto voluntario de aplicar conscientemente la vida del Cristo resucitado en nosotros. En la cruz murió nuestra vieja naturaleza; y por medio de la resurrección recibimos una nueva naturaleza. Debemos confirmar esta realidad cada día, vistiéndonos con el "hombre nuevo" pidiéndole al Espíritu Santo que active la vida de Cristo en nuestro interior. Jesús ya hizo la obra por nosotros; venció al pecado y a la muerte, y se levantó victorioso como el Hombre nuevo. El resto —aplicar esa obra— ¡es nuestra responsabilidad! Pídale al Espíritu Santo que abra sus ojos espirituales para que pueda recibir una clara revelación de lo que significa "vestirse del hombre nuevo".

Características del "hombre nuevo"

+ *El "hombre nuevo" viene por el nuevo nacimiento.* Cuando aceptamos el evangelio del reino, nos arrepentimos y experimentamos el nuevo nacimiento por el Espíritu Santo, recibimos una nueva naturaleza.

+ *El "hombre nuevo" fue producido por Dios.* Un ser humano no puede producir una nueva naturaleza por su propia fuerza; como tampoco pueden hacerlo las leyes, la religión, las buenas obras ni nada que se origine por métodos humanos. La nueva naturaleza es producida en nosotros únicamente por Dios.

+ *El "hombre nuevo" fue creado a semejanza de Dios —en justicia y santidad—.* El propósito de Dios, a través de Cristo, fue dar a luz una nueva raza humana, en la cual su naturaleza fuera restaurada de acuerdo a su plan original. (Vea, por ejemplo, Romanos 8:29).

+ *El "hombre nuevo" tiene una naturaleza incorruptible.* La naturaleza del hombre nuevo no puede ser corrupta, porque nació de la semilla de Dios, por medio de su Palabra eterna: *"Siendo renacidos, no de simiente corruptible, sino de incorruptible, por la palabra de Dios que vive y permanece para siempre"* (1 Pedro 1:23). La semilla de la cual nacimos de nuevo es incorruptible; por tanto, nuestra nueva naturaleza es incorruptible. Sólo Dios pudo haber logrado esto en nosotros. No estoy diciendo que un cristiano nacido de nuevo no pueda pecar. Lo que digo es que tenemos una naturaleza divina que tiene la capacidad de no pecar; es una naturaleza que fue producida en nuestro interior por Jesús, por la Palabra de Dios, por medio de un intercambio sobrenatural de justicia por pecado que fue efectuado por Cristo en la cruz, y por su vida de resurrección.

3. Aplicar la gracia sobrenatural de Dios

La vieja naturaleza se expresa en rebeldía; la nueva, en obediencia. La decisión de negarnos y crucificar nuestra vieja naturaleza es nuestra; nadie puede tomarla por nosotros. Sin embargo, una vez que decidimos morir al "yo", el Espíritu Santo debe empoderarnos con su gracia sobrenatural para llevar a cabo la "ejecución". Otra vez, nosotros no podemos transformarnos con nuestras propias fuerzas; cuando tratamos de hacerlo sólo producimos obras muertas. En cambio, cuando somos transformados por la gracia y fuerza de Dios, producimos el fruto del Espíritu en abundancia.

La gracia sobrenatural de Dios nos habilita para hacer lo que no podemos en nuestra propia fuerza.

---

4. Restaurar la intención original de Dios

Las dos razones principales por las que Dios creó al ser humano son:

♦ Reproducir en nosotros la imagen y semejanza de Dios: *"Entonces dijo Dios: Hagamos al hombre a nuestra imagen, conforme a nuestra semejanza"* (Génesis 1:26).

♦ Darnos dominio, poder y autoridad sobre el mundo creado: *"Y los bendijo Dios, y les dijo: Fructificad y multiplicaos; llenad la tierra, y sojuzgadla…"* (Génesis 1:28).

Cuando Dios restauró a la humanidad, nos dio la nueva naturaleza por esas mismas razones. Entender estos dos propósitos es esencial para caminar en obediencia a Dios. Si sabemos que fuimos creados por estas razones y, si las buscamos en el Espíritu, automáticamente viviremos de manera que agrade a Dios.

"Fue hecho el primer hombre Adán alma viviente; el postrer Adán, espíritu vivificante" (1 Corintios 15:45). Jesucristo vino como el *"postrer Adán"* para terminar con la herencia de pecado y corrupción en la raza humana debido a la desobediencia del primer Adán, para que pudiéramos cumplir nuestros dos propósitos originales. Los creyentes tenemos la responsabilidad de reflejar la imagen de Dios en la tierra y de ejercer dominio y señorío sobre el mundo natural y sobre el reino de las tinieblas. *"Porque [Dios] a los que antes conoció, también los predestinó para que fuesen hechos conformes a la imagen de su Hijo, para que él sea el primogénito entre muchos hermanos"* (Romanos 8:29). Usted, ¿quiere ser uno de esos *"hermanos"* formados a la imagen del Hijo de Dios? ¿Se comprometerá hoy a rechazar la naturaleza de pecado y a obedecer la voluntad de Dios?

El siguiente testimonio es acerca de un matrimonio que decidió morir a la vieja naturaleza que los estaba corrompiendo, pues ambos llevaban diez años practicando la brujería. Jessica testifica que, estando en prisión, su esposo conoció unos cristianos que le predicaban de Jesús y lo volvían "loco". Pero un día, se cruzó con mi libro *Cómo Caminar en el Poder Sobrenatural de Dios* y su lectura le impactó tanto que le entregó su vida a Cristo. Entonces, llamó a su esposa y le pidió que buscara el Ministerio El Rey Jesús y comenzara a asistir a los servicios.

Jessica comentó que debido a sus prácticas de brujería, solía oír voces y pasos en su casa que la asustaban, y no podía dormir tranquila. Dado que ya estaba asistiendo a nuestra iglesia, un equipo de hermanos fue a su departamento a orar y limpiar espiritualmente la atmósfera allí. Posteriormente, el equipo testificó que los demonios se manifestaban tan fuerte en ese lugar que aun los collares usados en la práctica de la brujería se movían solos. En fin, sacaron de allí unas sesenta bolsas industriales de basura, llenas de objetos que la pareja usaba en Santería —libros, música, imágenes, vestimenta, collares, tambores, muñecos, altares y mucho más—, con un valor aproximado de $120,000 dólares. El poder de Dios entró en ese hogar y, desde entonces, no se han sentido más voces ni pasos. Jessica está feliz con la paz en su hogar y, como resultado de esa liberación y transformación, su suegra y su cuñada también rindieron sus vidas a Jesús.

Querido amigo, es hora que usted tome una decisión. ¿Ha sido persuadido de las promesas de Dios para usted? ¿Está convencido que Él hará todo lo que ha dicho? Si su vida está manifestando las obras de la naturaleza de pecado más que las del Espíritu, entonces lo que Jesús conquistó en la cruz ha sido más teórico que práctico para usted, y no ha permitido que el poder de Dios transforme su vida. Todavía necesita aplicar la obra de Cristo, crucificando la vieja naturaleza, para poder vivir de acuerdo a su nueva naturaleza. Dios está esperando que tome la decisión de obedecerlo antes que sufra las consecuencias de su desobediencia. Ahora es tiempo que enderece su camino, de modo que pueda reflejar la imagen de su amado Creador y comience a ejercer dominio y señorío sobre la tierra, de acuerdo a la autoridad de Jesús y en el poder del Espíritu Santo. Si usted quiere cambiar su corazón desobediente por uno obediente, repita la siguiente oración de compromiso con la voluntad de Dios, ¡y comience su transformación!

Oración de obediencia

Padre celestial, te doy gracias por tu Hijo Jesucristo, que ejecutó mi vieja naturaleza en la cruz para que yo pudiera recibir una nueva naturaleza a través de Él. Te pido que me perdones por vivir para agradar los deseos de mi naturaleza pecaminosa y por no negarme a ellos con el fin de buscar tus propósitos. Hoy, voluntariamente, decido "despojarme del hombre viejo" y "vestirme del hombre nuevo" con el fin de vivir un estilo de vida de obediencia a ti. Deseo obedecerte siempre, más allá de lo que sea "conveniente", "razonable" o "ganancioso" para mí. Ya que sé que no puedo hacerlo en mi propia fuerza, apelo a ti para lograrlo por el poder sobrenatural del Espíritu Santo. Dame la gracia para ceder mi voluntad a la tuya y para cambiar mis prioridades por las tuyas, en todas las metas y decisiones que tome. Yo declaro que, a partir de hoy, obedeceré tu voluntad y seguiré tus propósitos. En el nombre de Jesús, ¡amén!

8

El corazón rendido a Dios

Rendición. Sumisión. Entrega. Sacrificio. Santificación. Hoy, tanto dentro de la iglesia como fuera de ella, estos conceptos no son muy populares ni muy comprendidos por la mayoría de personas. Además, muchos de los que sí los entienden les temen, porque implican negarse al "yo". La mayor lucha que tiene la gente con Dios es aceptar y obedecer su mandato de morir al "yo" y rendirse a Él de todo corazón.

Como vimos anteriormente, la sicología y la siquiatría modernas han tratado durante años de proveer una cura para los problemas mentales y emocionales con tratamientos que empoderan el ego. Esos tratamientos no toman en consideración la necesidad humana de rendirse por completo al Creador ni la bendición que la gente puede recibir cuando le cede la prioridad a Él. Asimismo, en la iglesia hay gente que adopta una perspectiva extrema de la gracia de Dios, que produce creyentes egocentristas y egoístas que buscan gratificación instantánea. Muchos de esos creyentes no aprecian la naturaleza del sacrificio que Jesús hizo por ellos, ni el estilo de vida de entrega a Dios que Él estableció como un patrón para nosotros. No creen que necesiten rendirle nada a Dios; piensan que sólo deben recibir de Él sin asumir responsabilidad alguna de su parte.

Dios demanda rendición continua

La única manera de experimentar constante transformación del corazón, y de recibir las bendiciones de Dios, es por medio de la rendición diaria a Él. Jesús dijo:

Si el grano de trigo no cae en la tierra y muere, queda solo; pero si mue-
re, lleva mucho fruto. El que ama su vida, la perderá; y el que aborrece
su vida en este mundo, para vida eterna la guardará. Si alguno me
sirve, sígame; y donde yo estuviere, allí también estará mi servidor. Si
alguno me sirviere, mi Padre le honrará. (Juan 12:24–26)

Dios nos demanda una rendición total y continua; pero no nos pide nada que Él mismo no esté dispuesto a hacer o que no haya hecho ya. Desde la eternidad, el Dios del universo se rindió a sí mismo por nosotros. El Padre rindió a su Hijo para que fuera el Salvador del mundo. El Hijo, durante toda su vida en la tierra rindió su voluntad para que se cumpliera la del Padre, hasta culminar en Getsemaní y en la cruz. Y el Espíritu Santo se dio a sí mismo para el Hijo. Jesús dijo: *"Pero cuando venga el Espíritu de verdad, él os guiará a toda la verdad; porque **no hablará por su propia cuenta,** **sino que hablará todo lo que oyere... El me glorificará;** porque tomará de lo mío, y os lo hará saber"* (Juan 16:13–14). Y nosotros debemos seguir el ejemplo de Dios. *"Sed, pues, imitadores de Dios como hijos amados. Y andad en amor, como también Cristo nos amó, y se entregó a sí mismo por nosotros, ofrenda y sacrificio a Dios en olor fragante"* (Efesios 5:1–2).

El acto de rendirse o de entregarse uno mismo, o de dar algo que es parte de uno, es un concepto que encontramos en el corazón de Dios. La "ley de la rendición" aplica tanto a Dios como a los humanos, porque sacrificarse por causa de otros es una parte intrínseca de su naturaleza. Yo creo que entre todas las características, actitudes y acciones de Dios, este aspecto de rendirse refleja la parte más profunda de Él. Cristo nunca fue mayor que cuando se entregó a sí mismo para convertirse en el menor por nosotros. *"[Cristo] se despojó a sí mismo, tomando forma de siervo, hecho semejante a los hombres"* (Filipenses 2:7). Si sabemos que la rendición y el sacrificio son aspectos de su naturaleza y que Jesús se rindió por completo al Padre, sobre todo al sacrificarse por nuestra causa, ¿por qué buscamos tantas excusas y justificaciones —incluso algunas teológicas— para no rendirnos también a Dios? Rendirnos nos lleva a estar en armonía con Él y con la naturaleza de su reino.

Dios no nos pide nada que Él no esté dispuesto
a hacer y que no haya hecho ya.

Un corazón rendido le recuerda a Dios el sacrificio de su Hijo

Así como nuestra redención vino por medio de la rendición de Cristo a la voluntad de Dios en la cruz, la mayor parte de lo que Dios nos da viene a través de una "muerte" o rendición a Él. Creo que cuando Dios ve un corazón verdaderamente rendido, Él vuelve a ver la crucifixión de Jesús; y dondequiera que haya una crucifixión, Él imparte una resurrección. La rendición es la senda que Cristo caminó, preparando así el camino para que nosotros lo sigamos, la cual nos guiará a la suprema exaltación en Él. *"[Jesús] se humilló a sí mismo, haciéndose obediente hasta la muerte, y muerte de cruz. Por lo cual Dios también le exaltó hasta lo sumo..."* (Filipenses 2:8–9). El camino hacia "arriba", hacia Dios, siempre comienza yendo hacia "abajo" en señal de rendición y humildad ante Él.

Mucha gente cree en Dios, va a la iglesia y lo adora, pero no se compromete más allá de asistir a los servicios dominicales. No quieren seguir la senda que Cristo les preparó porque eso requiere rendir el "yo", subyugar el "ego", hacer sacrificios espirituales, y experimentar la transformación del corazón. La gente no quiere rendir sus prácticas pecaminosas ni su estilo de vida de indulgencias, ni quieren participar de los sufrimientos de Cristo, algo que el apóstol Pablo consideró un punto vital en su relación con Jesús. (Vea Filipenses 3:10, NVI).

Su actitud los separa del corazón del Padre porque Dios ve a Cristo en nosotros, no necesariamente en los milagros que Él realiza a través de nuestras vidas o en las buenas obras que hacemos, sino en cada acto de rendición por medio del cual nos sometemos por completo a Él y a su voluntad. Recordemos la advertencia de Jesús: *"Muchos me dirán en aquel día: Señor, Señor, ¿no profetizamos en tu nombre, y en tu nombre echamos fuera demonios, y en tu nombre hicimos muchos milagros? Y entonces les declararé: Nunca os conocí; apartaos de mí, hacedores de maldad"* (Mateo 7:22–23).

Rendición voluntaria versus rendición involuntaria

Están aquellos que se "comprometen" con Dios, pero nunca se rinden de verdad a Él. Rendirse es mucho más profundo que comprometerse, porque impulsa a la persona a tratar con la parte más difícil de su rebelión contra Dios. Hay gran diferencia entre una rendición voluntaria y una rendición involuntaria. Por ejemplo, un soldado se compromete a ir al servicio militar porque su país está en guerra y su gobierno ha establecido un reclutamiento obligatorio, y él no tiene más opción que servir, porque no quiere ir a prisión. Sin embargo, su corazón no está necesariamente alineado con las razones por las que su país va a la guerra, o con su propia participación en ella. Durante el tiempo que está sirviendo el soldado puede estar rebelándose, en su interior, contra esa obligación. Si pudiera salirse de ese compromiso no dudaría en hacerlo. De la misma forma, una persona puede comprometerse con Dios para evitar el castigo en el infierno, pero nunca realmente rendir su corazón con amor profundo hacia Él y con devoción a sus propósitos.

Una persona nunca se levantará más allá de su nivel de rendición.

El corazón rendido cede sus derechos

Una definición de *rendición* en el diccionario es "ceder al poder, control o posesión de otro por compulsión o demanda". Esa definición corresponde con la ilustración del soldado reclutado que discutimos arriba. Otra definición de *rendición* es "entregarse por completo o ponerse de acuerdo para renunciar a algo, especialmente en favor de otro". Esta definición parece acercarse más a nuestro acto de rendición a Dios. Rendirse consiste en deponer las demandas del "yo" y de la naturaleza pecaminosa en favor de lo que Dios quiere para nosotros, y renunciar a nuestros derechos y deseos en favor de lo que sería mejor para aquellos a quienes fuimos llamados a servir en su nombre.

Con frecuencia me gusta definir la rendición de esta manera: "Negarse al 'yo' por elección y convicción", y "renunciar a nuestros propios derechos por Dios". Una persona cuyo corazón está rendido a Dios ha renunciado a sus dudas, incredulidad, ego personal y confianza en sus propias fuerzas; y le ha entregado el control total de su vida a Dios. Esa persona ha ido más allá del ámbito natural para vivir en lo sobrenatural. Ha muerto a sus miedos e inseguridades para poder vivir *"en la fe del Hijo de Dios"* (Gálatas 2:20) y ser *"transformados de gloria en gloria"* (2 Corintios 3:18).

Rendir nuestro corazón a Dios es uno de los mayores actos de fe, porque cuando creemos que tenemos "derecho" a retener algo, es muy difícil entender por qué debemos renunciar a ello. Rendirse tiene que ver con confiar plenamente en las promesas de la Palabra de Dios, de que entregarnos a nuestro Padre celestial nos traerá bendiciones reales, significativas y eternas. La fe necesaria para este tipo de rendición tiene su raíz en el amor a Dios, y en aceptar que Él nos ha prometido que recibiremos mucho más de lo que le hemos rendido. (Vea, por ejemplo, Mateo 6:33; Marcos 10:29–20; Lucas 6:38).

Cuando rendimos nuestros derechos y necesidades a Dios, recibimos mucho más de lo que le hemos entregado.

En nuestra sociedad escuchamos mucho acerca de "derechos", pero muy poco acerca de responsabilidades y madurez. El hecho es que no podemos esperar tener derechos sin cumplir nuestras responsabilidades; y tampoco podemos asumir responsabilidades a menos que nuestro carácter esté maduro. Si usted cumple sus responsabilidades en su relación con Dios, y si cede sus derechos con el fin de cumplir su voluntad, podrá reclamar los derechos que Cristo ganó para usted por medio de su rendición y obediencia en la cruz del Calvario, donde Él redimió a la humanidad de la maldición de la rebeldía. Entre esos derechos —de los cuales somos herederos (vea Romanos 8:17)—, están la salvación, sanidad, liberación, prosperidad, paz y gozo. Recuerde que no tenemos esos derechos porque los merezcamos. Los tenemos, sólo porque ellos nos son dados a través de Cristo.

Una persona cuyo corazón está rendido a Dios ha ido más allá del ámbito natural, para vivir en lo sobrenatural.

El corazón rendido activa la "ley del intercambio"

En el mundo espiritual, la "ley del intercambio" significa lo siguiente: La medida en la que usted muera al "yo" es la misma medida en la que la vida de Dios se incrementará y se manifestará en usted; la medida en la que usted se dé a Dios, y se rinda a Él por su gracia, es la medida en la cual Él le dará de sí mismo todas sus bendiciones. Dios lo recibirá si usted se ha rendido a Él, de manera que usted pueda recibirlo a Él a través de la vida y el poder que Él le "cede" a usted.

Sabemos que el ser humano tiene derechos y necesidades legítimas e inherentes, como el derecho a la vida y a que sus necesidades físicas sean satisfechas —comida, techo, sueño y más—. Sin embargo, cuando una persona se rinde a Dios y su vida se centra en Cristo y en las necesidades de otra gente, aun sus derechos y necesidades pasan a un segundo lugar. Como dijera Juan el Bautista: "*Es necesario que él crezca, pero que yo mengüe*" (Juan 3:30).

Gran parte del cristianismo moderno enseña que recibiremos las bendiciones de Dios "gratis"; queriendo decir, sin ninguna responsabilidad de nuestra parte. Ésta es una mentalidad falsa. ¡Nada es gratis! La salvación es gratis para nosotros, sólo porque Cristo pagó el precio del pecado —un precio que era imposible que ser humano alguno pudiera pagar—. Pero la salvación y cualquier otro aspecto de la vida de fe demandan nuestra rendición a Dios. Algunas personas en la iglesia quieren todas las bendiciones de Dios sin tener que obedecerlo, someterse a Él, orar, diezmar y ofrendar, ni buscar su rostro. Quieren "usar" a Dios para sus propósitos como si Él fuera su empleado o como si Él les debiera algo. Esta gente mantiene esa actitud debido a ideas erróneas acerca de la gracia de Dios.

Lea lo que el apóstol Pablo escribió acerca de su caminar con Dios: "*Pero por la gracia de Dios soy lo que soy; y su gracia no ha sido en vano para conmigo, antes he trabajado más que todos ellos; pero no yo, sino la gracia de Dios conmigo*" (1 Corintios 15:10). Todo lo que recibimos de Dios es de acuerdo a su gracia sobrenatural. Sin embargo, eso no significa que no tengamos que hacer nada; sin nuestra rendición y participación personal en los propósitos de Dios, esa gracia será en vano.

En la "ley del intercambio",
la medida en la que damos de nosotros mismos a Dios,
es la medida en que Él se da de sí mismo a nosotros.

El corazón rendido es una señal de madurez espiritual

Los principios de la bendición de Dios serán efectivos en nuestra vida en la misma medida que le rindamos a Él nuestro corazón, voluntad y derechos. Mucha gente quiere "arreglar" automáticamente todo lo que está mal en su vida usando los principios bíblicos, como si éstos fueran fórmulas mágicas, pero el poder de Dios no funciona así. Por eso hay tanta gente en el cuerpo de Cristo frustrada, porque cree estar practicando los principios bíblicos de prosperidad, salud y otros, pero no ve los resultados. La razón es que no se han rendido por completo a Dios. Muchos de ellos viven con la actitud inmadura de un niño malcriado, que espera regalos y privilegios mientras se niega a asumir la responsabilidad de sus actos.

Si implementar principios bíblicos fuera tan simple como aplicar una fórmula, no habría diferencia alguna entre los principios de Dios y los principios de la magia, la brujería y otras prácticas que son anti-Cristo y que se oponen a rendir el "yo". El verdadero cristianismo involucra una relación con el Padre celestial que nos lleva a reflejar su verdadera naturaleza y vida. No se trata de decir "palabras mágicas" a través de las cuales podemos alcanzar nuestros propósitos personales, sin importar cuán buenos puedan parecer esos propósitos.

El corazón rendido fácilmente obedece y cede por elección

Cuando rendimos por completo el "yo", nuestra continua sumisión a Dios no nos parecerá ofensiva, porque estaremos actuando por nuestra propia y libre voluntad. No importa lo que tengamos que hacer o el sacrificio que esto implique, obedeceremos. Serviremos a Dios con gozo, por amor, con una fuerte convicción, y sin quejarnos.

El siguiente es el testimonio de Frederic, un hombre que describe las bendiciones que ha recibido, por el hecho de haberle rendido su corazón a Dios. Él escribe: "Cuando era niño, mi padre era pastor. Toda mi familia estaba involucrada en la iglesia, y yo salía a evangelizar con mi madre. Sin embargo, lo que más recuerdo era la forma como mi padre nos golpeaba a mi madre, a mis hermanas y a mí. Él era un ex miembro de las

Fuerzas Especiales Francesas, con las cuales había servido muchos años en Indochina, y había vuelto a casa con un estrés post-traumático.

"Él solía decirme, 'los hombres no lloran', y luego me pegaba como si fuera otro soldado, diciendo que si lloraba me mataría. Después de las golpizas, no dejaba que mi madre me llevara al hospital ni le dijera a nadie en la iglesia, amenazando con matarla si lo hacía. También era común que la arrastrara delante de mí y la golpeara gritando: '¿Qué harás hijo? ¿Puedes pelear y defender a tu madre?'. Además, me entrenó en artes marciales, donde el objetivo de cada movimiento es romperle un hueso al oponente o matarlo. A los diez años, había sufrido muchas fracturas —de dientes, nariz, cadera, costillas, muñecas, tobillos, dedos de las manos y de los pies—, además de incontables heridas en la cabeza. Mi padre también me violó y abusó de mí hasta que tuve diecisiete años, cuando me di cuenta que ya no era un niño, y casi lo mato con sus propias técnicas de artes marciales.

"Luego de eso, sentí tanto miedo de lo que él podría hacerme que me fui de casa, y nunca volví ni hablé más con él. Busqué refugio con unos parientes que habían formado una organización criminal. Ellos me acogieron, y usaron el odio que llevaba en mi corazón más mis habilidades para pelear, para hacer su trabajo sucio. Cuando cumplí veintiún años, descubrí que el hombre que me había criado no era mi padre biológico sino mi padrastro. Él y mi madre me habían criado por una promesa hecha a mi verdadero padre, que se sentía culpable por haberme abandonado. Yo nunca conocí a mi padre porque fue asesinado unos años antes que yo descubriera la verdad. Con esto, mi mundo se desmoronó bajo mis pies. Estaba tan enojado que hasta traté de suicidarme tomando pastillas.

"Tenía fama y dinero, viajaba de país en país consumiendo drogas y alcohol, pero cada relación que tenía, era una relación que fallaba. Un día, mi madre me llamó para decirme que mi padrastro se había suicidado. Eso me llenó de más ira, porque había esperado por años a que me pidiera perdón, y ahora eso no sucedería.

"Con el tiempo, conocí a una muchacha cristiana. Nos enamoramos y nos mudamos a vivir juntos. Poco después perdí mi trabajo, y con éste toda oportunidad de participar en el trabajo sucio que venía realizando. Mis lazos con el crimen organizado se cortaron, pero a mí no me importaba nada mientras tuviera el amor de mi mujer. Pero entonces, ella me dijo que Dios le había ordenado dejarme porque íbamos por caminos diferentes, y ella amaba a Dios más que a nadie.

"Una noche, sabiendo que ella no iba a cambiar de opinión, la maldije a ella, a la iglesia y al Apóstol Maldonado. Declaré que si Dios quería guerra, yo iría contra Él y su iglesia. Pero de repente, y contra mi propia voluntad, caí de rodillas y pasé toda la noche llorando. En mi mente oí una voz que decía: *¡Ríndete!* Más tarde, tuve un sueño donde me encontraba en una habitación sin puertas, luchando contra un hombre muy fuerte. Él peleaba contra mí como si conociera cada uno de mis movimientos, anticipando todos mis ataques. Me lastimó tanto que el dolor me despertó. Entonces, oí una voz decir: *Ríndete ahora, y deja que tu corazón se abra, para que puedas volver a mí.*

"Al día siguiente, compartí mi sueño con mi novia, y ella me invitó a la iglesia. Durante la ministración, comencé a llorar; sentía mucha vergüenza por llorar frente a toda aquella gente, porque recordaba las palabras de mi padrastro 'los hombres no lloran'. Pero pronto dejé de luchar contra eso y dije en voz alta: '*¡Me rindo!*'. En este momento, sentí que mi corazón volvía a la vida, y una paz interior que no conocía. Sentí el amor de Dios y mi alma se llenó de gozo.

"A partir de ese día, mi vida ha sido transformada por completo. Me disculpé con el apóstol y él me dijo: 'Tú eres mi hijo y yo te amo'. Esas palabras repararon la imagen negativa que tenía de los padres, rompieron la maldición de rechazo e incluso me llevaron a perdonar a mi padre y a mi padrastro. Por más de treinta años, mi corazón había estado muerto, como una roca, pero cuando se lo rendí a Dios, Él me dio un corazón nuevo y lo llenó con su amor".

Para la persona que está totalmente rendida a Dios,
la obediencia y la sumisión no son un "sacrificio" sino un placer.

Actitudes que pueden obstaculizar la rendición

Contrario a lo que mucha gente puede pensar, rendirse a Dios trae paz, gozo y propósito a nuestra vida. En este sentido, las actitudes negativas hacia la rendición y las actitudes de afirmación hacia el "yo" obstaculizarán que nos rindamos a Dios. En el capítulo anterior dije que no podemos seguir a Cristo y hacer su voluntad, con un corazón rebelde y desobediente, que busca complacer la naturaleza de pecado o el "hombre viejo". Vimos que la única manera de *"despojarnos del viejo hombre"* (Efesios 4:22) y de *"vestíos del nuevo hombre"* (Efesios 4:24) es crucificando la naturaleza de pecado. Por otro lado, vimos que gran parte de la sicología y la siquiatría modernas se enfoca, por lo general, en "mejorar" el yo; no en morir a él. Estas ramas del conocimiento humano no comienzan ni terminan en Dios, sino en el "yo" o el ego humano. Están basadas en la idea de que el hombre es su propia y última fuente, y colocan a la ciencia en la posición de verdad suprema. Sin embargo, los humanos no fueron creados para ser "dioses" o para hacer de su intelecto un dios.

Estos métodos son incapaces de lidiar efectivamente con el problema de la iniquidad de una persona y la corrupción de su corazón; tampoco pueden transformarlo. Exploremos estos temas a la luz de tres conceptos populares de "auto-realización" que dificultan nuestra total rendición a Dios.

Muy por encima, estos conceptos no parecen ser negativos. Sin embargo, vemos que cuando son llevados a sus conclusiones lógicas, se oponen a la voluntad de Dios porque empoderan el ego caído y llevan a la gente a enfocarse en el "yo". En última instancia, por tanto, pretenden sustituir nuestra rendición a Dios. Cristo, por el contrario, nos ordena "crucificar" el "yo" y la naturaleza pecaminosa, a fin de que seamos capaces de amar a Dios y a los demás, genuinamente, y servir a otros en su nombre.

1. *"Conózcase a sí mismo"*

El primer concepto es "conózcase a sí mismo". A menudo, oímos esta idea en los medios de comunicación, y en boca de los sicólogos y consejeros. Descubrir quiénes somos en realidad es, por supuesto, algo bueno; sin embargo, la idea aquí es evaluarse únicamente en relación con uno mismo y otros seres humanos. Al hacer esto, siempre tendremos una visión limitada de nosotros mismos, y perderemos la esencia de quiénes somos. Debemos mirarnos a la luz de nuestro Creador, y de la forma como Él nos ha hecho y desea que vivamos. Conocernos a nosotros mismos, en sentido meramente humano, nos da una perspectiva temporal, terrenal y caída, de quién se suponía que fuéramos. Es más, no nos dice todo lo que podemos *llegar a ser* en Cristo.

Somos seres eternos. Y, cuando nacemos de Dios, nos convertimos en sus hijos y comenzamos el proceso de ser conformados a la imagen de su Hijo Jesús. Somos transformados a la semejanza de Aquel que es la Persona más hermosa, santa y pura que jamás haya vivido. Cuando nos miramos en Él, sabemos en realidad quiénes somos —y lo que el proceso de transformación de Dios está haciendo en nosotros—. Cualquier otra imagen que no sea ésta, es una distorsión de la verdadera humanidad, tal como Dios la había concebido.

2. *"Acéptese a sí mismo tal como es"*

Esta idea anima a la gente a aceptarse por completo —con lo bueno y lo malo—, sin sentir una necesidad de cambio, así que adoptan una perspectiva que dice: "Éste es precisamente quien yo soy". Pero, ¿cómo podemos aceptar la naturaleza de pecado, adicta a los deseos de la carne, la mentira, la falta de perdón, la ira, la amargura, la contienda y tantos otros males? ¿Cómo podemos aceptar el "yo", cuando está lleno de conflictos, contradicciones, culpas, miedos y egocentrismo? Aceptarnos en ese estado es ¡inconcebible! Si usted pudiera pararse frente a sí mismo y preguntarse si podría aceptar vivir en las condiciones descritas, su respuesta seguramente sería un enfático "no". Pero, precisamente eso es lo que se anima a la gente que haga. Lo más triste de esta situación es que, cuando tratan de hacerlo, mucha gente se encuentra inaceptable a sí misma. Entonces, la vida se vuelve insoportable.

Al principio, podemos pensar que una dieta de "yo" y ego sabe dulce y satisface, pero cuando comenzamos a digerir nuestro egoísmo, el "estómago", o nuestra vida interior ¡se vuelve amarga! Esto es porque fuimos creados para rendirnos a Dios y darnos a nosotros mismos por causa de otros. No fuimos hechos para complacer simplemente nuestros propios deseos y preferencias.

¿Por qué nos enojamos con otra gente? A veces, porque ellos han interferido con lo que quiere nuestro "yo". ¿Por qué mentimos? Porque nuestro "yo" quiere mantener su posición, seguridad y reputación, a toda costa.

¿Por qué participamos en actos sexuales inmorales? Porque buscamos complacer los apetitos del "yo" corrupto. ¿Por qué sentimos envidia? Porque alguien más ha recibido lo que nuestro "yo" quería. Las actitudes negativas y los pecados que he mencionado son simplemente el fruto de un "yo" que se niega a rendir su control a Dios. El no rendirnos es la raíz de muchos pecados; de hecho, los pecados son los síntomas externos de una condición interna del corazón. Cuando lidiamos sólo con los síntomas, mostramos ignorancia acerca del verdadero culpable que está detrás de ellos.

¿Es siempre válido "aceptarse uno mismo"? Sí, cuando usted ha nacido de nuevo y su corazón está siendo transformado de continuo por la presencia y el poder de Dios. Por ejemplo, cuando alguien rinde su corazón a Cristo por primera vez, y recibe salvación por el perdón de sus pecados, él o ella pueden decir que sienten una paz que no han experimentado jamás. Hay paz dentro de ellos porque su espíritu ha sido renovado a la imagen y semejanza de Cristo, y el proceso de morir a su naturaleza de pecado ha comenzado. Sólo cuando hemos sido *transformados de gloria en gloria* (2 Corintios 3:18) podemos estar en paz con Dios y con nosotros mismos.

Por el contrario, decirle a la gente que acepte su vieja naturaleza egocéntrica y egoísta, es pedirles que nieguen la obra de la cruz y la gracia de la transformación que está disponible por medio del Espíritu Santo de Dios. ¿Para qué serían necesarias la muerte y resurrección de Jesús si pudiéramos resolver todos nuestros problemas sólo aceptándonos a nosotros mismos —con pecado y todo—, en vez de experimentarlo por el nuevo nacimiento y la transformación de nuestro corazón?

3. *"Exprésese a sí mismo"*

El tercer concepto, "exprésese a sí mismo", también pone al ego en el centro de la vida. Lo que hace este método es alimentar la misma enfermedad que está tratando de curar, porque muchos de los problemas que los seres humanos enfrentan vienen como consecuencia de expresar su propio egoísmo y egocentrismo a otros. El "ego" impone sus necesidades —válidas o inválidas— a los demás, reivindica su punto de vista, y demanda diferentes derechos y beneficios.

Es más, cuando las perspectivas y necesidades del ego de una persona van en contra de la voluntad soberana del Creador, cuando ese individuo se expresa, revela su rebeldía. *"Porque de la abundancia del corazón habla la boca"* (Lucas 6:45). Vivimos en una sociedad que, por lo general, acepta prácticas como el aborto, el homosexualismo y la convivencia sin casarse, como derechos relacionados con la "libertad de expresión" y la "diversidad". Sin embargo, si alguien expresa una opinión contraria a esas prácticas, se le considera un discriminador. Debido a que mucha gente ha entronado el ego en su corazón, ellos no parecen estar dispuestos a tolerar que nadie señale que su conducta es contraria a la voluntad de Dios. Se resisten a ser guiados al arrepentimiento y a rendirse al Padre. De hecho, en muchas naciones parece que el ego humano caído ha logrado tanta influencia, que se han instituido leyes para defenderlo.

La rendición conduce a la liberación

El mayor defecto en el fundamento de los tres conceptos anteriores, es que afirman que la respuesta a los problemas de la gente —como la depresión, las heridas emocionales, las relaciones rotas y las maldiciones generacionales—, se encuentra en el "yo". Pero la verdadera solución a estos asuntos es la transformación del corazón, la cual sólo viene cuando nos rendimos completamente a Dios.

El ego crucificado es una bendición. Es un medio de liberación que le permite al "hombre nuevo" —al "yo" redimido y santificado— cumplir la orden dada en Isaías 60:1: *"Levántate, resplandece; porque ha venido tu luz, y la gloria de Jehová ha nacido sobre ti"*.

Cuando de continuo nos rendimos a Dios,
Él continuamente trabaja en nosotros y a través de nosotros.

Clayton es un estudiante haitiano que vivió atrapado en las drogas, la delincuencia y la inmoralidad sexual, hasta que se rindió a una invitación para volver a la fe en Dios. El siguiente es su testimonio: "Yo vengo de un hogar disfuncional; fui criado por mi abuela hasta que tuve diez años. Ella me llevaba a la iglesia y me enseñó a temer a Dios. Sin embargo, cuando mis padres me llevaron a vivir con ellos, mi vida cambió por completo, para peor. Mi padre era un traficante de drogas, y yo adopté ese estilo de vida. Tenía armas, mujeres, dinero, y fama como motociclista, y mi vida iba directo a la perdición. Había crecido con una mentalidad tan pervertida que hasta llevé a mis amigos a practicar el bestialismo. El deseo de tener intimidad con caballos me consumía, incluso estando con mi novia.

"En cierta ocasión, unos traficantes de drogas le pusieron un precio a mi vida y a la de mi primo. Estábamos realmente asustados. Estábamos bajo tanto estrés que fumábamos un cuarto de libra de marihuana cada noche. No quería saber quién me iba a matar, así que hacía todo lo posible por no estar consciente de nada, y dejar de pensar en ese asunto. Recuerdo que dije: '¡Cristo o la muerte!'. Solía consumir diferentes drogas, abusaba del alcohol y miraba pornografía. No tenía propósito, y tampoco tenía salida. Era un desperdicio de oxígeno.

"Cuando cumplí dieciocho años ya no quería seguir viviendo, así que decidí quitarme la vida. Un día, me crucé con una niña que yo conocía; ella se detuvo y me dijo: 'Ven conmigo, vamos a la iglesia'. Ella me había hecho la misma invitación varias veces y yo siempre me había negado con arrogancia. No sé por qué, pero en ese momento, me puse de pie y la seguí. Y ese día, salí de mi oscuro mundo y entré a la luz de Dios. A medida que cruzaba cada calle en el camino a la iglesia, sentía que el peso del mundo iba siendo removido de mis hombros e iba cayendo al suelo. Nunca he vuelto a mirar atrás".

Negarse a uno mismo en obediencia a Dios es una señal de rendirse a Él.

Cristo dijo: *"Si alguno quiere venir en pos de mí, niéguese a sí mismo, y tome su cruz, y sígame. Porque todo el que quiera salvar su vida, la perderá; y todo el que pierda su vida por causa de mí, la hallará"* (Mateo 16:24–25). ¿Es éste un mandamiento difícil de cumplir? Sí lo es, si tratamos de cumplirlo en nuestras fuerzas, en lugar de permitir que la gracia sobrenatural de Dios obre en nuestro corazón para que podamos cumplirlo. La exhortación de Jesús demanda rendición total, requiere todo de nosotros, pero es para nuestro propio beneficio.

La cuestión no es realmente *si* nos rendimos, sino a *quien* nos rendimos. La naturaleza de pecado también demanda nuestra total rendición. Requiere mucho más que tiempo, lealtad, confianza, recursos o servicio; demanda que nos rindamos a ella —en espíritu, alma y cuerpo—, con el propósito de servir al egoísmo y al egocentrismo, de tal manera que seremos consumidos por el pecado hasta ser destruidos.

La naturaleza de pecado demanda que nos rindamos a ella —en espíritu, alma y cuerpo—, para servir al egoísmo y al egocentrismo, los cuales nos terminarán destruyendo.

Nunca entraremos en la plenitud de la presencia de Dios, con su unción y poder, a menos que nuestro "yo" se rinda. Nunca experimentaremos mayores dimensiones de la gloria de Dios hasta que nuestro ego muera. ¿Cuánto de la presencia y la gloria de Dios quiere? El grado hasta el que esté dispuesto a morir al "yo" dependerá de la fuerza de su deseo por tener más de Dios. La persona que está realmente muerta a su ego no tiene deseos egocéntricos, ni pelea con otros por asuntos egocéntricos. Por el contrario, mientras la muerte al "yo" toma lugar en su vida, nuevas dimensiones de la gloria de Dios le son continuamente reveladas.

Bendiciones y beneficios de un corazón rendido

Revisemos ahora las principales bendiciones y los beneficios de rendirle nuestro corazón a Dios.

1. El corazón se convierte cada vez más en un lugar santo donde mora la presencia de Dios

Rendir nuestro corazón a Dios permite que el Espíritu Santo obre su transformación en nosotros. Cuando le cedemos el lugar a Dios, nos convertimos en personas genuinas. Nuestro corazón se hace transparente, y dejamos de escondernos de Él, como hicieron Adán y Eva cuando pecaron y perdieron la comunión con su Creador. (Vea Génesis 3:8). Cuanto más nos rendimos a Dios y morimos al "yo", más nos llena Dios con su presencia, de manera que nos convertimos en un lugar santo donde mora Él. (Vea, por ejemplo, Efesios 2:19–22).

2. Somos capaces de conocer mejor al Señor y de manifestar su naturaleza

Pablo escribió: "*Y ciertamente, aun estimo todas las cosas como pérdida por la excelencia del conocimiento de Cristo Jesús…; a fin de conocerle, y el poder de su resurrección, y la participación de sus padecimientos, llegando a ser semejante a él en su muerte*" (Filipenses 3:8–10). No hay manera de conocer a Dios íntimamente —ni de conocer su verdadera naturaleza y persona—, sin rendir nuestro corazón egocéntrico, el cual está lleno de egoísmo y orgullo. Además, no seremos capaces de manifestar la semejanza de Dios, ni de experimentar y manifestar nuestra verdadera naturaleza, si no desistimos de nuestro egocentrismo.

Rendirse a Dios no significa practicar rituales religiosos, castigarnos físicamente por el pecado, ni tratar de crucificar la naturaleza de pecado en nuestras propias fuerzas. Tiene que ver con rendir nuestra voluntad y poner al "yo" —con todas sus demandas y rebeliones— en la cruz. Podemos vivir para Dios sólo por su gracia sobrenatural, pero no podemos hacerlo por completo hasta que "muramos" por gracia, de modo que la vida de Cristo pueda surgir en nosotros como el "hombre nuevo", redimido del pecado y de la muerte.

El área en la que está luchando es el área que usted aún no le ha rendido a Dios. ¡Ríndase ahora!

3. Recibimos una mayor medida del poder de Dios

"*A fin de conocerle, y el poder de su resurrección*" (Filipenses 3:10). La resurrección de Cristo, con todo su poder, ocurrió después que se rindió a Dios, llevando nuestra naturaleza pecaminosa sobre Él en la cruz, para que podamos ser libres del pecado y la muerte. Asimismo, una persona que vive en total rendición a Dios, negándose al "ego" de continuo, siempre portará en su interior una gran medida de poder sobrenatural. La mayoría de hombres y mujeres que han caminado en el poder de Dios han aprendido a rendirse a Él; han entendido que sin sacrificio espiritual y *"la participación de sus padecimientos"* (Filipenses 3:10), no puede haber poder. Este principio fue señalado durante el bautismo de Jesús en el río Jordán.

Entonces Jesús vino de Galilea a Juan al Jordán, para ser bautizado por él. Mas Juan se le oponía, diciendo: Yo necesito ser bautizado por ti, ¿y tú vienes a mí? Pero Jesús le respondió: Deja ahora, porque así conviene que cumplamos toda justicia. Entonces le dejó. Y Jesús, después que fue bautizado, subió luego del agua; y he aquí los cielos le fueron abiertos, y vio al Espíritu de Dios que descendía como paloma, y venía sobre él. (Mateo 3:13–16)

En el Nuevo Testamento, la palabra griega traducida como *"Jordán"* viene del vocablo hebreo que significa "uno que desciende". Yo creo que el bautismo en el río Jordán simbolizaba rendirse a Dios, lo cual es la entrada a lo sobrenatural, que incluye el obrar milagros. Recuerde, el camino hacia "arriba", a Dios, siempre comienza yendo hacia "abajo" en rendición y humildad ante Él. Jesús fue empoderado por el Espíritu después de su bautizo en el río Jordán. (Vea Lucas 4:1). Las Escrituras dicen: *"Cómo Dios ungió con el Espíritu Santo y con poder a Jesús de Nazaret, y cómo éste anduvo haciendo bienes y sanando a todos los oprimidos por el diablo, porque Dios estaba con él"* (Hechos 10:38).

Hay muchos eventos bíblicos conectados al río Jordán. Por ejemplo, en el Antiguo Testamento, el profeta Eliseo le indicó a Naamán de Siria que se sumergiera siete veces en el Jordán para ser sanado de la lepra. Al principio Naamán se ofendió y sugirió que podría bañarse en mejores ríos en su propia nación. Aquellos otros ríos representan la capacidad humana en lugar del poder sobrenatural de Dios. Cuando Naamán fue persuadido por sus siervos de seguir las instrucciones de Eliseo, fue completamente sano. (Vea 2 Reyes 5:1–14). No era el agua del Jordán en sí, sino la obediencia de Naamán al mandato de Dios, lo que produjo su milagrosa sanidad.

Cuando usted se rinde voluntariamente a Dios,
Él no le niega su poder; ¡eso está garantizado!

Muchos israelitas eligieron ser bautizados por Juan en el Jordán como señal de su arrepentimiento. (Vea, por ejemplo, Mateo 3:1–2, 5–6). Cada nueva generación de gente debe venir a su propio "bautizo en el Jordán" —su propio "descenso" del orgullo y la auto-suficiencia— a través de la rendición a Dios y la sumisión a su voluntad. Mucha gente de la generación de hoy quiere un atajo para llegar al poder de Dios sin tener que rendirle su voluntad ni tener que morir al "yo". Pero para ser empoderados por Dios, tenemos que estar dispuestos a rendirnos. La razón por la que Cristo fue ungido con el Espíritu Santo *"sin restricción"* (Juan 3:34, NVI) es porque Él estaba continuamente rendido a su Padre.

Todos necesitamos una experiencia en el Jordán —el lugar de rendición—, antes de poder recibir una unción fresca de Dios. Dicho poder se vierte sobre una persona que es un "vaso" para Dios, alguien que ha encontrado su identidad en Cristo, por lo cual está capacitada para manifestar la actividad de lo sobrenatural. Cada vez que rindo un área específica de mi vida a Dios, veo su unción divina moverse en esa área, y experimento un aumento de su poder sobrenatural. Éste es uno de los grandes beneficios de rendirse. A medida que nos entregamos a Dios, somos capacitados para sanar, liberar y creerle a Dios por otros milagros.

¿Cuáles son las áreas de su vida en las que necesita ser empoderado? ¿Está dispuesto a rendir su voluntad a Dios con respecto a sus relaciones, finanzas, ministerio o cualquier otra área acerca de la cual Él le esté hablando, para ser empoderado como lo fue Jesús?

El área de su vida en la que le cede su voluntad a Dios,
es el área en la que usted será empoderado.

El siguiente testimonio, de un hombre llamado David, demuestra el poder que hay en rendirse. Él escribe: "Mi llegada al Ministerio El Rey Jesús sólo puede explicarse como una intervención sobrenatural del Dios viviente. Comencé como pastor de una organización religiosa que no creía en señales, maravillas ni en los milagros de Dios. Sin embargo, mi hambre insaciable por Él me llevó a cuestionar esa doctrina. Lentamente, una serie de situaciones me llevaron a la revelación de que había mucho más para mí de lo que había conocido hasta entonces. Varios años después, mientras oraba, Dios me dio una palabra —una palabra que cambió mi mundo—, desarraigándome y llevándome a un lugar que nunca había imaginado. Esa palabra era *Miami*.

"Animado por mi esposa, indagué las posibilidades, y poco tiempo después tomamos la decisión de renunciar a la iglesia donde habíamos pensado que pasaríamos el resto de nuestras vidas, y nos mudamos a una ciudad donde no conocíamos a nadie. Llegamos al soleado sur de la Florida con 'sueños y visiones'. Nuestro plan era comenzar nuestra propia iglesia, pero el plan de Dios era muy diferente.

"Un día del padre, mientras oraba, ayunaba y buscaba la voluntad de Dios para nuestro futuro, su voz audible vino a mí con una orden específica: 'Ve al Ministerio El Rey Jesús'. Entramos a la iglesia, anónimos y desapercibidos, pero con gran entusiasmo. Durante el servicio, la presencia de Dios me tocó; por primera vez, en un ambiente de iglesia, las lágrimas rodaron por mis mejillas. En un servicio posterior, el Apóstol Maldonado habló conmigo y con mi esposa, para pedirnos que dejáramos de lado nuestros sueños y recibiéramos el entrenamiento para luego poder ser enviados por la iglesia El Rey Jesús a ministrar, y nosotros estuvimos de acuerdo.

"Tuvimos que rendirnos a Dios y dejar que nuestro viejo fundamento fuera transformado. Soltamos un manto y recibimos otro nuevo. Tuvimos un inicio humilde, como el de un nuevo creyente. La decisión más dura fue la de renunciar a mis credenciales de pastor de la organización anterior, sin saber si alguna vez volvería a tener ese título. Dios nos habló acerca de la rendición, así que seguimos sus instrucciones, cedimos el control y nos comprometimos a caminar por fe en su voluntad para nuestra vida, sin importar los títulos ni el estatus que habíamos tenido, con el entendimiento de que Dios tenía una misión para nosotros.

"Con el tiempo, el Apóstol Maldonado nos ordenó cuando el Señor lo puso en su corazón. Desde entonces, he disfrutado del privilegio de viajar a las naciones con él, como parte de su equipo. Recibimos todo lo que queríamos para nuestro ministerio y familia gracias a que nos rendimos. Y viviendo esta vida de rendición es que Dios nos ha abierto las puertas y estamos activos en la visión del ministerio. Ahora entiendo lo que significa caminar en el poder sobrenatural de Dios, echar fuera demonios, liberar al cautivo y sanar al enfermo. Mi esposa y yo estamos muy felices de pertenecer a la iglesia El Rey Jesús. Tenemos hambre de movernos en el amor de Dios para poder manifestar su poder y seguir haciendo la obra de su ministerio, de modo que nuestras vidas puedan acercar a más gente a Él".

Rendirse consiste en dejar que Dios sea Dios en y a través de nosotros. Cuando usted se rinde a Él de continuo, puede darles a otros lo que Él le ha dado a usted. Manifestar la presencia de Dios dondequiera que vamos y ser usados por Él para sanar al enfermo, ganar almas para Cristo y liberar al oprimido, debe ser la pasión de cada creyente.

> *El nivel de unción que opere en su vida será proporcional a su nivel de rendición.*

Cuando no le rendimos nuestro corazón a Dios por completo, una medida de su unción es retenida de nosotros. Dios ha provisto unción divina no sólo para sanidad, liberación y otros milagros, sino también para los negocios, las artes, las comunicaciones, los deportes y otros campos. Estas unciones están esperando que el pueblo de Dios rinda por completo su vida al Creador. Todo lo que recibimos de Él es por su gracia, pero esa gracia se activa cuando rendimos nuestro corazón.

Cuando Shane, de Puerto Rico, decidió rendirse a Dios y comprometerse con Él de una vez por todas, su vida fue transformada. Él relata: "Durante mi niñez siempre busqué amor, pero no pude hallarlo. Nunca conocí a mi padre biológico, y mi madre estuvo en prisión hasta que tuve cinco años. Mi hermano, mi hermana y yo vivíamos con mi abuela, y al salir de prisión, mi madre vino a vivir con nosotros, pero ella luchaba con una adicción a las drogas que, de tiempo en tiempo, la alejaba de mí. Solía pasar las noches como prostituta, fumaba crack, usaba cocaína y heroína, y constantemente entraba y salía de la cárcel.

"Cuando tenía siete años, mi madre llamó un taxi para ir a comprar drogas, pero cuando el taxi llegó y ella se subió, yo salté sobre el capó del automóvil rogándole que no se fuera, porque sabía que no regresaría por meses. El Departamento de Niños y Familia abrió una investigación sobre nuestra familia y decidió quitarle a mi madre la custodia mía y la de mis hermanos. De los diez a los catorce años viví separado de mis hermanos y de mi abuela. Cuando cumplí catorce, uno de mis primos me adoptó; pero a los diecisiete, por falta de dinero, me echó a la calle.

"Viví en las calles, dejé la escuela, y comencé a usar drogas. Dormía en el automóvil de mi hermana. Recuerdo que le dije a Dios: 'Padre, necesito ayuda porque no sé en qué dirección va mi vida'. Durante dos años, llevé un estilo de vida de inmoralidad, alcoholismo y drogadicción. Cada mañana, el Espíritu de Dios me decía que cambiara mi vida; que de otro modo, lo único que me esperaba era muerte y destrucción.

"La dueña de la casa donde entonces vivía era cristiana, y un día me dijo: 'No sé qué vas a hacer con tu vida, pero tienes que cambiar; si no, no podrás seguir viviendo aquí'. En ese momento, Jesús me habló diciendo: '¿Te acuerdas cuando no tenías zapatos que calzarte, ni ropa para vestirte, ni comida para alimentarte? Yo estaba allí. Te cuidé y preparé el camino'. El Espíritu de Dios cayó sobre mí, y empecé a llorar en su presencia. Al día siguiente, fui al Ministerio Internacional El Rey Jesús, donde le rendí mi vida a Dios. Desde ese día, Él me ha llenado con su amor, gozo y paz, y me transformó. He conocido el amor del Padre a través de todo lo aprendido en este ministerio. Me gradué de la secundaria, conseguí un trabajo de tiempo completo, y estoy asistiendo a la universidad. Dios restauró mi vida, y vivo para predicar el evangelio de Cristo y compartir su amor con el mundo".

Consecuencias de no rendirse

Hay muchas bendiciones relacionadas con rendirse a Dios. También hay consecuencias para quienes se niegan a rendirse a Él. Revisemos algunas de ellas:

1. La persona que se niega a rendirse a Dios nunca avanza en el proceso de transformación del corazón, o se estanca en medio del proceso. Se conforma al "yo", de modo que no crece ni madura en Cristo, y como consecuencia, refleja una imagen distorsionada de Dios. Si es un creyente, puede ser que comience a alejarse del Señor.

2. *La persona que se niega a rendirse a Dios sufre la incapacidad de creer en sus promesas y de acceder a su poder sobrenatural.* En términos prácticos, la única realidad de esa persona será el ámbito natural, y se sentirá siempre insatisfecha por vivir fuera de la atmósfera espiritual; ya que sólo allí se recibe y experimenta la vida y bendiciones de Dios.

3. *La persona que se niega a rendirse a Dios no puede llevar a cabo su verdadero propósito en la vida.* No es capaz de oír lo que el Señor le está diciendo, y se distrae con intereses que no están alineados con la voluntad de Dios para él.

4. *La persona que se niega a rendirse a Dios suele experimentar fricción en sus relaciones.* Dado que no ha muerto al "yo" ni sometido su naturaleza de pecado, sigue alimentando su egoísmo y testarudez. En consecuencia, sus lazos familiares, amistades y otras relaciones pueden volverse muy tirantes; incluso puede experimentar la disolución de su familia.

Rendirse es uno de los medios por el cual tenemos acceso a,
y podemos apropiarnos, del poder de Dios.

Dios algunas veces usa las circunstancias adversas que ocurren en la vida de la gente para hacer que lo busquen y se rindan a su voluntad, para que así puedan recibir sus bendiciones. Por ejemplo, aunque Él nunca causa una enfermedad, puede usar una para llamar la atención de alguien. Esto fue lo que le pasó a una mujer llamada Vanessa. Cuando ella tenía siete años, comenzó a sufrir sangrado uterino. Al cumplir los quince años, había pasado por varias cirugías. A los veinte, los médicos le diagnosticaron un cáncer uterino. Tenía que hacerse exámenes médicos cada tres meses, hasta que finalmente se sometió a una histerectomía. Pero entonces, comenzó a sufrir mareos frecuentes, y le diagnosticaron esclerosis múltiple.

Entonces, conoció a una líder de nuestra iglesia, quien la invitó a nuestro servicio de Año Nuevo. Ese día, yo prediqué acerca de nuestro Dios sobrenatural que puede sanar cualquier enfermedad y cambiar cualquier circunstancia adversa. Vanessa volvió a su casa enojada. Estaba furiosa con Dios porque ella no se consideraba pecadora, y había orado y buscado a

Dios por sanidad; pero en lugar de mejorar, su cuerpo seguía cada vez más y más débil.

Entonces, ella clamó a Dios con un corazón rendido, pidiéndole que le mostrara que Él era real. Hizo un pacto con Él, diciendo: "Si tú me sanas, mis hijos y yo te serviremos siempre". Al lunes siguiente, fue a una cita con su médico para hacerse un examen relacionado con la esclerosis múltiple. Los técnicos repitieron el examen una y otra vez, tanto que la tuvieron allí cuatro horas. Le dijeron que la máquina estaba descompuesta, porque no podían encontrar nada malo en ella; pero al utilizar otra máquina, los resultados fueron los mismos. Vanessa se fue a su casa enojada con los médicos, pero cuando asistió a su cita con su oncólogo, algo similar sucedió. El médico le realizó una biopsia, y cuatro colegas revisaron los resultados de las pruebas. Finalmente, su médico le dijo: "Vanessa, yo no veo nada". Cuando volvió a su casa, sola en su habitación, comenzó a llorar. Con gran quebranto y agradecimiento, reconoció que el poder sobrenatural de Dios la había sanado de su enfermedad.

Cristo es el Señor de su vida sólo en aquellas áreas
en las que usted se ha rendido a Él.

Cualidades del corazón rendido

Cuando una persona tiene un corazón rendido, manifiesta las siguientes cualidades:

+ *La persona con un corazón rendido es rápida para responder a Dios y obedecerle.* No duda de Él ni lo resiste tercamente, porque su lucha interna con el "yo" ha disminuido y su obediencia es inusualmente inmediata.

+ *La persona con un corazón rendido siempre dice sí a lo que Dios le pide.* Esta respuesta la lleva a estar en la perfecta voluntad de Dios y a recibir sus bendiciones sin medida.

+ *La persona con un corazón rendido cede al cambio.* Tiene un espíritu dispuesto que le permite al Espíritu Santo transformar continuamente su corazón, y la lleva a reflejar la naturaleza de Cristo y a ayudar a establecer el reino de Dios en la tierra.

   ✦   *La persona con un corazón rendido adora a Dios como un acto de sumisión y amor, no por obligación.* Conoce la realidad de la oración de David: *"En tu presencia hay plenitud de gozo; delicias a tu diestra para siempre"* (Salmos 16:11).

Oración de rendición a Dios

Rendirse a Dios es una decisión personal que debe hacerse voluntaria y continuamente en toda área de nuestra vida —cada día, semana, mes y año—. Es una decisión que nadie más puede tomar por nosotros —ni nuestro cónyuge, hijos, hermanos, líderes de la iglesia o amigos—. Por tanto, lo mejor que puedo hacer ahora para animarlo a rendirse a Dios es ofrecerle una oración que, por voluntad propia, usted pueda orar en señal de rendición a Él. Utilice la siguiente oración como un patrón para su rendición diaria. Entregue su vida entera, incluyendo cónyuge, hijos, amistades, carrera, finanzas, pensamientos, sueños y emociones. Hágalo ahora mismo y siga haciéndolo a diario. Rendirse no siempre es fácil, especialmente al principio, porque tan pronto como elija morir al "yo" y a la naturaleza pecaminosa, el "viejo hombre" se rebelará y querrá retomar el trono de su corazón. Por lo tanto, para rendirse, necesita depender de la gracia sobrenatural de Dios la cual supera sus fuerzas humanas. Él le dará su gracia si usted confía en Él.

Padre, en el nombre de Jesús, te abro mi corazón. Quiero más de tu presencia, unción y poder. Ahora mismo, te rindo mi voluntad y crucifico el "yo". Declaro que estoy muerto al "yo" y a la naturaleza de pecado para poder hacer tu voluntad. Me rindo para obedecer tu Palabra y para seguir la dirección de tu Espíritu. Estoy siendo transformado a la imagen de Cristo, quien es el Hombre perfecto. Me comprometo a vivir bajo autoridad espiritual y a no rebelarme contra ti o contra tus autoridades delegadas. En el nombre de Jesús, yo someto a ti todo lo que tengo y todo lo que soy, y te pido que seas el Señor y Dueño de todo. Te rindo mi vida y te entrego el control total. ¡Amén!

Oración para salvación y transformación

Si usted nunca le ha abierto su corazón a Jesús, si no lo ha dejado entrar y ser el Señor y Salvador de su vida; si no le ha permitido llenarlo con su Espíritu, quiero darle otra oportunidad de hacerlo ahora mismo. Usted no podrá rendir por completo su corazón a Dios ni tener acceso a sus bendiciones y promesas, hasta que su Espíritu esté morando en usted. Dios le dará la gracia sobrenatural para hacer, conforme a su voluntad, aquello que usted no puede hacer en sus propias fuerzas. Repita la siguiente oración y rinda su corazón al Señor hoy.

Padre celestial, yo reconozco que soy un pecador y que mi pecado me separa de ti. Mi corazón necesita la transformación que sólo tú puedes realizar. Yo creo que Jesús murió en la cruz por mí, y que tú lo levantaste de entre los muertos. Confieso con mi boca que Jesús es el Señor; me arrepiento de todos mis pecados y rompo todo pacto de maldad que hice con el mundo, con mi naturaleza de pecado y con el diablo. En el poder del sacrificio que Jesús hizo por mí, rompo todas las maldiciones generacionales que operan en mi vida. Ahora, hago un nuevo pacto de justicia con Jesús. Le pido que entre a mi corazón, cambie mi vida, y me llene con el Espíritu Santo. Si hoy muriera, sé que al abrir mis ojos en la eternidad, estaré en tus brazos. En el nombre de Jesús, ¡amén!

9

El corazón quebrantado

En los dos capítulos anteriores, hemos hablado acerca del corazón obediente y el corazón rendido. Sin embargo, ¿qué sucede cuando insistimos en ir contra la voluntad de Dios, rehusándonos a rendirnos a su plan para nuestra vida o para cierta área específica de ella? Seguir rebelándonos contra Dios tiene un alto precio; el precio del quebrantamiento espiritual. En algunos casos, para quienes endurecen su corazón y continúan resistiéndose a Él, el precio es la ruina espiritual.

Mucha gente sabe que se está rebelando contra Dios ya que vive un estilo de vida de inmoralidad, ignorando el llamado de Dios para su vida, rehusando someterse a un mandato específico que Él les ha dado, o desobedeciéndolo de alguna otra manera. Ellos actúan de acuerdo con sus propios términos y estándares, resistiéndose a los propósitos de su Creador.

Con frecuencia, cuando la gente se halla en ese estado de resistencia, cree que puede escapar del castigo y la corrección de Dios. No obstante, Dios disciplina y corrige a quien ama. (Vea, por ejemplo, Proverbios 3:12). Es mucho mejor someterse voluntariamente a nuestro Padre celestial, antes que tener que experimentar el quebrantamiento —ya sea que venga por las circunstancias destructivas que nosotros mismos hemos creado, o por la intervención directa de nuestro misericordioso Dios, quien a veces tiene que "quebrantar" a sus hijos desobedientes para su propio bien. El Señor siempre tiene en mente nuestro mejor interés en su trato con nosotros. Como dijo el escritor de Hebreos: *"Después de todo, aunque nuestros padres humanos nos disciplinaban, los respetábamos. ¿No hemos de someternos, con mayor razón, al Padre de los espíritus, para que vivamos?"* (Hebreos 12:9, NVI).

Transformación a través del quebrantamiento

También hay tiempos donde experimentamos un período de quebrantamiento, no porque estemos en abierta rebeldía contra Dios sino porque estamos luchando contra una situación difícil en nuestra vida, como una enfermedad, un profundo sentido de desesperanza o el desasosiego que produce la mala conducta de un hijo. Otras veces podemos experimentar quebrantamiento porque Dios desea enseñarnos algo acerca de un aspecto de su naturaleza y de sus maneras. Los períodos más duros de mi vida han sido aquellos en que Dios me ha "quebrantado". Mientras he estado en medio del proceso, no siempre he entendido por qué eso tenía que suceder; pero una vez que pasa, lo entiendo y lo agradezco. *"Es verdad que ninguna disciplina al presente parece ser causa de gozo, sino de tristeza; pero después da fruto apacible de justicia a los que en ella han sido ejercitados"* (Hebreos 12:11).

Después de ser quebrantados, nuestras prioridades cambian, y lo que más nos importa es Dios. Cada vez que he pasado un quebrantamiento y me he sometido a mi Padre celestial, he recibido mayor libertad espiritual y más bendiciones. Mi corazón ha sido transformado; mi pasión por agradar a Dios y hacer su voluntad ha aumentado. He experimentado una paz interior más profunda y un mayor sentido de plenitud. Me he vuelto más sensible y humilde, y he estado más dispuesto a reconocer mi dependencia de Dios. Gracias a eso soy más enseñable y puedo perdonar más. También, produzco más fruto en mi vida personal y ministerial. Pero, por encima de todo, experimento una mayor hambre y sed de Dios, lo cual me lleva a mayores niveles de rendición y a una relación más cercana con Él.

"Rendición incondicional"

Todos tenemos áreas en nuestra vida que aún no las hemos rendido a Dios, ni le hemos dado control total sobre ellas. Sin embargo, en lugar de cederle esas áreas a nuestro Creador y Señor, con frecuencia discutimos con Él sobre ellas. A veces, nos justificamos pensando que sólo porque hemos tratado de superar cierta debilidad por largo tiempo, sin resultados aparentes, no queda más que podamos hacer al respecto. Nos estancamos espiritualmente en esa área y dejamos de rendírsela a Dios o de buscar transformación. Cuando esto sucede, revelamos que cierto grado de complacencia, independencia, egoísmo, incredulidad y/o rebeldía está operando en nosotros.

El Señor no quiere que permanezcamos en una condición en la que nuestro corazón y mente estén separados de Él, y que esto nos impida hacer su voluntad y experimentar todas las bendiciones que Él tiene para nosotros. El quebrantamiento del corazón, a menudo, es el medio que Dios tiene que usar para lidiar con nuestra testarudez, orgullo y otros obstáculos que se interponen en el camino de nuestra obediencia y confianza en Él. El quebrantamiento es una condición dolorosa en la cual nos damos cuenta que no hay nada en nosotros mismos que pueda ayudarnos o salvar esa situación, y a veces, nuestra vida. Nuestro único socorro está en someternos al amor y señorío de Cristo. En ese lugar, nuestro corazón deja de discutir, razonar o justificarse delante de Dios. Llegamos al punto en el que estamos dispuestos a ceder ante Él y a obedecerlo sin reservas. Nos presentamos delante de Dios bajo los términos de una "rendición incondicional".

El don del quebrantamiento

Independientemente de la razón de nuestro quebrantamiento o la forma que tome en nuestra vida, debemos saber esto: Por muy doloroso que sea, el quebrantamiento es un don, porque nos da una oportunidad de volver a Dios y/o conocerlo de manera más íntima. La ilustración del padre amoroso y generoso de la parábola del hijo pródigo es una figura de la actitud de nuestro Padre celestial hacia nosotros cuando atravesamos por un quebrantamiento. Así como en la parábola, el Señor nos vuelve a recibir, con los brazos abiertos, cuando empezamos a andar por el camino que nos lleva de regreso a su casa. (Vea Lucas 15:11–24, 32).

El corazón de nuestro Padre celestial anhela que sus hijos se alejen de la rebelión y se acerquen a Él. Su corazón se refleja en el lamento de Jesús sobre Jerusalén, debido a la dureza e indiferencia del corazón del pueblo: *"¡Jerusalén, Jerusalén, que matas a los profetas, y apedreas a los que te son enviados! ¡Cuántas veces quise juntar a tus hijos, como la gallina junta sus polluelos debajo de las alas, y no quisiste!"* (Mateo 23:37). Cuando nuestro corazón está endurecido o indiferente, Dios permite que experimentemos quebranto a fin de renovarnos, para que continúe la transformación de nuestro corazón conforme a la imagen de Cristo.

Cada ser humano que se rinde a Dios durante el proceso de quebrantamiento tiene un punto de quiebre, un punto en el que reconoce la deficiencia de sus fuerzas y recursos y, por fin, rinde su corazón al de Dios que posee fuerza y recursos ilimitados. En términos coloquiales, alcanzar el "punto de quiebre", es lo que algunos llaman "tocar fondo" o "morder el polvo". Ciertas personas llegan a ese punto más rápido que otras. Algunas, sólo ceden después de haber soportado la adversidad o de haber sufrido las consecuencias de su rebeldía por un largo período de tiempo.

Un hombre llamado Frank experimentó un quebrantamiento que lo llevó a reconsiderar su decisión de alejarse de Dios. Él escribe: "Yo crecí en Cuba y experimenté carencias en las áreas básicas de mi vida, como comida y salud. Desde los dos años, sufrí ataques crónicos de asma; tanto que muchas veces llegué al hospital al borde de la muerte. En el área emocional también tenía carencias. La relación entre mis padres era un infierno; peleaban todos los días, y los gritos y la violencia eran insoportables, hasta que al cumplir yo los once años, ellos se divorciaron. Mi padre salió del país con la intención de sacarnos también a nosotros, algún día; y su partida me causó un gran dolor.

"Una noche fui con mi madre a una iglesia y juntos aceptamos a Jesús como nuestro Salvador. De inmediato, comenzamos a disfrutar de una relación personal con Él, y a servirlo. Sin embargo, cuando tenía quince años me alejé de Jesús por completo. Perdí mi relación con Dios, y el pecado tomó el control de mi ser. Al llegar a los diecisiete, mi vida era un caos; era rebelde, orgulloso y me negaba a escuchar razones. Me sentía solo, rechazado, desesperado y miserable; tanto, que llegué al punto de considerar la idea que quitarme la vida. Trataba de llenar el vacío de mi corazón con sexo y popularidad, pero nada funcionaba. Y mientras tanto, mi madre oraba por mí.

"En el pico de la desesperación, comencé a buscar el rostro de Dios, y tomé la firme decisión de servirlo, sin importar el precio. Poco a poco, Dios empezó a liberarme, y yo a sentir su presencia una vez más. Tiempo después, mi padre pudo sacarnos de Cuba, y vinimos a los Estados Unidos. Aquí, Dios me dio una iglesia maravillosa, con los mejores padres espirituales; me sanó del asma y restauró mi relación con mi padre. Además, conocí a la mujer más hermosa que haya visto, y Dios nos unió en matrimonio con el propósito de que le sirvamos juntos.

"Dos años más tarde ella quedó embarazada. ¡Nuestro gozo era inmenso! Cuando tenía tres meses de embarazo, fuimos a una cita de rutina con el ginecólogo, donde esperábamos oír los latidos del corazón de nuestro bebé por primera vez; pero de repente, todo cambió. El doctor nos dijo que nuestro bebé estaba muerto. Después del shock inicial, volvimos a nuestro automóvil y comenzamos a orar. Y allí, mientras orábamos, el abrazo del Padre confortó y sanó nuestros corazones. Más tarde, Dios nos dio dos preciosos hijos que hoy llenan nuestros corazones".

Debemos recordar que Dios no causa enfermedad ni muerte. Sin embargo, puede usar el quebrantamiento que producen esas situaciones difíciles para acercarnos más a Él. Y si nos hemos rebelado contra Dios, Él puede permitir que nuestro corazón endurecido vuelva a ser sensible a Él y se rinda a sus propósitos.

Quebrantamiento significa ir hacia Dios,
bajo los términos de una "rendición incondicional".

El corazón quebrantado versus el corazón herido

Para entender el quebrantamiento, es fundamental conocer la diferencia entre un corazón que ha sido "quebrantado" y un corazón que está emocionalmente herido. Mucha gente tiende a pensar que son lo mismo, pero esas condiciones son opuestas en relación a la apertura del corazón a Dios, la voluntad de ser enseñados por Él, y la capacidad de recibir sanidad.

Una persona con un corazón quebrantado se humilla, se rinde a Dios y renuncia a su voluntad para cumplir la de Dios. Su enfoque ya no está en sus propios problemas y necesidades, sino solamente en Él como su Fuente y Sustentador. Por el contrario, una persona con un corazón herido suele estar centrada en sí misma más que en Dios. Los problemas que ha experimentado pueden haber sido auto-infligidos, u ocasionados por otra gente. Pero, más allá de cómo hayan ocurrido sus dificultades, el carácter de su corazón ha sido infectado con autocompasión y amargura. Su corazón tiene heridas abiertas que siguen sangrando y causándole dolor.

Suele decirse que el animal más peligroso es un animal herido, porque siempre está a la defensiva. Rechaza ser ayudado, y nadie puede acercarse sin resultar herido. La reacción más común de la persona herida es que no confía en los demás y trata de protegerse de todo aquello que cree que la puede herir. En consecuencia, tiene poca o ninguna relación cercana.

En el ámbito de la iglesia, creo que los más "peligrosos" son los pastores y otros líderes heridos, porque a menudo predican, enseñan y ministran desde su dolor emocional, en lugar de hacerlo desde el conocimiento y la revelación de lo que Cristo quiere decirle a su iglesia. Un líder herido no puede ser un canal limpio a través del cual la unción de Dios pueda fluir. Además, creo que las personas con heridas emocionales pueden atraer espíritus demoníacos que desean controlar e incluso habitar en su corazón. Si usted es un pastor, maestro, evangelista u otro líder en la iglesia, y ve que está hiriendo a la gente espiritual, mental o emocionalmente, es probable que esto se deba a que usted ha sido emocional y/o espiritualmente herido, y que nunca ha sanado ese dolor en su corazón. Si bien todos tenemos que lidiar con diferentes asuntos emocionales y espirituales, no creo que Dios quiera que un líder esté ministrando a otros con heridas en su corazón. Él quiere líderes que sirvan a su pueblo en un estado de salud espiritual, con *"el fruto del Espíritu"*, de *"amor, alegría, paz, paciencia, amabilidad, bondad, fidelidad, humildad y dominio propio"* (Gálatas 5:22–23, NVI).

De acuerdo con esto, la gente herida no debería ocupar posiciones de liderazgo ni de servicio activo hasta que haya sido sanada de su dolor; de lo contrario, será muy poco lo bueno que pueda salir de su ministerio. Por ejemplo, he visto pastores que usan el púlpito para atacar verbalmente a otras personas, divulgar los asuntos privados de alguien, buscar venganza o defender sus posiciones personales —todo en el nombre de Dios—. El púlpito es demasiado santo como para usarlo con el fin de atacar y difamar a otra persona o defenderse uno mismo. Los pastores que actúan de esta manera deben arrepentirse y buscar sanidad para sus emociones. Sus corazones deben ser transformados antes que puedan continuar ministrando al pueblo de Dios.

Es más, los líderes heridos frecuentemente producen más líderes heridos, porque a menudo pasamos nuestras actitudes a aquellos que están bajo nuestro discipulado. Tristemente, hoy hay muchos creyentes en las iglesias que están experimentando dolor espiritual y amargura en el corazón, porque han sido mal guiados por líderes heridos, quienes a su vez —con intención o sin ella— los han maltratado y/o herido. Estos creyentes no han sido correctamente formados, entrenados o equipados a la imagen de Cristo. Y muchos de ellos permanecerán heridos hasta que alguien más esté dispuesto a guiarlos a la restauración.

Un líder herido a menudo hiere a quienes lidera.

Dios busca a aquellos cuyos corazones están quebrantados, de manera que Él pueda manifestarles su amor, gloria, poder y reino. Si bien Él desea sanar el corazón herido antes que siga hiriéndose a sí mismo y a los demás, Él sabe que sólo una persona con un corazón quebrantado está lista para ser ayudada, porque habrá llegado al final de la línea, en términos de su propia fuerza y capacidad. Y Dios está listo y dispuesto para brindarle ayuda: *"Cercano está Jehová a los quebrantados de corazón; y salva a los contritos de espíritu"* (Salmos 34:18).

Dios busca a aquellos cuyos corazones han sido quebrantados y están listos para ser sanados.

El siguiente testimonio, de un hombre llamado Faiber, ilustra cómo Dios puede usar nuestro profundo quebrantamiento para acercarnos a Él, para poder sanar nuestras heridas. "Mi madre fue una joven que no tuvo quién la defendiera", cuenta Faiber, quien nació como resultado de una violación. Este hombre creció solo, sin amor y sin una figura paterna. La gente lo llamaba "Faiber, el bastardo", y él le rogaba a su madre que buscara un esposo para que él pudiera tener un padre a quien amar. Cuando él tenía siete años, su madre se casó, y él pensó que su sueño se había hecho realidad. Con lo que no contaba era con la violencia, borracheras y prostitución que este hombre traería a sus vidas.

Cuando terminó sus estudios, Faiber decidió abandonar su hogar; pero no fue muy lejos porque los malos hábitos que adquirió tomaron el control de su vida. ¡Llegó a vivir seis meses en la calle! Además de abusar de las drogas y el alcohol, comenzó a involucrarse con mujeres casadas; una tras otra, hasta perder la cuenta. Las golpizas que recibía de los esposos a menudo lo llevaban a terminar en la cárcel o el hospital.

Una noche, un ministerio lo recogió. Durante una semana, este ministerio lo alimentó y lo cuidó. Al final de la semana, le presentaron dos opciones: Volver a las calles o asistir a un retiro espiritual. Aunque no quería saber nada con Dios, decidió hacer un pacto con Él porque, de otro modo, sabía que su próximo y último paso sería el suicidio.

Así empezó su nueva vida en Cristo, y todo cambió. Desarrolló una carrera y contrajo matrimonio. Con el tiempo, llegó a nuestro ministerio, El Rey Jesús, donde Dios restauró su matrimonio, les proveyó mejores trabajos, a él y a su esposa, así como un nuevo hogar. En la actualidad, ellos trabajan fuerte en la restauración sobrenatural de matrimonios y familias que necesitan el poder sanador de Dios. Faiber tuvo que tocar fondo antes de rendir su corazón a Dios y permitirle transformar su vida, sanarlo, restaurarlo, darle una familia, y brindarle un sentido de propósito.

Suelte para que pueda recibir

Quizá Dios está lidiando con usted ahora mismo, urgiéndole a que se rinda a Él. ¿Es porque usted está huyendo de su llamado? ¿Es acaso por su irresponsabilidad en sus hábitos de consumo? ¿Es porque usted se rehúsa a someterse a las autoridades por Él delegadas? ¿Es por su falta de compromiso con los propósitos de su reino? ¿O quizá es por su ira, pereza o miedo? El Padre busca nuestro corazón; Él conoce las áreas de nuestra vida donde existe rebeldía o donde no estamos alineados con su voluntad. Él nos recuerda esas áreas para que se las rindamos, y así poder transformar nuestro corazón. Si no nos rendimos, podemos encontrarnos a nosotros mismos pasando el proceso del quebrantamiento.

La naturaleza de pecado nos empuja a vivir en egocentrismo, independientes de Dios, queriendo tener el control absoluto —confiando en nuestra propia inteligencia, educación, estatus social, fuerzas, dones, habilidades y más—. Nuestro "yo" rechaza la idea de rendir nuestra vida de todo corazón al señorío de Cristo. El "hombre viejo" trata de satisfacer sus deseos corruptos en lugar de morir a sus impulsos destructivos.

Sin embargo, usted no necesita aferrarse a nada de lo que Dios quiere remover de su vida, porque Él nunca le dará algo malo a cambio de eso. ¡Él desea bendecirlo! Repito, Él nunca trae enfermedad, pobreza ni opresión; Él es el Padre de todas las cosas buenas: *"Toda buena dádiva y todo don perfecto desciende de lo alto, del Padre de las luces, en el cual no hay mudanza, ni sombra de variación"* (Santiago 1:17). Pero, como hemos visto, Dios permite que enfrentemos circunstancias difíciles para atraer nuestra atención sobre los diferentes obstáculos que nos impiden amarlo y darle el control de nuestra vida. Usted nunca saldrá perdiendo si le cede todo al Señor. Más bien, ganará a Dios mismo, ¡con todos sus atributos y bendiciones!

La gente más difícil de quebrantar es la testaruda y orgullosa.

Vías del quebrantamiento

Cuando Dios nos quebranta, suele enfocarse —de una en una— en todas las áreas que no están alineadas con su naturaleza y propósitos. Hablando en términos generales, llamará nuestra atención sobre algo que está quitándole el primer lugar que le corresponde a Él en nuestro corazón o que, de algún modo, nos está impidiendo hacer su voluntad. Puede tratarse de una actitud negativa, un hábito destructivo, una actividad impía o una relación no saludable —algo o alguien dañino para nosotros—, que no hemos querido soltar. Veamos tres vías a través de las cuales el proceso de quebrantamiento puede ocurrir.

1. Las dolorosas consecuencias del pecado

Dios nunca nos lleva a pecar, y tampoco quiere que pequemos contra Él. Pero cuando escogemos desobedecerle, creamos situaciones y cosechamos consecuencias que, tarde o temprano, nos llevan al quebrantamiento espiritual, emocional, mental y/o físico. En este escenario, nuestro quebrantamiento es producido por nuestra propia desobediencia voluntaria. La desobediencia siempre trae consecuencias; especialmente cuando se vuelve una actitud de rebeldía permanente. Los efectos secundarios de nuestro pecado nos llevan a un "punto de quiebre" en nuestra vida. Cuando alcanzamos ese punto, y tomamos una decisión genuina de arrepentirnos y volvernos a Dios, Él nos extiende su amor y perdón, y restaura nuestra relación con Él. Es importante cooperar con el Señor cuando estamos atravesando el proceso del quebrantamiento. David escribió: *"Los sacrificios de Dios son el espíritu quebrantado; al corazón contrito y humillado no despreciarás tú, oh Dios"* (Salmos 51:17).

2. Una crisis imposible de resolver

En ocasiones, Dios permitirá que vengan situaciones a nuestra vida cuya solución está fuera de nuestro alcance, de modo que Él pueda encontrarnos en nuestro punto de quiebre con su salvación, misericordia y gracia. Puede que experimentemos una emergencia económica, una crisis familiar, la pérdida de algo valioso para nosotros o algún otro aprieto. Después de agotar nuestros recursos —conocimiento, sabiduría, fuerza, talentos y otras habilidades— sin hallar una solución aceptable, finalmente llegamos a la conclusión de que esa situación nos supera. En ese momento, surge la oportunidad de someternos a Dios, reconocemos nuestra debilidad y necesidad, y dejamos que Él obre en nuestra situación como lo considere mejor.

3. Un trato directo de Dios con nuestro corazón

A veces, Dios lidia directamente con nuestro corazón a través de su Espíritu Santo, trayendo convicción y llevándonos a examinarnos, para ver de qué manera nos hemos alejado de Él. En tales tiempos, nos lleva a arrepentirnos y someternos a su voluntad. Su meta final para con nosotros, es que confiemos únicamente en Él, no en ningún poder, fuerza o recurso terrenal. Podemos describir esta vía del quebrantamiento como un acto soberano de Dios que nos lleva a reconocer Su señorío, poder y majestad. Un excelente ejemplo de esta forma de quebrantamiento es el relato bíblico de Jacob, cuando luchó toda la noche con un *"varón"* hasta que, al rayar el alba, ese *"varón"* lo tocó en la coyuntura de la cadera, dejándolo cojo. Ese *"varón"* con quien Jacob luchó era Dios mismo. (Vea Génesis 32:24–32). El Señor tuvo que quebrantar a Jacob debido a su testarudez.

Con el propósito de transformar nuestro corazón, Dios usa diferentes medios para quebrantarnos. En el siguiente testimonio, un hombre llamado Emerson tuvo que alcanzar su punto de quiebre antes de finalmente rendir el control de su vida a Dios. Así lo relata él: "Para ponerlo en palabras sencillas, diré que mientras mi esposa vivía como fiel cristiana, mi dios era el trabajo; ésa era mi vida. Entonces, ambos perdimos nuestros trabajos y nos encontramos en serios problemas económicos. Perdimos nuestra casa y un automóvil, ni siquiera teníamos dinero suficiente para comprar alimentos.

"Mi esposa y yo llegamos al Ministerio El Rey Jesús. Yo estaba en un estado de depresión, miedo y enojo, sin saber qué hacer, porque seguíamos sin encontrar trabajo. Un día, oí una prédica acerca de la misericordia de Jesús y supe que durante todo ese tiempo, lo único que realmente había necesitado en mi vida era a Cristo. En otra ocasión, mientras descansaba luego de haber alineado las sillas del santuario de la iglesia, el Pastor Maldonado se acercó a mí y me preguntó cómo estaba. Yo le contesté que estaba 'bien', pero él insistió en saber cómo me encontraba en realidad. Yo comencé a llorar y le dije todo lo que estaba sucediendo. Él me ministró durante cuarenta y cinco minutos; y ese tiempo fue muy valioso para mí.

"Luego, el Departamento de Recursos Humanos de la iglesia se puso en contacto conmigo. Tres meses más tarde, me ofrecieron un trabajo en el centro de la ciudad; pero el día que tenía que empezar, recibí un llamado de la compañía diciendo que no podrían contratarme. Mi carga era tan grande que no podía llevarla más por mí mismo. Entonces, decidí dársela a Jesús para que Él obrara de acuerdo a su voluntad. Una hora más tarde, recibí una llamada de la iglesia, preguntando si estaría interesado en trabajar para el Departamento de Tecnología por contrato. Mi esposa también comenzó a trabajar medio tiempo en la escuela del ministerio.

"Seis meses más tarde, empecé a trabajar a tiempo completo como administrador de redes en el ministerio, y mi esposa fue empleada como maestra de jornada completa. Entonces vino la provisión sobrenatural. Además, Dios nos proveyó de manera sobrenatural los pagos de varios meses que yo debía del préstamo de mi automóvil. El banco me dijo que estaba al día con los pagos, cuando yo sabía que llevaba cuatro meses sin pagar. Ahora, Dios está trabajando para ayudarnos a modificar la hipoteca de nuestra casa.

"Nuestras vidas han cambiado por completo. Yo solía estar enojado todo el tiempo, era infeliz, arrogante y antisocial. Creía que lo sabía todo y tenía a mi familia abandonada; tanto que mi matrimonio se estaba yendo a pique. No estaba compartiendo tiempo con mi hijo, y no tenía amigos. Es más, era un mal administrador de todo lo que Dios me había dado. No tenía un futuro ni tampoco una relación con Jesús, e iba en un camino directo al infierno. Ahora, tengo una hermosa relación con Jesús, con mi esposa y con mi hijo. Mi situación económica fue restaurada, gracias a la intervención divina y no a mis habilidades naturales. El quebrantamiento me llevó a entender que sin Jesús, nada puedo hacer".

Cuando una persona es quebrantada por Dios,
su vida está en transición hacia un cambio positivo.

Resistiendo a Dios: El caso de Jonás

La historia del profeta Jonás es una buena ilustración de cómo Dios puede trabajar cuando alguien se resiste a su voluntad y se muestra testarudo aun durante el proceso de ser quebrantado. Jonás terminó obedeciendo a Dios, pero todavía había asuntos en su corazón que él tenía que resolver. Dios le había pedido a Jonás que hiciera algo muy importante, pero él tenía su propia opinión acerca de la situación. Por tanto, ignoró el mandato de Dios y "huyó", tratando de ocultarse del Creador del mundo. Aquí está la historia:

> *Vino palabra de Jehová a Jonás hijo de Amitai, diciendo: Levántate y ve a Nínive, aquella gran ciudad, y pregona contra ella; porque ha subido su maldad delante de mí. Y Jonás se levantó para huir de la presencia de Jehová a Tarsis, y descendió a Jope, y halló una nave que partía para Tarsis; y pagando su pasaje, entró en ella para irse con ellos a Tarsis, lejos de la presencia de Jehová.* (Jonás 1:1–3)

Jonás estaba enojado con el pueblo de Nínive porque sus hombres eran unos fieros guerreros que habían atacado a los israelitas. Lo que Jonás quería era ver a este pueblo castigado y destruido. Por el contrario, Dios, en su misericordia (vea Jonás 4:2, 11), había mandado a Jonás a advertir a los ninivitas que pronto los castigaría por su maldad, con el fin de darles una oportunidad de arrepentirse y librarse del fin. Sin embargo, el resentimiento y el odio de Jonás eran, a la vista, mayores que su amor, tanto que de inmediato decidió desobedecer las instrucciones del Señor.

¿Alguna vez Dios le ha pedido que hiciera algo por una persona con la que no se lleva bien? ¿Qué hizo? ¿Eligió desobedecer a Dios? A veces, la ira, el resentimiento y el odio pesan más que el temor de Dios en nuestro corazón.

Veamos, paso a paso, cómo el Señor llevó el corazón de Jonás al quebrantamiento, y qué le dijo al ver que el profeta persistía en su testarudez.

1. Dios envió una tormenta

"*Pero Jehová hizo levantar un gran viento en el mar, y hubo en el mar una tempestad tan grande que se pensó que se partiría la nave*" (Jonás 1:4). Dada la rebelión de Jonás, era necesario que Dios usara el proceso del quebrantamiento para traerlo de vuelta a su voluntad. Incluso en medio de la más terrible tempestad, en peligro de vida, Jonás no fue conmovido a arrepentirse y obedecer a Dios. Prefirió morir en el mar antes que predicarles a sus enemigos y verlos volverse de sus malos caminos.

Jonás no se daba cuenta que Dios estaba tratando, no sólo con el corazón de los ninivitas, sino también con el corazón de él. Dios quería transformar el corazón del profeta para que fuera conforme al suyo, y enseñarle a "dejar que Dios sea Dios". Hoy ocurre algo similar. Mucha gente no reconoce que Dios está lidiando con ellos, para que amen a su prójimo, aun si sienten que han sido tratados injustamente, porque creen que ellos están en lo correcto y que los demás están equivocados y, por lo tanto, merecen ser castigados por Dios.

El relato en el libro de Jonás continua diciendo: "*Y los marineros tuvieron miedo, y cada uno clamaba a su dios.... Pero Jonás había bajado al interior de la nave, y se había echado a dormir*" (Jonás 1:5). Finalmente, la tripulación del barco descubrió que Jonás era la causa de la tempestad y él les dijo que si lo arrojaban por la borda, la tempestad cesaría. Los marineros no querían matar a Jonás, pero después de tratar en vano de remar contra la tempestad decidieron deshacerse de él, y le pidieron a Dios que los perdonara. Al instante la tormenta cesó. (Vea Jonás 1:6–16).

¿Se ha encontrado alguna vez en medio de una tempestad causada por alguien que huye de Dios? ¿Su propia rebeldía contra el Creador está originando una tormenta para la gente cercana a usted, y la ha puesto en riesgo espiritual, emocional, mental, físico y financiero? ¿Podría ser ésta la causa de sus problemas matrimoniales? ¿Podría ser ésta la razón de que su negocio esté al borde de la quiebra? ¿Podría esto explicar por qué su ministerio o iglesia no logra mantenerse a flote? Cuando huimos de Dios y de lo que Él nos ha pedido, a menudo provocamos nuestro propio quebrantamiento, el cual no sólo nos afecta a nosotros mismos, sino también a otra gente en nuestra vida.

2. Dios preparó un gran pez

"*Pero Jehová tenía preparado un gran pez que tragase a Jonás; y estuvo Jonás en el vientre del pez tres días y tres noches*" (Jonás 1:17). ¿Cuál era el propósito de Dios al hacer que un gran pez se tragara a Jonás? Él le había preparado un encierro temporal allí, con el fin de quebrantar la voluntad rebelde del profeta. Jonás pasó tres días y tres noches dentro del pez, meditando acerca de su condición y reconsiderando su actitud. El hecho de que Jonás no hubiera muerto dentro del pez, muestra que Dios estaba en absoluto control de la situación. Él no quería matarlo, sino llevarlo al quebrantamiento para transformar su corazón. Quería que el profeta se arrepintiera y cumpliera su voluntad de ir a predicar a Nínive.

Las Escrituras dicen que, luego de tres días, *"oró Jonás a Jehová su Dios desde el vientre del pez"* (Jonás 2:1). Hizo un pacto con el Señor diciendo: *"Mas yo con voz de alabanza te ofreceré sacrificios; pagaré lo que prometí"* (Jonás 2:9). Note que Jonás se rindió a Dios cuando creyó que el final de su vida estaba cerca; sólo entonces, hizo un pacto con Él. ¿Ha conocido gente que se ha vuelto a Dios sólo cuando llegan al final de la línea? ¿Está usted en esa situación ahora mismo?

Imagínese a Jonás dentro de la barriga del pez, ¡con sus jugos gástricos y el olor! ¡Qué triste saber que sólo entonces el profeta llegó al punto de decidirse a obedecer a Dios! Aun así, el corazón de Jonás todavía necesitaba más ablandamiento con respecto a Nínive. Tal vez Jonás se arrepintió, al extremo de querer ver restaurada su relación con Dios, pero eso no era suficiente como para apreciar la misericordia de Dios con los enemigos de Israel.

Jonás obedeció el mandato del Señor y proclamó el juicio inminente de Dios por toda la ciudad de Nínive. ¿Qué sucedió entonces? Toda la ciudad se arrepintió y Dios perdonó al pueblo. (Vea Jonás 3:5–10). Pero Jonás se enojó con este resultado, y le dijo a Dios que la razón por la que no había querido predicarles a los ninivitas al principio, era porque sabía que el Señor tendría misericordia de ellos. De hecho, le dijo: *"Porque sabía yo que tú eres Dios clemente y piadoso, tardo en enojarte, y de grande misericordia, y que te arrepientes del mal"* (Jonás 4:2). A continuación, Jonás salió a las afueras de Nínive y se sentó, aparentemente para ver si Dios destruiría a aquel pueblo. Era un día caluroso y Jonás se fabricó una enramada para refugiarse del sol. (Vea Jonás 4:5).

3. Dios preparó un gusano

El Señor siguió tratando con el estado del corazón de Jonás usando un insecto:

Y preparó Jehová Dios una calabacera, la cual creció sobre Jonás para que hiciese sombra sobre su cabeza, y le librase de su malestar; y Jonás se alegró grandemente por la calabacera. Pero al venir el alba del día siguiente, Dios preparó un gusano, el cual hirió la calabacera, y se secó.

(Jonás 4:6–7)

Jonás se enojó porque el gusano había destruido la planta que le había dado sombra. (Vea Jonás 4:8–9). Como está claro, debido al enojo que le había provocado su asignación en Nínive, Jonás no podía ver que los ninivitas también eran creación de Dios, tal como los israelitas. Era tanto su enojo que le importaba más la ruina de una planta que la inminente destrucción de una ciudad entera, llena de gente. A él le tenía sin cuidado que Dios amara a los ninivitas a pesar de que ellos habían sido hostiles con su pueblo escogido, Israel.

4. Dios preparó un viento recio

"*Y aconteció que al salir el sol, preparó Dios un recio viento solano* ["*abrasador*", NVI], *y el sol hirió a Jonás en la cabeza, y se desmayaba, y deseaba la muerte, diciendo: Mejor sería para mí la muerte que la vida*" (Jonás 4:8). Un "viento abrasador" representa una situación que nos quita la fuerza y/o nos hace sentir derrotados. Dios permite que esto ocurra para que podamos llegar al punto de quiebre en el cual le permitamos transformar nuestro corazón y enderezar nuestro camino en la vida. Así nos podrá capacitar para volver a caminar en su perfecta voluntad.

Jonás no entendía que Dios quería que llamara a los ninivitas al arrepentimiento porque sabía que éstos ignoraban su existencia. El Señor trataba de que su profeta entendiera su misericordia hacia aquellos que consideraba sus enemigos: "*Tuviste tú lástima de la calabacera, en la cual no trabajaste, ni tú la hiciste crecer; que en espacio de una noche nació, y en espacio de otra noche pereció. ¿Y no tendré yo piedad de Nínive, aquella gran ciudad donde hay más de ciento veinte mil personas **que no saben discernir entre su mano derecha y su mano izquierda…?**"* (Jonás 4:10–11). Cuando no somos capaces de mostrar misericordia con aquellos que nos atacan por ignorancia, podemos provocar que Dios nos quebrante para que lleguemos a sentir como Él siente y a amar como Él ama.

Mientras sigamos resistiendo a Dios, Él nos perseguirá y nos llevará hasta al límite de nuestras propias fuerzas. A veces, nos olvidamos que *"¡horrenda cosa es caer en manos del Dios vivo!"* (Hebreos 10:31). ¿Qué costo tuvo la rebelión de Jonás, para él mismo y para otra gente? Primero, estoy seguro que le costó una conciencia de culpabilidad, la cual causa estragos sobre una persona. Segundo, su demora le costó la pérdida de tiempo y de oportunidades de servir a Dios. Tercero, puso la vida de todos los marineros de aquel barco en peligro. Cuarto, pasó por el doloroso proceso de ser quebrantado. Finalmente, lo peor de todo, es que hizo que su relación con Dios se volviera tensa. La rebelión tiene un costo similar para nosotros: una conciencia de culpabilidad; pérdida de oportunidades de obedecer y servir a Dios; pone en riesgo espiritual, emocional, mental o físico a nuestras familias, empresas y posesiones; experimentamos el quebrantamiento; y, sobre todo, la fractura de nuestra relación con nuestro Padre celestial.

Nadie se puede rebelar contra Dios sin pagar un alto precio.

El siguiente testimonio ilustra cómo Dios viene a nosotros en nuestro quebrantamiento y nos invita a ser transformados. El corazón de Alexander estaba lleno de odio y dolor, y él creía que reaccionar con ira era la manera como él debía relacionarse con la gente y las situaciones. Éste es su relato: "Efesios 4:26, *'No se ponga el sol sobre vuestro enojo,'* es una lección que me tomó años aprender. Más de cuarenta años atrás, el espíritu de ira tomó mi vida. De niño me molestaban en la escuela, y la situación empeoró cuando tuve que usar anteojos; mis compañeros me tocaban la cara y se burlaban de mí. Yo no podía expresar mis emociones ni hacerlas a un lado, así que se quedaron allí guardadas dentro de mí. Odiaba la idea de que la gente se me acercara demasiado a la cara.

"Como cualquier situación con la que no se lidia, mi problema con la ira siguió creciendo. Poco a poco, empecé a pensar que si alguien viniera a tocar mi cara, lo golpearía, lo lastimaría y hasta lo mataría. Muchos años pasaron sin que nadie supiera de esta fuerza demoníaca en mi vida. Sin embargo, cuando nacieron mis hijos, Dios me reveló que, a menos que fuera libre, esa ira dentro de mí, que gobernaba el espíritu de asesinato, se convertiría en una maldición generacional. Yo quería la liberación y, una noche, en la iglesia a la que asistía antes, la recibí. Cuando el pastor comenzó a orar por mí y echó fuera ese horrible espíritu, el poder de Dios se movió en mi vida de inmediato.

Sentí, literalmente, como si algo muy pesado me fuera quitado de los hombros. En ese momento, supe que había sido libre y que, por la misericordia de Dios, la maldición había sido rota en la línea sanguínea de mis hijos. Sé, sin lugar a dudas, que soy libre. Gracias a la sangre de Cristo, ya no lucho más con la ira, y mis hijos no tendrán que lidiar con ella tampoco. ¡Gracias Señor, por mi libertad!".

El punto de quiebre

¿Está Dios llamando su atención acerca de las consecuencias de su pecado por medio de una crisis en su vida, o poniendo un sentido de convicción en su corazón, por el Espíritu Santo, de que algo no está bien en su relación con Él? Si es así, ¿cuál es su punto de quiebre? ¿Cuánto más esperará antes de responder? ¿Quiere experimentar un largo proceso de sufrimiento antes de rendirse a Dios? O, ¿tomará la decisión de rendirse por completo a Él, ahora mismo? ¡La elección es suya! Si regresa a Dios, Él lo recibirá. *"Los sacrificios de Dios son el espíritu quebrantado; al corazón contrito y humillado no despreciarás tú, oh Dios"* (Salmos 51:17).

Una persona alcanza su punto de quiebre cuando está lista para rendirse y someterse a Dios.

Son frecuentes los casos en que la gente busca a Cristo sólo cuando alcanzan su punto de quiebre, porque saben que solamente un milagro los puede ayudar. La mujer que tocó el borde del manto de Jesús mientras creía por su sanidad, es un excelente ejemplo de alguien en esta situación. *"Había entre la gente una mujer que hacía doce años padecía de hemorragias. Había sufrido mucho a manos de varios médicos, y se había gastado todo lo que tenía sin que le hubiera servido de nada, pues en vez de mejorar, iba de mal en peor. Cuando oyó hablar de Jesús, se le acercó por detrás entre la gente y le tocó el manto"* (Marcos 5:25–27, NVI).

Definitivamente, esta mujer había alcanzado su punto de quiebre, dado que llevaba más de una década sufriendo una enfermedad debilitante. Había tratado todo lo conocido, había gastado todo su dinero para encontrar una cura, y todo había sido en vano. Entonces, oyó acerca de Jesús y se dijo a sí misma: *"Si logro tocar siquiera su ropa, quedaré sana"* (Marcos 5:28, nvi). Esta mujer estaba lista para rendirse a Cristo porque Él era su única esperanza. No tenía más alternativas. Y cuando tocó sus ropas, *"al instante cesó su hemorragia, y se dio cuenta de que su cuerpo había quedado libre de esa aflicción"* (Marcos 5:29, nvi). Y Jesús le respondió: *"¡Hija, tu fe te ha sanado! … Vete en paz y queda sana de tu aflicción"* (Marcos 5:34, nvi). Las Escrituras están llenas de recuentos de gente que habían alcanzado su punto de quiebre y no tenían más opción que rendirse a Dios y buscar su socorro.

Usted sabe que ha alcanzado su punto de quiebre cuando su única alternativa es Dios.

Mientras sienta que tiene otras alternativas, usted no buscará al Señor; y tampoco podrá ver la poderosa mano de Dios obrando en su vida. Sin embargo, una vez que esté quebrantado, una vez que se rinda, ceda su voluntad y confíe únicamente en Dios, sin reservas, Él transformará su corazón y obrará de manera poderosa en su vida. *"Porque así dijo el Alto y Sublime, el que habita la eternidad, y cuyo nombre es el Santo: Yo habito en la altura y la santidad, y con el quebrantado y humilde de espíritu, para hacer vivir el espíritu de los humildes, y para vivificar el corazón de los quebrantados"* (Isaías 57:15).

Un corazón quebrantado deja de resistirse a la obediencia.

Los propósitos y las bendiciones del quebrantamiento

"Por tanto, nosotros todos, mirando a cara descubierta como en un espejo la gloria del Señor, somos transformados de gloria en gloria en la misma imagen, como por el Espíritu del Señor" (2 Corintios 3:18). La vida cristiana es una transformación continua. Dios, en su soberanía, iniciará y/o utilizará

el proceso de quebrantamiento para transformarlo aún más a la imagen y semejanza de Cristo, para que usted llegue a reflejar su carácter y corazón. Después que haya experimentado el quebrantamiento y se haya rendido a Dios, será una persona diferente, más amorosa, más humilde y más centrada en el propósito de Dios para su vida. Usted no será el mismo que era antes de ser quebrantado, pero tampoco será la persona en la cual se convertirá en el futuro, a medida que sigue rindiéndose a Él.

Repito, la transformación es un proceso que debe continuar toda la vida. Si dejamos de permitir que Dios nos cambie, nos conformaremos a una realidad que refleje sólo el ámbito natural, pero que es incapaz de resolver nuestros problemas y necesidades más profundas. Es más, si dejamos de avanzar espiritualmente, no sólo nos estacaremos, sino que pronto comenzaremos a retroceder.

Una vez que conozcamos las razones para el quebrantamiento, y sus beneficios, dejaremos de quejarnos por lo que hemos tenido que soportar. En cambio, le agradeceremos a Dios por eso. A veces, nos preguntamos: "¿Por qué estoy atravesando este sufrimiento? ¿Habré desobedecido a Dios?". O, "¿Por qué Dios permitió que esto sucediera?". Más allá de la causa de nuestras aflicciones, si entendemos el propósito del quebrantamiento, podremos usar cualquier circunstancia como una oportunidad para acercarnos más a Dios. Cuando buscamos al Señor y nos rendimos a su deidad, Él comienza a transformarnos.

Hay muchas bendiciones y beneficios que resultan de las experiencias del quebrantamiento. Veamos diez de las más evidentes:

1. Ganaremos una mayor sensibilidad a la presencia de Dios

Mucha gente se pregunta por qué no puede sentir la presencia de Dios. No se dan cuenta que la dureza de su corazón y/o la resistencia a ser quebrantadas son los más grandes impedimentos para sentir su presencia. A menudo, aquellos que responden de manera positiva al quebrantamiento, arrepintiéndose y buscando a Dios, pueden percibir pronto su presencia. Pueden escuchar claramente su voz porque sus corazones están rendidos y sensibles ante Él. Puedo decir, sin sombra de duda que, después de haber atravesado el proceso del quebrantamiento y de habernos rendido por completo a Él, experimentaremos los mejores tiempos en la presencia de Dios.

2. Agradar a Dios se convertirá en nuestra más alta prioridad

El quebrantamiento cambia nuestro enfoque; agradar a Dios de repente se convierte en lo más importante en nuestra vida. Hacer su voluntad es ahora nuestra prioridad suprema y su propósito es el nuestro. Podemos decir, como el rey David, *"El hacer tu voluntad, Dios mío, me ha agradado, y tu ley está en medio de mi corazón"* (Salmos 40:8).

3. Seremos llevados a la madurez espiritual

"Por la fe Moisés, hecho ya grande, rehusó llamarse hijo de la hija de Faraón, escogiendo antes ser maltratado con el pueblo de Dios, que gozar de los deleites temporales del pecado" (Hebreos 11:24–25). Moisés rindió sus privilegios como hijo adoptado de la hija del Faraón —privilegios de posición, riqueza y lujos— a cambio del sufrimiento que lo llevaría a liberar al pueblo de Israel de la esclavitud para llevarlo a la Tierra Prometida. La madurez espiritual no tiene nada que ver con fama, prestigio, credenciales, poder o influencia terrenales; en cambio, tiene mucho que ver con reconocer a Dios como nuestro Soberano, depender de Él por completo, rendirle nuestro corazón, y aprender a entender y valorar sus prioridades y propósitos como propios; consiste en aprender a ser obedientes, sumisos y a estar disponibles para nuestro Señor. Moisés tomó la decisión de someterse a la voluntad de Dios y a ser transformado para cumplir el propósito de su vida, una vida que había sido salvada de la muerte por la protección divina cuando era un bebé. (Vea Éxodo 1:15–2:9). El destino de Moisés había sido trazado desde su nacimiento; pero él tuvo que atravesar el proceso de quebrantamiento —para alcanzar la madurez necesaria— a fin de convertirse en el libertador de Israel.

4. Seremos capacitados para llevar a cabo nuestro propósito y llamado

Cada persona ha sido creada por Dios para un propósito y llamado únicos. Nadie viene a este mundo por casualidad. Sin embargo, la mayoría no conoce el propósito para el cual ha nacido. No ha recibido visión espiritual para ello ni ha experimentado el crecimiento espiritual necesario para llevarlo a cabo. A veces nuestro llamado se nos revela con el tiempo, pero, como el de Moisés, nuestro corazón debe ser transformado para que podamos reconocer ese propósito, avanzar hasta cumplirlo y desarrollar la pasión y madurez para completarlo según el Señor nos guíe.

Dios ya ve nuestro propósito cumplido antes que nosotros lo podamos ver y llevar adelante. Por ejemplo, ahora mismo, con su vista espiritual, el Señor puede estar viendo cierto empresario ganando millones de dólares, los cuales usará para extender el reino de Dios. Tal vez esté viendo un evangelista ganando muchas almas para Cristo, o un pastor cuya iglesia tiene un poderoso ministerio de sanidad y liberación en la ciudad. Suponga que ese empresario, evangelista o pastor, por el momento, está siguiendo una vocación totalmente distinta, pero está atravesando una crisis personal o alguna otra dificultad. Es probable que Dios esté permitiendo que esa persona experimente el quebrantamiento, porque, más allá del sufrimiento, Él está viendo su propósito final; que pueda discernir y llevar a cabo su verdadero llamado, y que así pueda reflejar la naturaleza de Dios, y que le dé gloria a Él.

Asimismo, cuando estamos en medio de nuestro propio quebrantamiento, Dios ve su obra terminada en nosotros; y nos ve cumpliendo su propósito en la tierra. Mientras pasamos el proceso, Él va removiendo los diferentes obstáculos que nos impiden cumplir nuestro llamado, para que seamos libres de llevarlo a cabo.

5. Conoceremos el carácter de Dios de manera más íntima

El quebrantamiento también nos lleva a experimentar a Dios y a conocerlo de manera más íntima que antes. Entenderemos con mayor claridad su amor y voluntad. Así como Jonás tuvo que aprender acerca de la enorme misericordia de Dios, e imitarla, nosotros necesitamos un entendimiento completo de las muchas y maravillosas características de la naturaleza de Dios. Cuando las entendemos, y en respuesta nos humillamos delante de Él, somos capacitados para reflejar esas mismas cualidades.

6. Recibiremos un mayor entendimiento de nosotros mismos

A través del quebrantamiento, también llegamos a identificar nuestras debilidades, defectos, limitaciones y flaquezas. Este conocimiento nos lleva a reconocer que debemos depender de la misericordia y el amor de Dios, en todo tiempo. Más aún, a medida que Dios nos transforma, vamos alcanzando un mayor entendimiento de quiénes somos en Cristo y que el Padre nos quiere cambiar a su imagen.

7. Desarrollaremos una actitud más amorosa, misericordiosa y perdonadora hacia otros

Gracias al quebrantamiento, empezamos a ver a la gente de manera diferente. Nos damos cuenta que ellos no son mejores ni peores que nosotros. Nos deshacemos de nuestro sentido de superioridad o inferioridad, y empezamos a ver a los demás desde la perspectiva de Dios. A través del proceso de quebrantamiento, somos preparados para soltar el espíritu de juicio y crítica, y pasamos por alto más fácilmente las ofensas. Desarrollamos un amor más profundo por nuestro prójimo, y les brindamos mayor misericordia y perdón en cuanto a sus debilidades y fallas. Dejamos de "demandar" —ya sea verbalmente o en pensamiento— que la gente nos pague lo que nos debe o que sea castigada por lo que nos ha hecho para que "reciba lo que merece". Sin importar en qué condición espiritual, emocional o mental se encuentre una persona, la veremos con amor, oraremos por su sanidad y prosperidad, y la ayudaremos a suplir sus necesidades.

El quebrantamiento aumenta nuestro amor y compasión por los demás.

8. Desarrollaremos un espíritu de mansedumbre

Contrario a lo que mucha gente puede pensar, el concepto bíblico de la mansedumbre no es "debilidad". En cambio, su significado se refleja en las siguientes definiciones: "tener o mostrar una naturaleza tranquila y apacible", y "soportar la afrenta con paciencia y sin resentimiento". El quebrantamiento nos transforma en personas enseñables, humildes, abiertas y transparentes. Cuando tenemos un espíritu manso, ya no necesitamos que todo el mundo esté de acuerdo con nuestras opiniones. Dejamos de estar a la defensiva, para poder oír el consejo de otros y aprender de ellos. Dejamos atrás el egocentrismo, podemos trabajar bien en equipo, para ayudar a otra gente y promover el avance del reino de Dios en el mundo.

9. Tendremos un nuevo deseo de crecer en todas las áreas de la vida

Luego de pasar el proceso del quebrantamiento, experimentar la sanidad de nuestro corazón y recibir una apariencia renovada, somos liberados para convertirnos en lo que Dios nos creó desde el principio. De acuerdo con esto, desearemos crecer, madurar, prosperar y tener éxito en cada área de nuestra vida; ya sea en relación con nuestro desarrollo personal, vida familiar, iglesia/ministerio, educación, negocios/trabajo, finanzas u otra área.

Dios no existe para nosotros. Nosotros existimos para Él.

10. Disfrutaremos de nueva libertad en el Espíritu

Por último, experimentamos una mayor libertad en el Espíritu. Nos damos cuenta que antes nos encontrábamos atados a la gente, lugares y circunstancias, así como a nuestros propios prejuicios, deseos egoístas y otras perspectivas negativas que nos han impedido avanzar hacia la semejanza de Cristo a través de la transformación de nuestro corazón. Después del quebrantamiento, disfrutamos de un nuevo sentido de paz interior y contentamiento a medida que cedemos a nuestros propios "derechos" y "demandas" con el fin de cumplir las demandas de amor de Dios. La naturaleza de pecado se sujeta y la vida de Cristo —vencedora del pecado y de la muerte— se levanta en nuestro interior. Gracias a nuestra rendición, Él se puede manifestar en y a través de nuestra vida.

Todo sacrificio verdadero que hacemos para Dios,
es hecho desde el lugar de un corazón quebrantado.

Oración de quebrantamiento

El quebrantamiento del corazón es un proceso necesario que cada cristiano debe atravesar para poder acercarse a Dios, para conocerlo mejor, agradarlo en mayor medida y cumplir su voluntad de forma más completa. Si andamos por la vida con el corazón herido, nunca experimentaremos la sanidad, heriremos a otros sin poder evitarlo y no alcanzaremos nuestro potencial en Dios.

¿Ha estado usted resistiendo el proceso de quebrantamiento? ¿Han venido ya la tempestad, el gran pez, el gusano y el viento abrasador, y nada lo ha hecho rendirse a Dios, para que Él pueda sanarlo, transformar su corazón y cumplir sus propósitos a través de usted? Tal vez sienta que está en su punto de quiebre, que está al límite de sus fuerzas humanas, que quisiera soltar su carga y hallar descanso en Dios. Hoy, tiene la oportunidad de someter su vida a Él, para encontrar paz y plenitud. Repita la siguiente oración para soltar su rebeldía y resistencia, de modo que pueda rendirse por entero al Señor.

Padre celestial, rindo mi independencia, mi autosuficiencia y mi orgullo a ti. Quiero cumplir lo que tú me has llamado a hacer en esta tierra. Transforma cada área de mi vida que no esté alineada con tu voluntad. Me arrepiento de estorbar tus propósitos para mí y por resistirme a la transformación de mi corazón en las áreas de mi desarrollo personal, vida familiar, eclesiástica/ministerial, educativa, empresarial/laboral, financiera, o de otro ámbito. Perdóname y límpiame con la sangre que Jesús derramó en la cruz por mí. Recibo tu perdón ahora mismo y decido, voluntariamente, negarme a mi naturaleza de pecado, para rendirme a ti y obedecer tu voluntad. Me consagro a ti y me comprometo a depender de ti en todo. De ahora en adelante, no importa lo que me pase, no buscaré más alternativas en la vida que tú. Ahora, Señor, te pido que me llenes con tu presencia. Capacítame para sentir la realidad de tu cercanía a mí. Derrama tu amor y compasión en mi corazón, para que pueda ver a la gente como tú la ves, y la pueda amar como tú la amas. Lléname de tu presencia, amor y poder, para poder llevar a otros al arrepentimiento y a la fe, para que también ellos puedan acercarse más a ti. En el nombre de Jesús, ¡amén!

10

La transformación sobrenatural de la mente

Desde que era una niña, Siobhan ansiosamente se había preguntado a sí misma, "¿Estoy destinada a la grandeza?". Se había graduado en ingeniería biomédica y en desarrollo de bases de datos, tenía una capacidad académica excepcional, y había recibido reconocimientos y títulos. Sin embargo, pese a que se sentía impulsada al éxito, sentía que algo le faltaba en su vida. Esta es su historia: "Fui criada por una madre cristiana (y pocas veces fui visitada por mi padre), pero todo lo relacionado con la "religión" era lo último en mi agenda personal. Me gradué de secundaria como una de las tres mejores estudiantes en mi país caribeño. Mi vida había sido edificada por completo sobre una fuerte base de educación y ambición.

"Cuando tenía 16 años, ingresé a la Universidad de Miami pensando en llegar a ser grande en 'todo', y me esforzaba tanto en los deportes como en mis estudios. Mi hambre por el éxito era insaciable. Me uní a clubes académicos, clubes sociales y clubes atléticos; y diseñé planes para transformarlos todos. Tenía ocupado cada segundo de mi vida, yendo de una actividad a otra. Sin embargo, al final del día, cuando me acostaba para dormir, trataba de encontrarle sentido a todo lo que había hecho. Sin importar cuántos trofeos había ganado, cuánta gloria había recibido, o cuánta influencia tenía, aún sentía que algo me faltaba. Mi alma estaba insatisfecha y vacía. Necesitaba 'más'; más planes, más metas, más éxito, más de la vida.

"Una noche de viernes, un muchacho de la universidad a quien apenas conocía, me invitó a asistir a un servicio de jóvenes. Después de evaluar los pros y los contras, decidí ir —esperando ganar influencia y conexiones más que cualquier otra cosa—. Sin embargo, lo que encontré esa noche revolucionó por completo mi vida. Sin importar lo mucho que trataba de analizarla, esa experiencia no podía ser cuantificada; por primera vez en mi vida, fui testigo de primera mano del poder de Dios a través de sanidades y milagros. La científica en mí trató de observar, analizar, clasificar y reproducir la experiencia, pero la única palabra que parecía explicar lo que había presenciado era *sobrenatural*. No fue una experiencia emocional, porque las emociones nunca podrían haber hecho que los huesos crezcan o que las piernas torcidas se enderecen. En ese momento mi propósito se volvió claro, tangible y preciso. Me sentí completamente satisfecha.

"Según los estándares de este mundo, mi vida había sido maravillosa, pero lo que Dios tenía para mí era mucho mejor. Fu en mi ruta a la 'grandeza' que encontré a Aquel que trajo sentido y propósito a mi vida. Nunca había conocido la medida de la gracia de Dios hasta que conocí la persona de su Hijo Jesús. Fue entonces que entendí que mi vida, la que yo pensaba que era 'perfecta', estaba basada en pecado y opresión. Mi familia había sido víctima del divorcio, la ira, el adulterio, la lujuria, la falta de comunicación, y muchos otros problemas.

"Desde ese día, cinco años atrás, he recibido la misericordia, gracia, liberación y transformación de Dios en cada área de mi vida —aunque ninguna tan poderosa como la que Él hizo en mi alma—. El vacío, la inseguridad, el rechazo, la falta de perdón, la amargura, el orgullo y el miedo a fallar que solía experimentar fueron echados fuera de mi vida. Mi vida fue restaurada por el inexplicable poder del Espíritu Santo. Muchos de mis colegas en el mundo científico rechazan mi fe, diciendo que es un 'salto al vacío'. Sin embargo, por experiencia personal puedo decir con certeza que mi fe en Dios es la respuesta a la revelación de la Luz".

Ama a Dios con tu corazón y mente

Un encuentro sobrenatural cambió la mentalidad de Siobhan y la guió hacia el Dios vivo, transformando su vida. Todos necesitamos un cambio de mentalidad con el fin de cumplir lo que Dios ha planeado para nosotros y para vivir como Él quiere que vivamos. Cuando fuimos salvos, no sólo recibimos al "nuevo hombre", o un nuevo espíritu con la naturaleza de Cristo, sino que también recibimos una nueva mente —"*la mente de Cristo*" (1 Corintios 2:16)—. Tal como nuestro corazón tiene que ser transformado por Dios para alinearse con el "nuevo hombre" dentro de nosotros, nuestra mente debe ser transformada para alinearse con la "*mente de Cristo*" en nosotros. Tenemos un papel vital en este proceso, porque estamos mandados a amar a Dios no sólo con todo nuestro corazón y con toda nuestra alma, sino también con toda nuestra mente. (Vea Mateo 22:37). Progresivamente, nuestra mente debe llegar a ser una con la mente de Dios. De otra manera, no podemos convertirnos en vasos eficaces para llevar a cabo sus propósitos.

A lo largo de este libro hemos visto que nuestras creencias y actitudes están enraizadas y establecidas en nuestro corazón. En consecuencia, ellas influyen en nuestra mentalidad y pensamiento, y propician nuestro comportamiento. Además, hay maneras como nuestra mente influye nuestro corazón y afecta su condición. Por ejemplo, como hemos indicado, Satanás intenta manipular nuestro corazón plantando malos pensamientos en nuestra mente e incitando nuestra naturaleza de pecado para que se levante en forma de orgullo, lujuria, rebelión, y más. Por eso es que la forma cómo pensamos y razonamos, y la clase de pensamientos que permitimos que permanezcan en nuestra mente, son tan importantes. El apóstol Pablo escribió, "*Porque las armas de nuestra milicia no son carnales, sino poderosas en Dios para la destrucción de fortalezas, **derribando argumentos y toda altivez que se levanta contra el conocimiento de Dios, y llevando cautivo todo pensamiento a la obediencia a Cristo***" (2 Corintios 10:4–5).

Cuando nuestra mente está alineada a la razón humana, nuestro enfoque está en las cosas temporales, y las cosas imposibles permanecen imposibles.

La mente original de la humanidad

La palabra *mente* se define como "el elemento o bloque de elementos en un individuo que siente, percibe, piensa, desea y especialmente razona", y "los eventos mentales y capacidades conscientes en un organismo". Nuestra mente es el asiento de nuestro conocimiento y entendimiento; es el potencial intelectual del alma.

Debemos saber cuál fue la intención original de nuestro Creador para la mente de la humanidad, porque no podremos comprender la naturaleza de la transformación que vamos a experimentar hasta que entendamos su diseño original. Los seres humanos fuimos creados a la imagen y semejanza de Dios; y, en su plan, fuimos creados para creer, pensar, y actuar como Él lo hace. La mente original de la humanidad fue por tanto un reflejo de la de Dios —pura, clara e ilimitada en lo que puede concebir—; ésta trabajaba asociada al poder sobrenatural de Dios. Por tanto, todo lo que los primeros seres humanos hicieron se orientó a manifestar la voluntad de Dios en la tierra, como era en el cielo. Lo posible era la norma para ellos, porque ellos vivían conforme al ámbito espiritual, donde todo es posible.

En el principio, Adán y Eva no estaban contaminados con el pecado, así que su corazón, alma y cuerpo, mientras vivían en el mundo natural, funcionaban según la vida del ámbito sobrenatural —por encima y más allá del ámbito físico—. Sus pensamientos estaban llenos de conocimiento revelado de Dios, y así es como ellos eran capaces de traer el cielo a la tierra. Toda la creación les respondía de la misma forma que le respondía a Dios, porque el Creador les había dado dominio sobre ella. Mientras estuvieron alineados con el cielo, la creación les obedeció porque reconocían en ellos la autoridad divina.

La mente de Adán fue diseñada para estar alineada con el cielo y para manifestar el cielo en la tierra.

¿Será posible que hoy tengamos la misma mente divina, de manera que podamos vivir más allá de las limitaciones humanas? Sí, es posible —a medida que nuestra mente es transformada de manera sobrenatural—. El mandato original de dominio que Dios nos dio no ha cambiado. Podemos recuperar la intención original de Dios para nosotros, la cual era que viviéramos según la mente que Él nos dio en el principio, y que es un reflejo de su propia mente.

Los seres humanos perdieron su mentalidad divina cuando se rebelaron contra Dios en el huerto del Edén. Su espíritu fue desconectado del ámbito sobrenatural, y en consecuencia, su mente fue confinada a la esfera natural —reducida a un estado de limitación y sujeta a las imposibilidades—. De allí en adelante, el mundo natural se convirtió en la realidad primaria de la humanidad. Sin embargo, a través de la obra completa de Cristo en la cruz, todo lo que perdimos en la caída ha sido restaurado, y una vez más podemos cumplir nuestro verdadero propósito. La renovación de la mente debe llevarse a cabo en cada área de nuestra vida —no como algo que ocurre una sola vez sino continuamente—, porque nuestra transformación es un proceso continuo. Entonces, cuando nuestra mente comienza a ser transformada, nunca más pensaremos en términos de limitación, tal como lo ilustran los siguientes testimonios.

Andrew era un cirujano ortopédico especializado en cirugía de las manos, brazos y hombros. Él conocía de Dios y su Palabra, pero experimentó un hambre por conocer más de Dios y ver su poder sobrenatural obrando hoy, tal como lo hizo a través de Jesucristo. El Espíritu Santo guió a Andrew en un viaje —en el que su estado mental cambió de lo natural a lo sobrenatural—, a un lugar donde encontró la plenitud que estaba buscando. Esta es su historia: "Crecí como católico aunque lentamente me fui alejando de la iglesia. Acepté a Cristo en mi corazón cuando tenía 11 años, gracias a que mi madre había comenzado a asistir a una iglesia pentecostal. Después de mi nuevo nacimiento, sentí que mi vida tenía significado y dirección.

"Cuando joven, me había sentido atraído hacia el campo científico, y creía que Dios había usado la evolución para, 'de alguna manera' crear la raza humana; pero cuando asistí a la universidad, comencé a darme cuenta que la evolución era una teoría sin fundamento. La complejidad de la creación habla de un Dios que es inmensamente superior a esta teoría. Irónicamente, quienes no creen que hay un Dios siempre parecen apelar al infinito. Pero nosotros que creemos en Dios sabemos que Él *es* 'el Infinito'.

"Cuando este problema estuvo resuelto en mi corazón, anhelé conocer al Creador a un nivel más profundo y tener una relación personal más cercana con Él. Cuando tenía 38 años asistí a una iglesia llena de la presencia de Dios, y recibí el bautizo del Espíritu Santo. Un nuevo mundo comenzó a aparecer ante mis ojos. En esa iglesia aprendí a amar la Palabra de Dios y a estudiarla en profundidad. Sin embargo, un nuevo hambre se despertó en mí, y me di cuenta que algo me faltaba. Como cirujano ortopédico, había aprendido a ayudar a la gente a través de procedimientos médicos naturales, pero las sanidades que Cristo hizo durante su vida en la tierra desafiaban cualquier explicación natural. Si Jesús es el mismo ayer, hoy y por siempre, yo me preguntaba, ¿por qué entonces nosotros no vemos sanidades en magnitudes similares a las que Jesús hizo durante su ministerio?

"Durante ese tiempo de búsqueda, descubrí las enseñanzas del Apóstol Guillermo Maldonado. Cuando lo oí enseñar, mi espíritu ardió en fuego. Él habló de su libro *Cómo Caminar en el Poder Sobrenatural de Dios*, y supe que eso era lo que yo estaba anhelando. Leer acerca de esa revelación y escuchar las prédicas del Apóstol Maldonado han abierto para mí la Palabra de Dios de maneras que son difíciles de describir. Ahora veo a Dios poderosamente manifestado a través de señales, milagros y maravillas. Estoy aprendiendo a ser un canal a través del cual Él puede manifestar su poder en la tierra. La vida de Jesús se me está revelando como nunca antes, y lo escucho con mayor claridad cada vez que Él me habla. Creo que, en muy poco tiempo, veré a Jesús restaurando una vez más a todo el que viene buscando sanidad".

La necesidad de un cambio de mentalidad, "estructura" y mensaje

El mundo que está a nuestro alrededor se mueve dentro de un marco de ciertas mentalidades establecidas que provienen de la caída de la humanidad. Algunas de sus actitudes y puntos de vista son duda, inseguridad, celos, codicia, depresión, y miedo a la muerte. Es necesario un cambio de perspectiva que nos lleve de lo natural a lo espiritual, a fin de que el poder sobrenatural de Dios se manifieste a través de nosotros.

Ganar una nueva mentalidad prepara el camino para un cambio en nuestra "estructura". Cuando hablo de *estructura*, me refiero a la forma como una persona, un grupo, organización o país, funciona u opera; o la forma en que un individuo lleva a cabo un propósito en particular. Por ejemplo, una persona bajo la influencia de la naturaleza caída vivirá de acuerdo a una estructura mental oprimida que lo mantendrá perpetuamente en estado negativo y lo llevará a experimentar una crisis personal tras otra.

Nuestra mentalidad guía cada acción que realizamos. Por tanto, un cambio de mentalidad transformará nuestra "estructura"; es decir, la manera cómo conducimos nuestras vidas, y cómo hacemos posible aquello que creemos y perseguimos. Permítame añadir aquí que no podemos tratar de implementar una nueva estructura en una organización, a menos que aquellos que están involucrados hayan todos experimentado una transformación similar de mentalidad que los lleve a tener una nueva visión de sí mismos y de la organización. Por ejemplo, si fuéramos a tratar de cambiar la estructura de una iglesia, antes que le hayamos enseñado a la gente el fundamento de la Palabra de Dios —y que ellos lo hayan aceptado—, o antes que ellos hayan abrazado una visión de cambio, el resultado podría ser confusión, lucha, amargura, división y separación. Por eso es que a la gente siempre debemos enseñarle la Palabra de Dios y darle una demostración de su realidad antes que un cambio ocurra.

Finalmente, a medida que adoptamos una nueva estructura, el mensaje que comunicamos también cambia. Cada uno de los hechos sobrenaturales de Jesús estuvo alineado a la proclamación del evangelio del reino de Dios. Por tanto, a medida que nuestra mentalidad y nuestra estructura son cambiadas para reflejar la naturaleza sobrenatural del reino, iremos a nuestras familias, iglesias, comunidades, ciudades y naciones con el mensaje del evangelio sobrenatural que transforma vidas. Además, como somos testigos de Jesús en el mundo, podemos también ayudar a transformar las instituciones de nuestra sociedad —ya sean familiares, educacionales, judiciales, legislativas, atléticas, artísticas, o relacionadas a cualquier otra área—. Muchas de esas instituciones están infundidas con la mentalidad y estructura de la corrupta naturaleza caída. Debemos llevar el mensaje del reino de Dios a la gente y las instituciones en todos los ámbitos de la vida, de manera que el perdido sea salvado, vidas sean renovadas, los enfermos sean sanados, los pobres sean prosperados, y los oprimidos sean liberados.

Un cambio de mentalidad producirá un cambio en la estructura.
Un cambio en la estructura producirá un cambio en el mensaje.
Un cambio en el mensaje traerá la manifestación de lo
sobrenatural, ¡aquí y ahora!

El proceso mediante el cual la mente es renovada

En el primer siglo, el apóstol Pablo escribió una carta de instrucciones y ánimo a los cristianos en Roma. En ese tiempo, Roma era esencialmente la capital del mundo, un lugar donde el poder político y el comercio eran prominentes, y donde la idolatría, la violencia y otros pecados abundaban. La mayoría de cristianos que allí vivían habían nacido y crecido en la cultura del imperio romano; por lo tanto, su mentalidad era romana. Sin embargo, cuando ellos aceptaban a Cristo y se convertían en sus discípulos, se hacían ciudadanos espirituales del reino invisible conocido como el reino de Dios.

La cultura romana, como la mayoría de las culturas e instituciones en el mundo, reflejaba la mentalidad de la humanidad caída. Pablo quería ayudar a los creyentes romanos a poner su cultura humana en perspectiva, de manera que pudieran renovar sus mentes por el Espíritu de Dios y comenzar a vivir conforme a una "cultura" espiritual basada en la naturaleza y el carácter de Dios.

Nosotros también vivimos en una sociedad influenciada por la caída, pero también somos ciudadanos espirituales del reino de Dios. El problema es que con frecuencia seguimos pensando y comportándonos según los estándares de nuestra cultura terrenal, en lugar de hacerlo conforme a nuestra cultura celestial. Como hijos de Dios, debemos reconocer que *"nuestra* [verdadera] *ciudadanía está en los cielos, de donde también esperamos al Salvador, al Señor Jesucristo"* (Filipenses 3:20). Vivimos en el mundo, pero no somos "de" el mundo. (Vea Juan 17:11, 14–16). Pese a que funcionamos con el sistema del mundo, con su cultura y valores temporales, nosotros no "pertenecemos" al mundo; somos miembros de un reino que tiene principios y valores eternos. Aprendamos lo que Pablo les enseñó a los creyentes en Roma, mientras les explicaba cómo podían ser transformados para vivir como ciudadanos del nuevo reino:

> *Así que, hermanos, os ruego por las misericordias de Dios, que presentéis vuestros cuerpos en sacrificio vivo, santo, agradable a Dios, que es vuestro culto racional. No os conforméis a este siglo* ["mundo", RVR1977]*, sino **transformaos por medio de la renovación de vuestro entendimiento** ["vuestra mente", RVR1977]*, para que comprobéis cuál sea la buena voluntad de Dios, agradable y perfecta.*
>
> (Romanos 12:1–2)

Examinemos las diversas partes de este extraordinario pasaje de la Escritura.

1. Presente su cuerpo como sacrificio vivo

Lo primero que pide Pablo es que presentemos nuestros cuerpos *"en sacrificio vivo... a Dios"*. Deberíamos presentarnos nosotros mismo a Él como si fuéramos un sacrificio sobre un altar sagrado. No podremos experimentar la transformación de nuestra mente en un sentido pleno si primeramente no nos convertimos en un *"sacrificio vivo"* a Dios. Debemos tomar la decisión de entregarle a Dios nuestro cuerpo físico por completo —incluyendo nuestra mente—, porque nuestro cuerpo es el vaso a través del cual hacemos todo en la tierra.

En el Antiguo Testamento, el sacerdote presentaba un animal por cuenta de un individuo, como una ofrenda sacrificial a Dios —podía ser un buey, un cordero, o una cabra—, a menudo como expiación de su pecado. Este animal debía ser presentado sobre el altar después de ser matado. Una vez que alguien daba un animal como sacrificio, éste dejaba de pertenecerle, así que no podía tomarlo de nuevo.

En nuestro caso, Jesús fue el sacrificio que murió en la cruz para pagar por nuestros pecados, siendo gloriosamente resucitado para darnos nueva vida. Espiritualmente morimos con Él y fuimos resucitados juntamente con Él. Por tanto, tenemos que presentarnos ante Dios como un *"sacrificio vivo"* a través de una ofrenda voluntaria de nosotros mismos para sus propósitos y su gloria. Cuando ofrecemos nuestros cuerpos a Dios, entra en acción un principio de propiedad similar al que aplica para los sacrificios de los animales ofrendados, donde el sacrifico es una decisión permanente.

Debido a que Jesús pagó el precio de nuestra redención, nuestras vidas le pertenecen al Señor; ya no son nuestras, y no podemos retirarlas del altar. Cuando le presentamos nuestro cuerpo a Dios, a partir de ese momento nuestro cuerpo es suyo. Ya no podemos determinar lo que vamos a hacer con él o dónde y con quién vamos a estar. En lugar de eso, le damos a Dios la responsabilidad de mantenerlo y de mostrarnos qué uso debemos darle. Dios no nos pide simplemente que le "alquilemos" nuestro cuerpo, sino que Él es el Dueño absoluto.

El más grande obstáculo para movernos en lo sobrenatural es tener una mente que no ha sido renovada. Y la renovación no ocurrirá hasta que nuestro cuerpo sea presentado como un sacrificio vivo a Dios.

Ser un sacrificio vivo implica morir al "yo", un proceso que ya hemos analizado. Este proceso es doloroso para nuestra naturaleza carnal y para nuestra voluntad. Sin embargo, es tremendamente beneficioso para nosotros, porque después de eso Dios puede hacer mejor uso de nuestra vida y traernos máximas bendiciones de gozo, salud, y paz. Nunca más podremos ofrecer nuestro cuerpo como sacrificio al pecado o a mentalidades falsas y destructivas. Debemos renunciar a la naturaleza carnal y rendir nuestra humanidad a Dios, de manera que Él pueda transformarnos a la semejanza de Jesús, mientras nos capacita para llevar su mensaje de redención y del reino de poder a otros. Dios desea que seamos sus instrumentos para salvar, sanar y liberar a aquellos que están oprimidos por Satanás. Ofrecernos a nosotros mismos como un sacrificio vivo demanda, por tanto, que hagamos un compromiso total con Dios, para que Él pueda consagrarnos y apartarnos para su servicio. De ese momento en adelante, nos presentamos a nosotros mismos continuamente como un *"sacrifico vivo"* ante un Dios santo quien nos adopta como sus hijos y nos hace *"reyes y sacerdotes"* de su reino (vea Apocalipsis 1:6; 5:10).

Aquellos que son capaces de llevar algo real de Dios a los demás han comenzado con sacrificios, tales como ayuno, oración y búsqueda de Dios.

La frase final de Romanos 12:1 —*"que es vuestro culto racional"*— indica que ser un sacrificio vivo no está fuera de nuestro alcance; no es imposible. De hecho, porque somos sacerdotes de Dios, ésa es una de nuestras funciones: *"Vosotros también, como piedras vivas, sed edificados como casa espiritual y sacerdocio santo, para ofrecer sacrificios espirituales aceptables a Dios por medio de Jesucristo"* (1 Pedro 2:5).

Presentarnos a nosotros mismos como sacrificio vivo significa
rendirnos completamente a Dios.

2. No nos conformemos a la mentalidad de este mundo

"No os conforméis a este mundo..." (Romanos 12:2, RVR1995). Cuando hemos presentado nuestro cuerpo como sacrificio vivo, nunca más podemos conformarnos al mundo. La palabra griega traducida como *"conforméis"* en este versículo es *suschematizo*, la cual significa "estar a la moda, es decir, ceñirse al mismo patrón". La palabra indica una conformidad externa. No deberíamos permitir que la mentalidad del mundo nos dé forma o nos conforme; tal como un zapato se adapta a la forma del pie de alguien después que lo usa continuamente.

Repito, el mundo tiene varios valores, principios, estándares, actitudes, y maneras de pensar que se oponen a los del reino de Dios; muchos de ellos se basan en entronar el "yo" y conservar la naturaleza pecaminosa. Los valores del mundo son destructivos porque ellos se enfocan no en Dios sino en alcanzar prestigio, fama, fortuna y placeres carnales, y en perseguir el éxito a cualquier precio. Esta es generalmente la mentalidad de la cultura en la cual vivimos, y a la cual los cristianos somos presionados a conformarnos. Por ejemplo, estamos siendo empujados a admitir la idea de que hay muchos caminos que conducen a Dios; y si decimos que Jesús es el único camino hacia Él, dicen que tenemos una mente estrecha. Otro ejemplo; estamos siendo presionados a aceptar la creencia de que la homosexualidad es un estilo de vida legítimo y que cualquier otra creencia en contrario es obsoleta. El mundo quiere que nosotros sigamos su patrón, pero no debemos hacerlo. El apóstol Santiago escribió: *"¿No sabéis que la amistad del mundo es enemistad contra Dios? Cualquiera, pues, que quiera ser amigo del mundo, se constituye enemigo de Dios"* (Santiago 4:4).

La palabra griega para *"mundo"* en Romanos 12:2 (RVR1977) es *aion*, que significa "una edad", y por implicación, "el mundo". Dios ama profundamente a la gente de este mundo —tanto que Él vino a la tierra a morir por ellos—. Sin embargo, Él no ama la mentalidad del mundo, porque ésta es controlada por el maligno. (Vea 1 Juan 5:19). Cualquier área de su vida que no es transformada de acuerdo a la naturaleza de Cristo ha sido conformada al mundo y necesita ser renovada por el Espíritu Santo.

No se permita usted mismo ser conformado a la mentalidad, valores y comportamiento del mundo caído; antes bien, que sea al revés. Ayude a llevar el evangelio a todas las "subculturas" del mundo —las áreas de la educación, política, deportes, ciencia, negocios, economía, los medios de comunicación, las artes, y así sucesivamente—. El mensaje del evangelio del reino es capaz de transformarlo no sólo a usted, sino también a otras personas en su esfera de influencia, por el ejemplo de su estilo de vida y por el poder de Dios trabajando en y a través de usted.

> *Cualquier área de su vida que no es transformada de acuerdo a la naturaleza de Cristo, ha sido conformada al mundo, y necesita ser renovada por el Espíritu Santo.*

3. Ser transformados

"*...sino transformaos...*" (Romanos 12:2). La palabra griega que se traduce como "*transformaos*" es *metamorphoo*, que significa "transformar (literalmente o figurativamente 'metamorfosis')", o "cambiar a otra forma". Considero que esta palabra indica morir a una forma de vida con el fin de renacer en otra —un proceso similar al que le ocurre a la oruga dentro de un capullo, cuando es transformada en mariposa—; es una nueva criatura. La transformación de nuestra mente es un proceso sobrenatural, porque es un trabajo llevado a cabo por el Espíritu Santo. Éste no produce solamente un cambio externo o temporal. Efectúa un cambio total de carácter y comportamiento en la persona, quien se rinde a Dios con todo su corazón, alma, mente y fuerzas.

> *La transformación de la mente es realizada sobrenaturalmente por el Espíritu Santo.*

4. Renueve su mente

"...por medio de la renovación de vuestra mente" (Romanos 12:2, RVR1977). La palabra griega traducida como *"renovación"* es *anakainosis*, que significa "volverlo nuevo". Observe que uno no puede "renovar" algo que previamente no ha existido. Cuando Pablo escribió acerca de *"la renovación de vuestra mente"*, él indicó que la mente tenía un estado original del cual se había movido —la mente que el primer ser humano tuvo en el Edén antes de pecar—. Así que, nuevamente, cuando renovamos nuestra mente, nos alineamos con la mentalidad original de la humanidad. Por eso es que la renovación es una clave tan poderosa para entender y realizar la voluntad de Dios. La razón por la cual Dios nos pide que renovemos nuestra mente es porque así podemos regresar a su propósito para nosotros. Él quiere que nuestra mente refleje su mente, permitiéndonos pensar e incluso funcionar como Él lo hace. Por eso es que debemos rendir nuestra mente al Espíritu Santo para que sea transformada.

La renovación está conectada con pensar y vivir de manera diferente. La renovación de nuestra mente nos habilita para regresar a la mentalidad con la cual originalmente Dios nos creó.

Consecuencias de dejar de renovar nuestra mente

Algunas personas no consideran que el proceso de renovación les concierne a ellos, porque piensan que están bien de la manera como están. Para nosotros, usualmente es más fácil ver dónde los demás requieren hacer mejoras en sus vidas, que identificar los cambios que nosotros mismos necesitamos hacer. La verdad es que *todos* necesitamos renovar nuestra mente —continuamente—, porque siempre avanzamos espiritualmente. De lo contrario podemos experimentar las siguientes consecuencias:

+ *Nuestras circunstancias serán nuestra principal —y única— realidad.* Nos conformaremos a nuestros problemas —pueden ser: enfermedad, dolor, deuda, depresión, o cualquier otra circunstancia—, pese a que estos son hechos temporales y no realidades eternas.

✦ *Careceremos de dirección clara para nuestra vida.* Cuando nuestra mente no es renovada, no podemos comprometernos a creer en Dios y en su Palabra de todo corazón. Estaremos espiritualmente indecisos, y no terminaremos lo que estamos destinados a ser, lo que debemos creer y lo que deberíamos hacer. Debemos saber hacia dónde dirigimos nuestra vida, tal como el piloto de un aeroplano pone el curso hacia un destino fijo. Cuando no entendemos nuestro propósito tal como Dios lo ha previsto —o si no podemos o no queremos comprometernos con éste— nuestra vida carecerá de una dirección clara, y esta incertidumbre nos causará ansiedad y nos dejará en un estado de ánimo vacilante.

✦ *Estaremos espiritualmente vulnerables.* Cuando tenemos dificultad para comprometernos con la Palabra de Dios y sus propósitos, tal como enfatizamos en el punto anterior, la incertidumbre nos hará espiritualmente débiles y vulnerables. Si realmente creemos en Dios, nos comprometeremos con Él, y seremos decisivos en todos los asuntos que con Él se relacionen. No podemos ejercitar fe con una mente que no esté hecha para Dios y sus promesas. ¡Creemos en ellas o no! ¡Debemos tomar una decisión! El enemigo anda tras las mentes que aún no han determinado lo que creen acerca de Dios o que todavía no tienen creencias establecidas, porque esas mentes están abiertas a recibir otras opciones, y por tanto, pueden ser engañadas y seducidas para que duden de la Palabra de Dios.

✦ *Nuestra mente/pensamientos se conformarán al pecado.* Podemos comenzar a tolerar la idea de que ciertos pecados son aceptables, y nuestra mente estará de acuerdo con las prácticas que van contra la naturaleza de Dios. Si el "yo" retomara su pasada posición de supremacía, sería duro para nosotros ver las cosas desde un punto de vista espiritual, porque caeríamos en un estado de mente carnal. En consecuencia, podríamos comenzar a decir que las prácticas obviamente pecaminosas, son meras "debilidades", o podríamos reclamar el derecho a participar en algún pecado en particular, porque eso nos hace "felices". Así, gradualmente aceptaríamos varios pecados como la norma, y comprometeríamos los principios divinos según los cuales solíamos vivir.

◆ *Nuestro comportamiento se conformará al pecado.* Si mentalmente nos conformamos al pecado, finalmente nos "convertiremos" en pecado, en el sentido que éste será quien dará forma y dominará nuestro estilo de vida. Adaptarse al pecado hace que la conciencia de una persona se cauterice y sus ojos se cieguen a la verdad. Por ejemplo, si se conforma a la idea de adulterio en su mente, probablemente se comportará como un adúltero y terminará convertido en eso. De la misma forma, si alguien se conforma a la idea de la adicción, probablemente actuará de tal forma que se volverá físicamente adicto. Es peligroso que alguien permita que lo conformen a la falsa mentalidad de este mundo, porque entonces comenzará a vivir de acuerdo a un engaño, que finalmente lo guiará a la muerte espiritual. A estas alturas, el problema es tan alarmante, que incluso no pueda ser capaz de ver venir su propia destrucción, ya que el pecado se habrá apoderado de su corazón y su mente. Por el contrario, si un individuo permite que el Espíritu Santo lo transforme, se convertirá en un verdadero hijo o hija que imite a su Padre celestial, y tenga derecho a heredar todas sus bendiciones y ver todas sus promesas cumplidas en su vida.

◆ *Experimentaremos sequía espiritual.* Cuando dejamos de renovar nuestra mente, podemos dejar de experimentar esas "lluvias" diarias en la presencia de Dios que mantienen nuestro espíritu fresco y vivo. Cuando esto sucede es porque comenzamos a interesarnos sólo en las cosas terrenales que no aportan vida a nuestro espíritu, y por el contrario, manifestamos una sequedad, que lentamente viene a marchitar nuestra vida espiritual. En estas circunstancias, necesitamos volver a Dios y recibir una fresca llenura de su Espíritu Santo.

Una evidencia de que alguien está en condición de sequía espiritual es cuando la gente que una vez tuvo una vida de fe se vuelve "religiosa", teniendo sólo la letra de la Palabra, en lugar del Espíritu de ella. (Vea, por ejemplo, 2 Corintios 3:6). La gente "religiosa" se caracteriza frecuentemente por un estancamiento espiritual y una resistencia al cambio. Algunos emplean todo argumento que puedan imaginar contra el cambio, así como cualquier posible forma de detenerlo para que no ocurra. Como resultado, no reciben el poder de Dios, y son incapaces de ver o demostrar sus milagros.

Cuando la gente llega a un estado de sequía espiritual, su perspectiva e incluso su estilo de vida pueden comenzar a cambiar para peor. Por ejemplo, pueden volverse más críticos con otros, van a la iglesia sólo en ocasiones, dejan de vivir en la revelación del Espíritu, y paran de avanzar hacia niveles de fe más altos. Tales personas no operan más conforme a las creencias que una vez tuvieron, o la unción que una vez recibieron. Si no somos cuidadosos, tal sequedad puede ser nuestra perdición espiritual.

♦ *Retornaremos a mentalidades y hábitos falsos, y retrocederemos espiritualmente.* Si comenzamos el proceso de renovación de nuestra mente en el Espíritu Santo, pero luego detenemos nuestro avance, probablemente volveremos a nuestras viejas maneras de pensar alineadas a la mentalidad del mundo. Repito, este punto de vista sólo refleja una perspectiva natural y temporal. En consecuencia, retornaremos a nuestros pasados hábitos de pecado, rompiendo así nuestro compañerismo con Dios y con nuestros hermanos y hermanas en Cristo y retrocederemos espiritualmente.

Además, cuando dejamos de renovar nuestra mente, podemos comenzar a ver nuestras circunstancias desde una perspectiva diferente a la que la veíamos cuando vivíamos por fe. Antes, hubiéramos visto los rasgos negativos en los demás y las situaciones difíciles en nuestra vida como una oportunidad para que Dios manifieste su amor, gracia y poder, pero ahora los vemos sólo como "defectos", "faltas", "inconvenientes", "problemas", "dificultades" y "crisis". Cuando nuestras circunstancias se convierten en nuestra realidad, hablamos más acerca de nuestros problemas que acerca de Dios, y construimos fortalezas de duda y derrota en nuestra mente que son difíciles de derribar.

La mente de fe no es "ignorante" como algunas personas creen; por el contrario, tiene un conocimiento sobrenatural que sobrepasa el conocimiento humano.

+ *Reduciremos la importancia del reino en la tierra.* Permítame ilustrar este punto con una simple analogía: Por lo general, la tecnología avanza con cada siglo de la historia humana, pero actualmente parece avanzar mucho más rápido. La mayoría de la gente, finalmente incorpora la nueva tecnología a su rutina diaria, de manera que sus vidas mantienen el ritmo con los diversos desarrollos científicos de la sociedad. De la misma forma, a medida que seguimos siendo renovados en el conocimiento espiritual, e incorporamos dicho conocimiento en nuestro carácter y estilo de vida, entendemos mejor las maneras como Dios está manifestando su reino en nuestro mundo contemporáneo; y nos mantenemos espiritualmente vigentes. Pero cuando paramos de ser transformados y volvemos a las falsas formas de pensamiento y prácticas pecaminosas, perdemos nuestra relevancia espiritual y dejamos de conocer, o participar de la revelación fresca de Dios.

+ *Experimentaremos problemas y frustraciones repetidos.* La gente que está estancada en una mentalidad caída repetirá los mismos errores y fallas, y continuará luchando contra problemas y obstáculos similares, sin importar dónde estén o con quién estén asociados. Ellos —no otros— son la causa de sus propias dificultades, pero no pueden ver los hechos, porque su mente está ciega para eso. No podemos caminar en el Espíritu y operar en lo sobrenatural, cuando tenemos una mente carnal que se opone totalmente a la mente de Dios y siempre duda y lo cuestiona.

Los asuntos y problemas que se repiten en nuestra vida nos indican que estamos atrapados en una mentalidad carnal.

---

5. Pruebe la voluntad de Dios

"...*para que comprobéis cuál sea la buena voluntad de Dios, agradable y perfecta*" (Romanos 12:2). La palabra griega que se traduce como "*comprobéis*" es *dokimazo*, que significa "poner a prueba", con la implicación de "aprobar"; en otras palabras, "para dar fe", o "para afirmar que es verdadero o genuino". Cuando nuestra mente es renovada, entenderemos la voluntad de Dios, la cual es *"buena"*, *"agradable"* y *"perfecta"* para nosotros. A partir de la conclusión anterior a la súplica de Pablo en Romanos 12:1–2, reconocemos que, con el fin de descubrir la voluntad de Dios, primero debemos presentar nuestro cuerpo como *"sacrificio vivo"*, haciéndonos nosotros mismos totalmente disponibles para Él.

La voluntad de Dios es un reflejo de su naturaleza y cualidades, y una de sus más grandes características es su habilidad sobrenatural. Por tanto, manifestar lo sobrenatural es estar alineado con un aspecto de su voluntad. Algunas evidencias de que estamos en su voluntad son las sanidades y milagros sobrenaturales y los casos de provisión, guía, paz, y/o gozo sobrenatural que se manifiestan en y a través de nuestra vida. Cuando oramos, *"Venga tu reino. Hágase tu voluntad, como en el cielo, así también en la tierra"* (Mateo 6:10), estamos pidiendo que el dominio y la voluntad de nuestro Rey celestial sea exhibida y ejecutada en medio de nosotros. Dios quiere que la realidad de su reino sobrenatural invada nuestra vida, y que su voluntad sea manifestada a través de nosotros como resultado de la transformación y renovación de nuestro corazón y mente.

Reflexionemos acerca de la forma cómo la voluntad de Dios es demostrada en el cielo. Todo allí es completo y eterno; nada experimenta limitaciones por causa del tiempo o del espacio; ni hay iniquidad, enfermedad, carencia, miedo y tristeza. En el cielo, los redimidos experimentan verdadera vida, infinita paz, salud perfecta y abundancia de todas las cosas. Por tanto, si vivimos conforme a un corazón y mente transformados, con acceso al reino celestial, podemos traer la voluntad de Dios —incluyendo todos esos elementos— a la tierra.

Cuando su mente es continuamente renovada, usted conocerá la voluntad de Dios y caminará en ella.

Cuando nuestra mente sea renovada de acuerdo a la *"mente de Cristo"* (1 Corintios 2:16), seremos verdaderamente útiles para Dios. Si operamos fuera del propósito de su mente, será muy raro que Dios nos use, sin importar que tan "disponibles" estemos para Él. El Señor no podrá obrar a través de nosotros si nuestros pensamientos y/o nuestra conducta están en conflicto con la mente de Cristo.

Pero cuando renovamos nuestra mente, nos convertimos en un poderoso instrumento para el reino de Dios. Esto explica por qué nuestra mente es el lugar de batalla espiritual continua. El enemigo tratará por todos los medios posibles de detenernos para que no renovemos nuestra mente. Hará que el sistema cultural y las formas del mundo nos parezcan reconfortantes y atractivos; él nos atacará con *"los deseos de la carne, los deseos de los ojos, y la vanagloria de la vida"* (1 Juan 2:16). Él tentó a Jesús de esa forma, pero Jesús fue leal al corazón, mente y los propósitos del reino de su Padre. Nos entregamos a todo lo que convenimos con el corazón y la mente. Con frecuencia, nuestros pensamientos revelan dónde están puestas nuestras lealtades; pueden estar con los caminos de Dios o con los caminos de la carne y del enemigo.

Una mente renovada es esencial para llevar la realidad del reino de Dios a otros.

Veamos ahora tres sorprendentes testimonios que demuestran la habilidad sobrenatural de Dios para transformar la mente humana. En estos casos, Él hizo milagros para sanar a la gente, sobrenaturalmente, de trastornos físicos y mentales en el cerebro. El primer testimonio es el de Yanaris, quien nació prematuramente, pesando sólo dos libras. Los doctores determinaron que le faltaba parte de su cerebro, y fue diagnosticado con retardo mental. A medida que creció tuvo problemas para dormir, no podía aprender a leer ni escribir, tenía una capacidad de atención muy corta, rápidamente se aburría, y tenía problemas con la memoria —hasta el punto que olvidaba las cosas en segundos—. Tomaba medicamentos prescritos, y dependía de su madre y otros adultos para todo. En la escuela, los otros niños se burlaban, y él instintivamente se defendía, pero su defensa se convirtió en ira, frustración, amargura y depresión. Creció hasta convertirse en un joven violento y abusivo.

Cansado de esa situación, Yanaris comenzó a pedirle a Dios que lo ayudara a ser "normal". Un día, asistió a una conferencia de jóvenes organizada por nuestro ministerio. Yo prediqué en una de las sesiones, y al final de la misma, me propuse demostrar, con señales y milagros lo que había predicado. Yanaris corrió al altar, y puse mis manos sobre su cabeza. Yanaris testifica que sintió el fuego de Dios ardiendo a través de su cuerpo, y comenzó a sentir un fuerte dolor de cabeza. Cuando se fue a casa, el dolor de cabeza todavía estaba allí. Al día siguiente, fue llevado al hospital para ser examinado, y los médicos descubrieron que ¡su cerebro estaba completo! ¡Jesús había creado la parte del cerebro que le faltaba!

Los doctores le dijeron, "Yanaris, no sabemos cómo esto es posible, pero tu cerebro está completo. Tú estás capacitado para vivir una vida plena sin problemas". Lleno de gozo, Yanaris saltó, gritó, lloró y alabó a Dios. Abrazó y besó a su mamá y danzó de pura felicidad. Ahora es un hombre independiente. Ha finalizado la escuela y, en poco tiempo, de mesero pasó a convertirse en uno de los mejores chef en el estadio de los Marlins en Miami. Él es feliz y está muy agradecido con Dios por el tremendo milagro que le hizo. Cuando comparte su testimonio él dice, "Padres, no acepten enfermedades mentales en sus hijos. El poder sobrenatural de Dios y su gran amor por la humanidad no tienen límites. ¡Nada es imposible para Él! Si Él pudo crear la parte de mi cerebro que me faltaba, Él puede hacer cosas grandes para sus hijos".

El próximo testimonio es de Safi, un joven que fue bien educado, pero vivía con conflictos internos que no podía entender. Finalmente, fue diagnosticado con esquizofrenia —una enfermedad mental que sólo el poder sobrenatural de Dios puede curar—. Esta es su historia: "Cuando tenía 14 años asistía a una escuela para niños superdotados. Tenía que hacer tres horas de tareas cada noche, pero después podía pasar todo mi tiempo libre en los guetos y vecindarios de clase baja. De adolescente fui arrestado varias veces por ofensas menores. Sin embargo, terminé la escuela secundaria y recibí una beca para ir a la universidad. Para entonces, ya robaba en todo tipo de negocios.

"Mi primer episodio esquizofrénico fue de demonios violándome. Esta experiencia me llevó a cuestionar mi orientación sexual. Después, podía oír voces haciendo comentarios racistas hacia las mujeres negras cuando pasaban por mi lado, y pensé que eran mis propios pensamientos. En un esfuerzo por calmarme, comencé a beber. No tenía idea de lo que era la esquizofrenia, así que no podía entender lo que me estaba pasando. Comencé a ver demonios con enormes cuchillos, pinchando a la gente. Los demonios amenazaban con cortar a mis seres queridos si yo no atacaba o les hacía daño a otras personas.

"Un Día de la Madre, los demonios vinieron hacia mí más fuertes que nunca. Me dijeron que iban a lastimar a mi madre si yo no salía y hería a alguien. Esa mañana, salí y le robé más o menos a diez personas en menos de una hora, amenazándolas con un cuchillo. La policía me comenzó a buscar, pero yo seguía robándole a la gente. Finalmente, fui a robarle a una anciana, y cuando la miré a los ojos, escuché una voz que decía, 'Será mejor que no lo hagas'. La dejé ir y me rendí a la policía.

"Fui a parar a una prisión, donde me enfrenté a un oficial de la correccional, así que me pusieron en una celda solitaria. Cuando me di cuenta que enfrentaba cadena perpetua por los crímenes que había cometido, me quebré. Pedí una Biblia, pero ellos me dijeron que no me permitían tener nada en ese calabozo. A las pocas semanas, durante las cuales no había causado más incidentes, fui regresado a la prisión regular. Hice amistad con dos hombres a quienes Dios usó como 'ángeles' para guiarme por el camino correcto. Comencé a leer la Biblia, a orar, y atender los servicios de la iglesia en la prisión.

"Un año después salí de la cárcel porque había sido diagnosticado como esquizofrénico antes de mi arresto y no tenía ningún otro crimen pendiente. Me dieron tres años de libertad condicional y fue puesto en libertad bajo mi propia responsabilidad para vivir en un centro de rehabilitación. Regresé a la universidad y me uní al club Cristiano y a los clubes de negocios, donde conocí a mi mentor.

"Ahora, cuatro años después, sirvo en la iglesia y tengo becas para asistir a conferencias de liderazgo en Washington, D.C., Polonia, e Israel. Nunca violé mi libertad condicional, por lo que fui liberado dos años antes. Hoy, Dios continúa trabajando en mí, y su misericordia es eterna. ¡Soy un hombre libre! ¡Dios me hizo libre! A través de su gracia Él me ha mostrado que puedo ser un hombre completamente restaurado; libre de las 'voces', ataques, ira y comportamiento caótico".

El tercer testimonio es el de Antonio, quien fue diagnosticado con trastorno de atención con hiperactividad y síndrome de Tourette cuando tenía siete años. El síndrome de Tourette es un trastorno neurológico que se manifiesta con pensamientos o ideas extrañas, habla compulsivamente, y hace movimientos involuntarios, incluyendo palabras y gestos obscenos, y repetición de palabras. Antonio también sufría de trastornos del sueño, incluyendo el sonambulismo, las pesadillas y el insomnio.

La madre de Antonio dice que su hijo fue tratado con diferentes medicamentos, pero no había mostrado una mejora aparente. Ver a su hijo en ese estado la condujo a la desesperación. Llegó a un punto donde ella simplemente se enfermó y se cansó de la situación, y decidió llevar a Antonio a la oración de la madrugada en nuestra iglesia. Yo estaba ministrando ese día, y puse mis manos sobre Antonio, declarando su sanidad en el nombre de Jesús. Como un acto de fe, su mamá dejó de darle los medicamentos. Permítame enfatizar que nadie le dijo a la señora que hiciera eso; fue su propia decisión, como un acto de fe, porque ella sintió que eso era lo que Dios la estaba guiando a hacer.

Unos días después, ella recibió una llamada de la escuela donde iba su hijo. Los maestros de Antonio le dijeron que él estaba mostrando una notable mejora en sus deberes escolares. Había pasado todos los exámenes con grados excelentes, y los maestros estaban sorprendidos. Ellos pensaban que su madre había aumentado la dosis de los medicamentos, y le dijeron que incluso lo iban a promocionar a una clase para superdotados. Cuando descubrieron que Antonio ya no estaba tomando medicina, ¡no podían creerlo!

Hoy, Antonio es completamente funcional. Juega con sus compañeros, tiene buena conducta en clase, obtiene buenas calificaciones, y puede participar en reuniones familiares. Su abuela que había sido siquiatra en Cuba, se oponía a la decisión de dejar de darle los medicamentos a Antonio, pero cuando vio las mejoras en su nieto, quedó asombrada por el poder sobrenatural de Dios. Ella dejó de creer en la siquiatría y ahora está envuelta por completo en la visión de nuestro ministerio. Ambas, la madre y la abuela, están aprendiendo cómo llevar el poder sobrenatural de Dios a los niños que han sido abandonados y/o sufren de enfermedades similares a la que tuvo Antonio.

Dios es capaz de realizar portentosos milagros creativos y sanidades que transforman las mentes de las personas, tal como lo hizo por esos jóvenes en los anteriores testimonios. Ciertamente, Él puede renovar nuestra mente a través del Espíritu Santo, de manera que refleje su propia mente.

La importancia de renovar la mente

Revisemos las siguientes verdades acerca de la renovación de la mente:

+ A menos que renovemos nuestra mente y liberemos nuestra mentalidad caída y limitada, Dios podrá hacer muy poco en nosotros que sea nuevo.

+ Cuando renovamos nuestra mente, comenzamos a percibir, "ver" y "oír" el reino espiritual.

+ Cuando renovamos nuestra mente, las viejas y limitadas estructuras que no dan fruto para el reino tienen que caer. Jesús dijo, "*Nadie echa vino nuevo en odres viejos; de otra manera, el vino nuevo rompe los odres, y el vino se derrama, y los odres se pierden; pero el vino nuevo en odres nuevos se ha de echar*" (Marcos 2:22). Yo creo que los "*odres nuevos*" de los que hablaba Jesús, se refieren al cambio en la mentalidad, en la estructura y en el mensaje. Una vez más, no podemos usar una nueva estructura mientras todavía mantenemos nuestra vieja mentalidad basada en la naturaleza caída. Sin embargo, la transformación de la mente produce un cambio en la estructura y en el mensaje, que refleja un evangelio vivo; el cual a su tiempo produce la manifestación del poder y la presencia de Dios y revoluciona nuestra vida, a medida que el "*vino nuevo*" del Espíritu Santo fluye en y a través de nosotros.

Ninguna transformación puede producirse sin verdadero arrepentimiento.

+ Cuando nos establecemos en una continua renovación de nuestra mente, Dios es capaz de confiarnos su unción, su poder sobrenatural, y la experiencia de su gloria. Vivir de acuerdo a la mente de Cristo nos lleva a poderosas demostraciones de su voluntad y propósitos.

+ La renovación de nuestra mente nos asegura que la liberación, sanidad u otras manifestaciones sobrenaturales que podemos recibir de Dios permanecerán. Ninguna transformación es permanente sin un cambio de mentalidad; debe haber una renovación integral de adentro hacia afuera. La transformación no puede ser falsificada por mucho tiempo, ni puede ser mantenida si no es genuina.

Cuando renovamos nuestra mente, nos convertimos en un instrumento más útil y poderoso de Dios.

+ La renovación de nuestra mente es el comienzo del éxito. Cuando nos alejamos de una mentalidad derrotada, negativa, y limitada, con el fin de entrar en la mentalidad victoriosa, positiva e ilimitada del reino, prosperaremos en cada área de nuestra vida, tanto como prospera nuestra alma. (Vea 3 Juan 1:2).

+ Renovar nuestra mente, o establecer los pensamientos de Dios en nosotros, nos lleva a que continuamente experimentemos nuevos retos espirituales, y eso exige una mayor entrega a Dios y santificación en Él. La renovación debe llevar un "ritmo" continuo en nuestra vida espiritual. Si perdemos ese ritmo, no podemos seguir fluyendo en lo sobrenatural, sino que desaceleramos hasta que finalmente volvemos a funcionar de acuerdo a un estado natural. Para no perder ese ritmo, debemos elevarnos para afrontar los retos y demandas a través de la fe, siempre obedeciendo a Dios de forma inmediata y completa, y reteniendo lo que hemos ganado espiritualmente en Él.

Ninguna transformación es permanente sin un cambio de mentalidad.

+ Cuando nuestra mente es renovada, tenemos acceso a la imaginación de Dios. Los argumentos falsos y los procesos mentales de la humanidad caída producen una visión limitada. La razón por la que siempre preguntamos, "¿Cómo puede ser esto?" en relación a las promesas de Dios, es que la razón humana por sí misma no puede entender las cosas de Dios. La mente caída tiene una vasta imaginación; no obstante, aún es limitada y es incapaz de comprender los maravillosos planes, ideas y pensamientos de Dios. Sin embargo, cuando nuestra mente es renovada en Cristo, podemos pensar según el punto de vista del cielo y comprender que, dudar de la Palabra de Dios es solamente una pérdida de tiempo.

Usted sabe que su mente ha sido renovada cuando lo "imposible" se vuelve lógico para usted.

Cómo renovar continuamente su mente

La transformación de nuestra mente viene como resultado de humillarse delante de Dios y reconocer que ha vivido conforme a una mentalidad que es contraria a su mentalidad; una mentalidad que está limitada al mundo natural y que es incapaz de creer en su poder, mucho menos manifestar ese poder para sanar enfermedades, eliminar la angustia, y liberar a quienes están esclavizados. La transformación ocurre cuando usted verdaderamente tiene hambre por ver la presencia de Dios manifestada, y su poder sobrenatural y su gracia obrando para su gloria, en su vida, en la vida de su familia, y en la vida de su iglesia, ciudad y nación. Para que ocurra la transformación de su mente, usted debe hacer lo siguiente con regularidad:

1. Sumerja su mente en la revelación de la Palabra de Dios

La revelación nos lleva a una nueva experiencia con Dios. Nuestra mente comienza a ser renovada cuando el Espíritu Santo nos revela una verdad en la Palabra de Dios, y la renovación se completa cuando nosotros obedientemente ponemos en práctica la revelación que recibimos. Cuando Noé tuvo una revelación del propósito de Dios, su mentalidad cambió, y en obediencia, él construyó un arca en medio de un desierto —pese a que nunca había llovido antes—. Cuando Pedro tuvo una revelación de Jesús como el Mesías, su mentalidad cambió, y su vida fue establecida sobre un rumbo que lo llevó a ser el líder principal a través de quien Cristo estableció su amada iglesia.

Sin revelación de la Palabra, no podemos experimentar transformación.

---

2. Medite en la Palabra

El Señor le ordenó a Josué, *"Nunca se apartará de tu boca este libro de la ley, sino que de día y de noche meditarás en él, para que guardes y hagas conforme a todo lo que en él está escrito; porque entonces harás prosperar tu camino, y todo te saldrá bien"* (Josué 1:8). En algunas religiones, meditar significa "vaciar" la mente de todo pensamiento, pero esa no es la meditación bíblica. En realidad, vaciar o dejar en blanco nuestra mente puede ser una práctica peligrosa, porque baja nuestras defensas espirituales y abre las puertas para que los demonios vengan a influenciarnos. Sabemos que el enemigo no espera que lo invitemos para entrar; él busca una oportunidad para entrar y controlar el territorio de nuestra mente y corazón. (Vea, por ejemplo, Mateo 12:43–45).

Meditar, en sentido bíblico significa invertir tiempo leyendo, estudiando y pensando en las verdades acerca de la Palabra de Dios —incluyendo las palabras proféticas escritas en la Biblia y aquellas que nos dan directamente a través del Espíritu Santo, como palabras de conocimiento revelado y sabiduría—, y considerando cómo aplicarlas a nuestra vida, con el propósito de llenar nuestra mente y corazón con la revelación de Dios. Casi todas las personas practican la "meditación" en el sentido general de enfocar sus pensamientos sobre alguna cosa en particular; la pregunta es, ¿en qué está reflexionando? Por ejemplo, cuando nos preocupamos acerca de algo, estamos meditando en sentido negativo, llenando nuestra mente con duda, ansiedad, pesimismo, y otras actitudes destructivas. La Escritura nos da pautas claras sobre lo que debemos pensar. Pablo escribió: *"Por lo demás, hermanos, todo lo que es verdadero, todo lo honesto, todo lo justo, todo lo puro, todo lo amable, todo lo que es de buen nombre; si hay virtud alguna, si algo digno de alabanza, en esto pensad"* (Filipenses 4:8).

Si a propósito no tomamos tiempo para meditar en la Palabra de Dios, nuestra mente puede ser dominada por pensamientos carnales temporales. Por ejemplo, si permitimos que los pensamientos de miedo permanezcan en nuestra mente por un largo período de tiempo, una mentalidad de miedo puede llegar a establecerse en nosotros. Sin embargo, si meditamos sobre verdades bíblicas que nos aseguren la fidelidad, la confianza, y la promesa de Dios de ayudarnos en tiempo de necesidad, tendremos su paz. *"Tú guardarás en completa paz a aquel cuyo pensamiento en ti persevera; porque en ti ha confiado"* (Isaías 26:3).

Meditar, en sentido bíblico, significa invertir tiempo leyendo, estudiando y pensando acerca de las verdades contenidas en la Palabra de Dios, y considerando cómo aplicarlas a nuestra vida.

---

3. Busque experiencias sobrenaturales con Dios

A medida que alineamos cada vez más nuestra mente con la mente de Cristo, tendremos encuentros o experiencias con Dios, que harán que gradualmente nosotros mismos nos separemos de los pensamientos del ámbito natural, con el fin de movernos en el ámbito sobrenatural, y comencemos a pensar en términos sobrenaturales. Esto no significa que nos desconectaremos de la realidad, que nos volvamos "místicos" o "raros", o que comencemos a negar la realidad o la existencia del mundo natural. Seguiremos usando nuestra mente natural, nuestro sentido común, y nuestros cinco sentidos físicos para funcionar sobre condiciones naturales. Sin embargo, nuestros sentidos espirituales estarán atentos para ver, oír y percibir a Dios; y aprenderemos a vivir de tal manera que esos sentidos estén continuamente en total alerta y funcionando completamente, permitiéndonos conocer mejor a Dios, para confirmar su voluntad, y discernir cuándo y cómo Él quiere moverse sobrenaturalmente en nuestro mundo. Caminaremos con la seguridad de que Dios está siempre llevando a cabo sus propósitos, tal como los ha revelado.

Así es como podemos ir más allá de la razón y la lógica humana, pensando y viviendo por encima de las limitaciones naturales. En el reino sobrenatural, no hay lugar para la duda, ¡porque todo es posible con Dios! Siempre estamos listos para ser un vaso a través de quien Dios manifieste la realidad de su reino y traiga su poder sobrenatural a este mundo —aquí y ahora— para atender las necesidades presentes de su pueblo.

En el Nuevo Testamento, el encuentro de Saulo con la gloria de Jesús (vea Hechos 9:3–4) transformó su perspectiva de Dios y renovó su vida, de manera que incluso su nombre fue cambiado, a Pablo. Su mentalidad, su "estructura" de vida, y el mensaje que él proclamaba fueron todos transformados. Pablo había sido un hombre religioso "odre viejo" y un perseguidor de la iglesia, lleno de odio y ciego a la forma cómo Dios estaba obrando a través de Jesús y la iglesia. Pero cuando su mente fue transformada por su experiencia sobrenatural con Cristo, y el consiguiente estudio de las Escrituras con la iluminación del Espíritu Santo, él fue capaz de ver la realidad del reino de Dios y trabajar para traer esa realidad a la tierra, tal como es el cielo.

Las experiencias sobrenaturales son un aspecto de nuestra herencia como hijos de Dios y ciudadanos de su reino, con frecuencia, tales experiencias son la única vía por la que mucha gente entiende ciertas verdades espirituales y de ese modo cambian su enfoque. Por ejemplo, nosotros realmente no sabemos cómo es que se nace de nuevo, hasta que no tenemos una experiencia genuina de salvación, con conocimiento del perdón de nuestros pecados y la presencia interior del Espíritu Santo. Muchos líderes en la iglesia hoy están tratando de advertir a la gente acerca de tener experiencias con el poder de Dios, porque temen que tales encuentros sean o trampas del enemigo o eventos fabricados. Por supuesto, debemos tener discernimiento espiritual con respecto a las experiencias sobrenaturales. Sin embargo, nos damos cuenta que estamos siendo engañados y *no tenemos* encuentros genuinos con Dios y su poder sobrenatural, cuando vivimos por debajo de la realidad que Dios quiere para nosotros.

Los mensajes del evangelio que producen cambios poderosos en la vida de las personas son aquellos que son presentados por individuos que han tenido una experiencia con lo que predican. Recibir una revelación de cualquier clase, de parte de Dios, es una experiencia sobrenatural. Intentar predicar cualquier aspecto del evangelio sin haber tenido revelación acerca de eso, por medio del Espíritu Santo, y/o sin haberlo experimentado, hace que nuestro mensaje carezca de autoridad y sustancia.

Nuestros encuentros con Dios —o la falta de ellos— rigen la forma cómo piensa nuestra mente. Si experimentamos la realidad de su reino, y luego renovamos nuestra mente de acuerdo a ello, nunca más seremos los mismos ni pensaremos de la misma forma. Por ejemplo, después de haber experimentado el bautizo del Espíritu Santo y de hablar en otras lenguas, nuestra mentalidad espiritual cambia. De la misma forma, nuestra perspectiva cambia después de recibir una sanidad, un milagro, una palabra profética o cualquier otra manifestación sobrenatural.

El conocimiento no es verdaderamente suyo hasta que tiene una experiencia con lo que sabe.

4. Ore a Dios y tenga comunión con Él

"*Orad sin cesar*" (1 Tesalonicenses 5:17). Cuando oramos, podemos experimentar comunión con Dios, a medida que pasamos tiempo adorándolo, escuchando su voz y recibiendo su dirección a través del Espíritu Santo. De alguna manera, siempre somos cambiados cuando entramos en relación con otra persona. Exactamente lo mismo sucede cuando pasamos tiempo en la presencia de Dios —nos convertimos como Él— y somos más capaces de entender su corazón, su mente y sus caminos. A medida que desarrollamos una relación más profunda con Él, podemos orar cada vez más de acuerdo con su voluntad, para que su reino avance en la tierra como en el cielo.

5. Alinee su mente con la mente de Cristo

Como un acto de nuestra voluntad, necesitamos orar al Señor, "Permite que la mente de Cristo sea formada completamente en mí. Me he propuesto fijar mi mente en lo que es de 'arriba' —especialmente en ti, Señor—, ¡nuestro Dios sin límites! Voy a pensar en todo lo que es verdadero, noble, justo, puro, amable, de buen nombre, virtuoso y digno de alabanza. Alineo todos mis pensamientos a la mente de Cristo, de manera que permanezcan 'cautivos' a Él. En el nombre de Jesús, ¡amén!". (Vea Colosenses 3:1–2).

Oración para la transformación de la mente

¿Está su mente siendo transformada de manera que el poder sobrenatural de Dios pueda moverse en su vida? El propósito de esa transformación es establecer la iglesia de Cristo, la cual el enemigo —a través de la "religión" y las falsas filosofías— busca debilitar y destruir. Cuando su mente es renovada, usted puede fluir de acuerdo con el "río" del Espíritu —espontáneamente y con libertad—. En lugar de apagar al Espíritu Santo (vea Tesalonicenses 5:19), usted le dará el sitio correcto en su vida, reconociéndolo como Aquel que fue enviado por Dios el Padre, y Aquel en cuyo nombre Él fue enviado (vea Juan 14:26).

Querido amigo, creo sinceramente que éste es el tiempo para que comience a renovar su mente; o para ir a un nivel mayor de transformación. Es tiempo para que usted se aparte de esa mentalidad que lo limita en el cumplimiento del propósito de Dios, y que lo ha mantenido atrapado en un ciclo repetitivo de pensamientos, impidiéndole experimentar una vida abundante y ver el poder de Dios manifestarse aquí y ahora. Lo invito a hacer esta oración, simple pero profunda. Conozco innumerables testimonios de gente que ha hecho esta oración y ha experimentado una transformación total en su mente, y en su vida.

Padre celestial, gracias por la revelación que me has dado a través de tu Palabra, acerca de cómo mi mente debe ser renovada. Hoy, quiero un cambio radical en mi vida. Me arrepiento de vivir conforme a la mentalidad de este mundo y de satisfacer la naturaleza pecaminosa. Renuncio a las influencias negativas del mundo, incluyendo la "religión" y las limitaciones del conocimiento y la razón humana. Quiero tu mente, Señor. Quiero tu forma de pensar. Quiero tu mentalidad sobrenatural. Rindo mi mente y mis pensamientos a tu poder sobrenatural, de manera que puedan ser intercambiados por tu mente y tus pensamientos. Por favor, renueva mi mente, de manera que pueda llegar a ser un instrumento útil en tus manos para tu reino, y que pueda llevar esta revelación a otras personas que están atrapadas en la misma condición en la que yo he estado. "¡Heme aquí Señor, envíame a mí!". En el nombre de Jesús, te doy gracias por escucharme y por activar tu poder sobrenatural sobre mi vida, aquí y ahora. En el nombre de Jesús, amén.

Si usted está sufriendo de algún trastorno físico o mental, como el de los jóvenes que leímos en los testimonios que aparecen en este mismo capítulo, yo oro para que el poder sobrenatural de Dios pueda llenarlo ahora mismo y lo sane por completo, ¡en el nombre de Jesús! Reciba su sanidad por fe y comience a darle gracias a Dios por obrar un milagro en su vida. ¡Para Dios todo es posible!

11

Un corazón conforme al corazón de Dios

Al principio de mi ministerio, Dios me dio esta palabra profética a través del apóstol Ronald Short: "Te daré un corazón con el fuego de Jeremías y la velocidad de Elías; un corazón conforme a mi propio corazón, como el de David". Esta palabra tuvo un fuerte impacto en mí porque, durante largo tiempo, me había preguntado: *¿Será posible tener un corazón conforme al de Dios? ¿Nacemos con ese corazón o es necesaria una transformación para obtenerlo?* Ésa fue la primera vez que entendí que un corazón así se obtiene por medio de una transformación sobrenatural, la cual viene por la obra completa de la cruz. Yo sabía que si bien todavía no tenía el corazón descrito en la palabra profética, y que desarrollarlo no sería algo que ocurriría de la noche a la mañana, yo quería pasar por el proceso que me permitiera recibirlo.

Mi deseo siempre ha sido tener un corazón conforme al corazón de Dios; y, por su gracia, he visto las características que mencioné arriba, desarrollarse y manifestarse cada vez más en mi vida. El "fuego" de Dios siempre está en mi corazón, ardiendo sin cesar por Él, por su reino y por las almas. (Vea Jeremías 20:9). Además, cada tarea que llevo adelante se acelera en términos del crecimiento y del fruto que lleva. Tercero, tengo un corazón que apasionadamente busca la presencia de Dios, con temor santo y con deseo de agradarlo; y por la unción de Dios, también tengo una disposición para la guerra espiritual y la conquista sobre el enemigo, tal como la que Dios le dio a David.

El Señor me ha llevado a través de un proceso de transformación sobrenatural del corazón, el cual continúa hasta el presente. Antes no tenía pasión por buscar a Dios, pero después de recibir a Jesús como mi Señor y Salvador, Él encendió esa pasión dentro de mí. Hubo un tiempo en mi vida en que no era valiente ni tenía la actitud de un conquistador; pero después que Dios me liberó del miedo, pude desarrollar esas cualidades. Lo que soy hoy es el resultado de la gracia sobrenatural de Dios. Yo soy un testimonio viviente de que Él puede cambiar por completo el corazón de un hombre. ¡Sí *es* posible tener un corazón conforme al corazón de Dios!

El corazón de David versus el corazón de Saúl

El profeta Samuel le anunció a Saúl, el primer rey de Israel, *"Jehová se ha buscado un varón conforme a su corazón, al cual Jehová ha designado para que sea príncipe sobre su pueblo, por cuanto tú no has guardado lo que Jehová te mandó"* (1 Samuel 13:14). Dios había deseado trabajar con Saúl y a través de él, pero el rey desobedeció repetidamente su voz. Filtraba las claras instrucciones del Señor actuando según lo que le parecía razonable a su intelecto humano. Saúl pretendía buscar y servir a Dios, pero su corazón estaba en su propia agenda. Sus intenciones y motivaciones hacia el Señor no eran genuinas; lo que practicaba era apenas un ritual religioso.

Por ejemplo, Saúl parecía tratar el arca del pacto, no como el lugar santo donde moraba la presencia de Dios, sino como un "amuleto para la buena suerte" en las batallas. Buscaba a Dios sólo cuando tenía dificultades. Pero aun entonces, volvía a desobedecer sus mandatos, porque siempre terminaba haciendo lo que ya había planeado en su corazón. Para Saúl, su posición y preeminencia ante los ojos del pueblo, eran de suprema importancia. Se alejó tanto del Señor que terminó consultando a ¡una bruja! Luego de este incidente, Saúl y su hijo Jonatán murieron en el campo de batalla.

Si bien Saúl era el rey ungido de Dios, terminó en el fracaso porque no le permitió a Dios guiarlo, ni siguió su consejo. Debemos examinar nuestro corazón para asegurarnos que éste no tiene ninguna de las características del corazón desobediente de Saúl. Si tiene alguna, lo mejor es buscar con diligencia el perdón de Dios y la transformación de nuestro corazón, para aprender a oír y obedecer su voz y asumir la responsabilidad de crecer a la imagen de Cristo. Asimismo, debemos abstenernos de seguir a un líder que tenga el corazón de Saúl; porque de lo contrario, podemos ser destruidos junto con él.

Dios rechazó a Saúl debido a su constante desobediencia, y levantó a otro hombre —David— para ser rey. Mientras Saúl se aferró a su rebeldía y no le permitió al Señor formarlo, David tuvo un corazón conforme al corazón de Dios. El buen carácter de David había sido establecido mucho tiempo antes de que fuera llamado al trono; de joven, había pasado mucho tiempo adorando a Dios, meditando en su Palabra y deleitándose en Él. Para ser aceptados por Dios y evitar su rechazo, debemos permitirle formar nuestro corazón para que sea como el suyo.

Esta es la verdad que un hombre llamado Abedef llegó a reconocer. Él creía que conquistaría el mundo con sus habilidades atléticas, hasta que una crisis personal lo llevó a la transformación de su corazón en Cristo. La siguiente es su historia: "Desde el primer día que llegué a los Estados Unidos, desde Haití, lo único que supe, viví y respiré fue básquetbol. Recuerdo volver a casa con el cuerpo adolorido y moretones por doquier, mientras luchaba para convertirme en un jugador profesional. Mis años de secundaria los dediqué de lleno a alcanzar el éxito y la fama, con el sueño de lograr sacar a mi familia de la pobreza en Haití.

"El básquetbol era mi ídolo; era lo que yo adoraba y por lo que vivía, era todo lo que conocía y amaba. Era mi 'droga', el vehículo para mi excesivo orgullo y arrogancia, dentro y fuera del campo de juego. No usaba drogas, no era promiscuo ni bebía alcohol, pero cuando me impacientaba descargaba mi ira, verbalmente, sobre mi familia. Hasta que algo terrible sucedió; mientras entrenaba para un juego de campeonato, sufrí un desgarro de meniscos y me llevaron de urgencia al hospital. Allí, los médicos me dijeron que no podría jugar básquetbol por los siguientes tres meses. Eso significaba el fin de mi temporada. Como resultado, caí en una profunda depresión. Yacía en aquella cama de hospital, llorando, hasta que exclamé: 'Si no puedo jugar básquetbol, ¿qué razón hay para que siga viviendo?'. Entonces, decidí quitarme la vida.

"Ese mismo día, una amiga que no había visto en años me llamó y me dijo: 'No he sabido de ti por largo tiempo. ¿Por qué no vienes conmigo a la iglesia?'. Yo no quería ir, porque pensaba que sería para oír un mensaje aburrido y que luego me iría de la misma manera como entré. Pero mi amiga insistió, hasta que accedí a ir con ella a un estudio bíblico en casa de alguien. Allí, el poder de Dios me impactó muy fuerte. A mitad de la enseñanza, el líder me dijo: 'Tú puedes ser sano de tu condición. Dios te va a sanar'. A pesar de que me sentía algo escéptico, dije 'Está bien, me rindo. ¡Quiero ver a Dios sanarme!'. El líder oró por mí y yo sentí que un calor recorría todo mi cuerpo.

"Al día siguiente, ¡empecé a jugar básquetbol otra vez! Mi entrenador no podía entender lo que había sucedido. Los médicos no lo entendían. Pero Dios hizo mucho más que eso; Él cambió mi corazón y me mostró mi verdadero propósito en la vida. Ya no dependo del básquetbol, ni necesito ningún ídolo; sólo necesito a Dios y sus promesas eternas. Fui liberado de la depresión y pude terminar mi última temporada de básquetbol. Toda el hambre que tenía por ese deporte fue transferida al deseo de servir a Dios y predicar su Palabra. Ahora la gente me admira no por quién soy, sino por lo que el Señor me ha llamado a hacer. Mi sueño era jugar en las ligas mayores, pero ahora estoy por fin en la senda correcta. Mi destino no era el básquetbol sino servir a Dios".

"Un hombre conforme a mí corazón"

"*Quitado* [Saúl], [Dios] *les levantó por rey a David, de quien dio también testimonio diciendo: He hallado a David hijo de Isaí, varón conforme a mi corazón, quien hará todo lo que yo quiero*" (Hechos 13:22). David es la única persona citada en la Escritura a quien Dios, el Padre, se refiere específicamente como alguien con un corazón conforme al corazón suyo. Usted se preguntará: "¿Cómo podía ser David un hombre conforme al corazón de Dios, si fue un adúltero (vea 2 Samuel 11:1–5), un asesino (vea 2 Samuel 11:6–17), y derramó tanta sangre (vea por ejemplo, 2 Samuel 8:1–6)?". Si miramos a David desde una perspectiva humana, no tiene sentido que Dios lo considerara un hombre conforme a su corazón; por lo tanto, debemos mirarlo desde la perspectiva del Señor.

¿Qué llevó a Dios a perdonar a David, quitar su pecado y preservar su reino? David había dormido con Betsabé, la esposa de uno de sus soldados, la había embarazado, y luego había hecho arreglos para que su esposo muriera. Pero Dios conocía lo más íntimo del corazón de David; sabía que era sensible a Él y que, en el pasado, le había permitido moldearlo. Más aún, cada vez que David pecaba, era rápido y genuino para arrepentirse, porque él amaba a Dios con pasión y reconocía que lo había ofendido. (Vea, por ejemplo, Salmos 51).

No estoy diciendo que Dios tolera el pecado ni que está de acuerdo con el mismo; sino que Él mira nuestro corazón; y nos considera de acuerdo a nuestro estado terminado en la eternidad. Nos ve a través de la justicia de Jesús, con un corazón y una vida transformados. Tal vez, usted ha tenido una fuerte caída, como le sucedió a David, y cree que es el fin de su relación con Dios o, incluso, de su vida. Sin embargo, si se arrepiente, Él lo restaurará y lo llevará al destino para el cual lo llamó desde antes de la fundación del mundo. Las Escrituras dicen: *"El que encubre sus pecados no prosperará; más el que los confiesa y se aparta alcanzará misericordia"* (Proverbios 28:13). Dios espera que usted se arrepienta de sus pecados y crea que ha sido perdonado por completo en Cristo. Entonces, espera que le permita seguir transformando su corazón.

La gracia divina no es una licencia para pecar, sino el medio sobrenatural por el cual recibimos un corazón puro y limpio, y a través del cual nos acercarnos más a nuestro Padre celestial. Por tanto, cada vez que fallamos debemos ir de inmediato a Él, a través de Cristo, para ser perdonados. *"Acerquémonos, pues, confiadamente al trono de la gracia, para alcanzar misericordia y hallar gracia para el oportuno socorro"* (Hebreos 4:16). Si nuestro corazón no ha sido transformado —por lo que no podemos entender la gracia de Dios por revelación sobrenatural—, y no nos arrepentimos, vamos a abusar de esa gracia, deshonrando la preciosa sangre de Cristo derramada por nosotros. ¡Debemos experimentar la transformación de nuestro corazón!

Alex es dueño de una prestigiosa firma internacional de abogados que lleva casos en los Estados Unidos, Canadá, Panamá y Honduras; pero su vida experimentaba un gran dolor. Cuando Dios comenzó el proceso de transformar su corazón, él recibió nuevo gozo y libertad espiritual. Ésta es su historia: "Mi esposa y yo pasamos una crisis muy difícil; perdimos dos de nuestros hijos. Uno murió a los veintiocho años y el otro a los treinta y tres. Personalmente, creo que la muerte de un hijo es el golpe más duro que alguien puede experimentar. En esta condición, asistí a una reunión en el Ministerio El Rey Jesús, la cual tuvo un gran impacto espiritual en mí. Dios me dijo que tenía que hacer un cambio, que venía una nueva temporada para mí. Sentí una paz que nunca había experimentado antes.

"Desde ese día, Dios ha tratado con mi corazón y nuestra vida ha cambiado un cien por ciento. Él me prosperó como hombre, como padre y como sacerdote de mi hogar, y quitó mi profundo dolor por la muerte de mis hijos. Además, me prosperó de manera sobrenatural. Mi firma de abogados ha crecido enormemente, y de verdad creo que el Señor me ha dado un don que antes no tenía. Hemos invertido en muchas cosas y ahora somos dueños de varias compañías de construcción, desarrollo comunitario y compañías farmacéuticas, así como de una empresa de producciones cinematográficas, y seguimos creciendo. Dios me ha dado influencia para impactar mi ciudad para Él; pero sobre todo, nos levantó, a mi esposa y a mí, y nos dio esperanza para que podamos brindarles guía y propósito a nuestros nietos".

Dios nos da su gracia sobrenatural para vivir una vida santa.

Características de un corazón conforme al corazón de Dios

La única manera de tener verdadero éxito en nuestro paso por este mundo —un éxito que perdure por la eternidad— es que nuestro corazón esté en el lugar correcto. ¿Cómo llegó David a merecer ser llamado "un hombre conforme al corazón de Dios"? ¿Cómo capturó el corazón de Dios? Las siguientes son las principales características de un corazón conforme al corazón del Padre.

1. Un corazón conforme al corazón de Dios busca apasionadamente su presencia

Una de las virtudes del corazón de David era su pasión por Dios. Él quería conocerlo, amarlo, habitar en su presencia, y recibir su revelación.

Buscaba agradarlo y servirlo con todo su ser. David escribió: *"Dios, Dios mío eres tú; de madrugada te buscaré; mi alma tiene sed de ti, mi carne te anhela, en tierra seca y árida donde no hay aguas, para ver tu poder y tu gloria, así como te he mirado en el santuario"* (Salmos 63:1–2).

David siempre estaba "sediento" de Dios; y eso lo impulsaba a buscar su presencia de continuo. Salmos 42 nos brinda otra vívida imagen de un corazón sediento de Dios: *"Como el ciervo brama por las corrientes de las aguas, así clama por ti, oh Dios, el alma mía. Mi alma tiene sed de Dios, del Dios vivo"* (Salmos 42:1–2). Semejante sed no puede ser fabricada. Se manifiesta en la vida de una persona durante una continua y sincera búsqueda, para experimentar su presencia.

David estaba consumido por esta búsqueda. Él buscaba el rostro de Dios todos los días, y aun durante la noche. (Vea Salmos 63:6). Y cada vez que enfrentaba una crisis, corría a buscar la ayuda de Dios, porque él dependía totalmente de su relación con el Señor. Cuanto más lo amemos, más lo vamos a desear; y cuanto más lo conozcamos, más querremos aprender de Él. ¡Siempre más! "Más" de Dios ¡nunca será suficiente para nosotros!

---

*La falta de sed espiritual produce sequía espiritual,
la cual sólo lleva al legalismo, religión y muerte espiritual.*

---

2. Un corazón conforme al corazón de Dios, apasionadamente adora al Señor

David también tenía pasión por adorar a Dios. Él escribió: *"Una cosa he demandado a Jehová, ésta buscaré; que esté yo en la casa de Jehová todos los días de mi vida, para contemplar la hermosura de Jehová, y para inquirir en su templo"* (Salmos 27:4). Yo creo que David alteró la historia de la adoración estableciendo un patrón de alabanza y adoración para Israel que fue seguido por el pueblo de Dios, desde los tiempos del Antiguo Testamento, hasta llegar a practicarse en la iglesia del Nuevo Testamento; y su influencia continúa impactándonos hoy. Por los escritos de David en el libro de los Salmos, pareciera que hubiera vivido miles de años adelantado a su tiempo; como si hubiera vivido de acuerdo a la gracia desatada por la muerte de Cristo en la cruz y en el poder de su resurrección. (Vea, por ejemplo, Salmos 16:9–11).

En general, todo lo que David hizo en su vida fue hecho desde una posición de adoración, porque había recibido la revelación de cómo ésta afecta el corazón de Dios. Él sabía que la adoración le agrada a Dios ¡en gran manera! Si tuviéramos revelación de esta verdad, adoraríamos más a Dios. Necesitamos entender que, como ejercicio de nuestra fe, nuestra adoración se desarrolla y madura cuanto más la practicamos.

Exploremos ahora los efectos que tiene la adoración en el corazón de Dios y en el nuestro.

Nuestra adoración apasionada abre el corazón de Dios para nosotros, y el nuestro para el suyo

Nuestra adoración genuina y apasionada a Dios abre su corazón hacia nosotros, a la vez que ablanda el nuestro, porque éste es un acto voluntario de sumisión y obediencia a Él. La obediencia es uno de los mayores actos de adoración. Si tenemos un corazón endurecido que no está dispuesto a someterse a Dios, Él rechazará nuestra "adoración", y nos cerrará su corazón. La adoración auténtica nos hace más sensibles al Señor, y nos lleva a reconocer nuestra verdadera condición espiritual, de manera que podamos rendirnos a Él, arrepentirnos y permitir que el Espíritu Santo opere esa necesaria transformación dentro de nosotros.

Cuando usted es un genuino adorador, su vida está sometida a Dios en todo; Él toma el primer lugar por encima de todos y de todo lo demás.

Nuestra verdadera adoración revelará la presencia de Dios, de modo que la vamos a sentir muy seguido, de manera tangible. Un verdadero adorador sabe responder cuando su presencia se manifiesta. Hay momentos durante el servicio en una iglesia, en los cuales la atmósfera espiritual está tan llena de gozo que la mejor respuesta es gritar, aplaudir y danzar. Pero hay otros momentos de la adoración que son tan santos, que un grito de gozo puede resultar fuera de lugar. Esos son momentos en los cuales nuestra actitud debe ser simplemente de esperar en silencio reverente.

La verdadera adoración significa que el Rey está presente.

Debemos ser cuidadosos con nuestras actitudes durante la adoración, y no permitir que nuestra mente se quede en los asuntos temporales que nos llevan a permanecer indiferentes, aburridos o enojados. Nuestro estado mental hacia Dios debe ser de atención, amor, reverencia y gratitud. Como en toda otra relación personal, nuestra actitud definirá la calidad, intensidad y duración de nuestras interacciones con Él.

El nivel más alto de adoración es "convertirse" en adoración.
En otras palabras, nuestra vida entera debería ser
una expresión de adoración a Dios.

Nuestra adoración apasionada nos lleva a la intimidad con Dios

Hoy, mucha gente evade la intimidad con los demás. Tiene miedo de acercarse demasiado a otros porque no quiere que sus defectos, debilidades y errores se vean expuestos. Un verdadero adorador no tiene miedo a presentarse delante de Dios, a pesar de su presente condición espiritual, porque sabe que Dios lo ama profundamente y quiere lo mejor para él. Ese tipo de persona desea apasionadamente acercarse al Señor para que su corazón sea transformado por el Espíritu Santo, y eso la capacita para cumplir el propósito del corazón mismo de Dios.

¿Qué toca el corazón de Dios? ¿Qué le agrada? ¿Qué lo conmueve? ¿Qué hace que su presencia se manifieste? La respuesta a todas estas preguntas es una relación de intimidad con Él. La verdadera adoración puede compararse con un "romance" con Dios. Por ejemplo, cuando comenzamos un tiempo de adoración, alabándolo y agradeciéndole, es como si estuviéramos en la "etapa del cortejo" de nuestra relación con Él. Como dicen las Escrituras: *"Entrad por sus puertas con acción de gracias, por sus atrios con alabanza"* (Salmos 100:4), y *"Lleguemos ante su presencia con alabanza; aclamémosle con cánticos"* (Salmos 95:2).

> ### *Nuestra alabanza, agradecimiento y adoración "enamoran" a Dios, y eso desarrolla nuestra intimidad con Él.*

Después de alabar y agradecer, la adoración representa el "matrimonio" en nuestra relación con Dios. La Biblia usa analogías de la relación sexual entre esposo y esposa para describir lo profundo de la intimidad entre Dios y su pueblo, la cual es un reflejo de su mutuo amor y fidelidad. (Vea, por ejemplo, Efesios 5:30–32). Mucha gente piensa en la intimidad en términos de una relación sexual casual, como el que muchas parejas tienen en la actualidad. Pero la intimidad a la que me refiero es una unión pura, dentro de una relación de pacto, en la cual cada parte manifiesta un profundo respeto y ternura mutuos que busca darle al otro.

La adoración de un creyente cuyo corazón es obediente y que expresa su amor por Dios con mensajes de confianza y devoción, marca la pauta para la intimidad, embellece la atmósfera para la unión, o la unidad espiritual con Dios. Debemos darle a Dios nuestra total atención —no dividida—, para que Él experimente nuestro genuino amor, permitiendo así que el momento de intimidad se manifieste. Cuando dejamos todo lo demás de lado para buscar a Dios, Él también nos da su total atención —no dividida—. Cuando esto sucede, podemos decir que hemos experimentado una relación de amor mutuo con Dios a través de la adoración.

> ### *Cuando adoramos a Dios, le damos nuestra absoluta y total atención —no dividida—, y a cambio, nosotros recibimos su total atención —no dividida—.*

Por el contrario, si durante el tiempo de adoración nuestras actitudes son erróneas y nuestros actos desconsiderados, eso hará que la presencia de Dios se retire antes que esa unidad pueda ocurrir. Desafortunadamente, hay gente que después de recibir lo que necesitan de Dios —sanidad, provisión u otro milagro—, abruptamente dejan de adorarlo. Su adoración nunca fue genuina; ellos fueron movidos a adorar a Dios no por un amor profundo hacia Él, sino simplemente por un interés personal o un sentido de desesperación debido a sus problemas. La verdadera adoración que lleva a la intimidad con Dios y trae la transformación de nuestro corazón sucede cuando morimos al "yo", perdemos conciencia de este mundo y sus problemas, y nos enfocamos sólo en Él, por lo que Él es.

Debemos adorar a Dios con un corazón sincero ¡hasta que su presencia venga! Piérdase en Dios hasta que sea uno con Él. De manera similar al acto sexual dentro del matrimonio, nuestra adoración no debería ser una experiencia "rápida", porque eso no complace a Dios ni satisface nuestro corazón. Por lo tanto, cuando usted entre a su presencia —cuando entre en la eternidad con Él— tome tiempo para tener comunión con Él, como lo haría con su cónyuge amado.

Dios nos revela su presencia cuando su corazón está complacido.

Nuestra adoración apasionada nos lleva a la "concepción" y a nueva vida

Cuando nuestra relación con Dios se estanca, no somos capaces de manifestar nueva vida en Él. Si no somos adoradores verdaderos y apasionados, no podemos conocerlo realmente ni cumplir nuestro propósito en la tierra. Además, cuando nuestra adoración carece de vida, estamos realizando un simple ritual religioso, y nuestro vientre espiritual se hace "estéril". Durante la intimidad de la adoración, "concebimos" cómo Dios quiere que llevemos a cabo sus propósitos, planes y visión. Nuestra adoración debería "dar a luz" salvaciones, sanidades, milagros, liberaciones, visiones, sueños, revelaciones y transformaciones del corazón, como fruto de nuestra intimidad con Dios. Durante mis tiempos de adoración, el Padre me ha revelado muchas de las verdades que escribo en mis libros. También me ha dado las ideas creativas que he implementado para la expansión de su reino, y me ha dado visión para impactar las naciones para Cristo.

El propósito principal de la adoración es la intimidad, y el propósito de la intimidad es concebir y producir vida nueva.

Nuestra adoración apasionada hace que Dios mismo se dé a conocer

Cuando el pueblo de Dios lo adora de todo corazón, Él se revela. Muchos cristianos van a la iglesia a oír la prédica de la Palabra, pero nunca se unen durante el tiempo de alabanza y adoración. Yo creo que esto muestra una falta de reverencia a Dios. Muchos cristianos parecen haber perdido la revelación de que Jesús es nuestro Rey y Sumo Sacerdote, y que hemos sido llamados a preparar una atmósfera en la que Él pueda manifestar su presencia, hablarle a su pueblo y realizar milagros, sanidades y liberaciones sobrenaturales.

A medida que adoramos a Dios,
Él nos da revelación de su mente y corazón.

Si queremos que Dios se nos revele, nuestra adoración no puede ser monótona, mecánica ni repetitiva. Por el contrario, debe ser de corazón e íntima. El Señor quiere mostrarse como el Todopoderoso, el Sanador, el Libertador, el Proveedor, Aquel que bautiza con poder sobrenatural; Aquel que es nuestro Todo en Todo. Dios es eterno, y siempre hay un aspecto nuevo de su naturaleza que debemos descubrir. No debemos volvernos espiritualmente complacientes ni cesar de crecer en nuestra capacidad de adorarlo, porque de lo contrario nos perderemos su revelación.

Nuestra adoración apasionada nos lleva a la transformación personal y al avivamiento corporativo

Cuando entramos a la presencia de Dios durante la adoración, nuestro corazón es cambiado para convertirse en lo que Él diseñó originalmente que fuera: un reflejo de su propio corazón. Y a medida que avanzamos en el proceso de transformación, podemos manifestar el ámbito del cielo en la tierra a través de la gracia y el poder del Espíritu Santo. Cuando esto sucede, nuestras iglesias y comunidades experimentan el avivamiento.

Debemos entender que, cuando dejamos de permitir que nuestro corazón sea transformado, el avivamiento se detendrá, nuestra relación con Dios será contaminada, veremos la reaparición de la "religión" y el retorno de una mentalidad natural y temporal. Si queremos mantener la presencia de Dios en nuestra vida y sostener un espíritu de avivamiento, no podemos permitir que nuestro amor por Él ni nuestra adoración a Él se enfríen. Yo creo que gran parte de la iglesia de hoy no tiene pasión por la presencia de Dios, y como resultado, tenemos una iglesia sin poder.

A menos que nuestra adoración a Dios sea genuina, su presencia no vendrá, y sin su presencia no podemos experimentar transformación.

Nuestra adoración apasionada nos capacita para "portar" la presencia de Dios dondequiera que vamos

La presencia de Dios es una "atmósfera" portada por un verdadero adorador, dondequiera que va. Nosotros podemos "transportar" la esencia del cielo a otras personas, para que Dios sea glorificado por medio de traer su presencia y poder para transformar la vida de la gente.

El siguiente testimonio de un pastor venezolano revela lo que sucede cuando una persona comienza a buscar a Dios de todo corazón. Éste es su relato: "Nací en el seno de una familia disfuncional. Mi padre nos abandonó cuando yo tenía apenas cuatro años. Debido a eso, sufrí soledad, falta de amor, calumnia e inestabilidad, y durante mis años de adolescencia me llené de ira y rebeldía. Siendo muy joven, me mudé a los Estados Unidos, donde estudié ciencia forense y psicología. A pesar de que iba a la escuela y trabajaba sin cesar, nada llenaba el vacío en mi corazón, nada calmaba mi ansiedad ni satisfacía mi ego. Asistí a varias iglesias pero nunca experimenté ningún cambio. Mi corazón estaba endurecido.

"Por más de veinticinco años, trabajé para las mayores compañías de combustible y energía del mundo, donde llegué a tener gran influencia en todos los niveles. Aparentemente, tenía todo bajo control; era un buen empresario y poseía muy buena educación, conocimiento, fama y riqueza. Era independiente, disfrutaba los placeres de la vida y tenía amistades famosas; pero nada parecía ser suficiente. Todos mis matrimonios estuvieron marcados por peleas, manipulación, falta de comunicación y división.

"Cuando mi presente matrimonio estaba al borde del divorcio, comencé a pedirle a Dios una intervención sobrenatural. Mi esposa solía mirar el programa *Tiempo de Cambio*, del Apóstol Guillermo Maldonado, y yo también comencé a verlo. Para ese tiempo, la guerra en Irak había comenzado y la corporación para la que yo trabajaba me había asignado a esa parte del mundo, asegurándome que el edificio de la Cruz Roja, donde yo estaría, no corría peligro. Sin embargo, el día que tenía que viajar, escuché la voz audible de Dios que me decía: 'No vayas'. Yo obedecí y, cuatro días después, vi un noticiero que mostraba las imágenes del edificio de la Cruz Roja siendo bombardeado. ¡Esa voz me salvó la vida!

"Un tiempo después, mi esposa y yo visitamos el Ministerio El Rey Jesús, y sentí que había llegado a casa. Todo en nuestras vidas comenzó a cambiar muy rápido. Empezamos a asistir a la iglesia y pactamos por los proyectos del ministerio. Gracias a la visión que Dios nos dio a través de nuestro padre espiritual, experimentamos un vuelco total. Dios restauró nuestro matrimonio y nuestras finanzas. Nos liberó de falta de perdón, ansiedad, miedo, espíritu de independencia, rebeldía, egoísmo, dureza de corazón, heridas del pasado, enfermedad, estructuras mentales de falsedad, religiosidad, falta de comunicación, pasividad y más. Él nos ha llenado con su amor, gracia y favor sobrenaturales. Ahora somos pastores, y participamos del movimiento espiritual que influencia cada estrato de la sociedad a nivel mundial".

En adoración, cuando exaltamos la obra terminada de Cristo en la cruz, honramos el nombre de Dios y exaltamos su gloria y majestad; y Él trae su poder y presencia en medio de nosotros, aquí y ahora.

3. Un corazón conforme al corazón de Dios es obediente y sumiso

A menos que tengamos un corazón conforme al corazón de Dios, nos resultará muy difícil obedecer su voluntad; incluso es posible que nos volvamos rebeldes, como sucedió con Saúl. En el capítulo 7, "El corazón obediente", hablamos de que la "obediencia" de Saúl quedó a mitad de camino. Sin embargo, David hizo la voluntad de Dios por completo. En uno de sus salmos, David escribió: *"El hacer tu voluntad, Dios mío, me ha agradado, y tu ley está en medio de mi corazón"* (Salmos 40:8).

La dedicación completa a hacer la voluntad de Dios fue también una de las características principales del corazón de Jesús, quien fue llamado "Hijo de David" (vea, por ejemplo, Mateo 1:1). *"Jesús les dijo [a sus discípulos]: Mi comida es que haga la voluntad del que me envió, y que acabe su obra"* (Juan 4:34). Y Dios dijo de Jesús: *"Éste es mi Hijo amado, en quien tengo complacencia; a él oíd"* (Mateo 17:5).

Podemos decir que las vidas de Cristo y de David fueron "exitosas" debido a que ambos tenían un corazón conforme al de Dios y que cumplieron su propósito divino, completando toda la obra que Dios les había encomendado. Además, ambos dejaron una herencia de reino para las generaciones futuras. Jesús y David establecieron un patrón para nosotros, demostrando lo que significa tener un corazón que sigue a Dios de manera constante. Tuvieron un corazón que adoraba y veneraba al Padre *"en espíritu y en verdad"* (Juan 4:24) y que estaba dispuesto a obedecerlo más allá de sus propias fuerzas, por el poder de su divina gracia.

No podemos tener un corazón conforme al de Dios si no hemos aprendido a someternos por completo a su voluntad y a obedecerla. Otra vez digo, obediencia total significa hacer todo lo que Dios diga, dondequiera que Él diga, y como Él quiera que lo hagamos. ¿Somos capaces de decir que Dios puede hacer todo lo que quiera, en y a través de nuestras vidas? ¿Estamos dispuestos a obedecerlo siempre? El Señor busca una generación a través de la cual pueda cumplir sus propósitos para este tiempo trascendental en la historia de la humanidad.

Una persona con un corazón conforme al corazón de Dios, deja que Dios haga todo lo que Él desea por medio de él.

---

4. Un corazón conforme al corazón de Dios es rápido para arrepentirse del pecado

Cuando el profeta Natán confrontó a David respecto a su adulterio con Betsabé y el asesinato de su esposo, David de inmediato reconoció su pecado, se humilló delante de Dios y se arrepintió. *"Entonces dijo David a*

Natán: Pequé contra Jehová. Y Natán dijo a David: También Jehová ha remitido tu pecado; no morirás" (2 Samuel 12:13).

Como vimos antes, una de las virtudes de David fue que, cada vez que le fallaba a Dios, era rápido para arrepentirse. Él tenía un corazón tierno y una pasión por estar en su presencia. Cuando se arrepintió de aquel incidente, oró: *"Crea en mí, oh Dios, un corazón limpio, y renueva un espíritu recto dentro de mí. No me eches de delante de ti, y no quites de mí tu Santo Espíritu. Vuélveme el gozo de tu salvación, y espíritu noble me sustente"* (Salmos 51:10–12).

Nuestro verdadero arrepentimiento siempre nos devuelve a la presencia de Dios.

Hay gente que se rehúsa a arrepentirse porque ama más su ego o los placeres carnales que a Dios, y el pecado ha endurecido su corazón. Como resultado, comienza a sentir que su conducta impía es aceptable y que está dentro de sus derechos. Pero cuando una persona se arrepiente genuinamente de su pecado, puede producir el fruto característico de un corazón conforme al de Dios.

El pecado del cual nos negamos a arrepentirnos, es el pecado que moldeará nuestro carácter.

¿Hay algún pecado en su vida del cual no se ha arrepentido? Una razón importante por la cual debemos dedicarle tiempo a la lectura de la Biblia es que, en las Escrituras, descubrimos lo que le agrada a Dios y lo que no. Si tenemos una relación continua y diaria con Él, su Espíritu seguirá revelándonos su voluntad. Si usted ha experimentado la convicción del Espíritu Santo con respecto a cualquier actitud o conducta de pecado en su vida, arrepiéntase ahora mismo, para que su corazón pueda seguir siendo conforme al corazón de Dios.

Es imposible arrepentirnos si no reconocemos nuestro pecado como pecado.

Al comienzo de mi vida como cristiano, me enseñaron que cuando pecara, no debía esconderme de Dios, sino arrepentirme y presentarme rápido ante Él y confesar mi pecado. Sin embargo, con el tiempo, empecé a desarrollar una mentalidad de culpa, porque estaba más enfocado en mis pecados que en la gracia de Dios. Estaba siempre consciente de mis debilidades, y no podía disfrutar mi vida cristiana. Necesitaba recibir la revelación divina acerca de este asunto. Ahí fue cuando el Espíritu Santo me llevó a entender los procesos involucrados en la transformación del corazón y la renovación de la mente. Entendí que Dios me había dado su gracia sobrenatural para que yo pudiera vivir con conciencia limpia, teniendo un corazón que no sólo se arrepintiera del pecado, sino que también deseara vivir en santidad, integridad y justicia delante de Él. Aprendí que estoy siendo transformado de continuo por el Espíritu de Dios, y que no debo esperar haber alcanzado la perfección. Y me di cuenta que a veces todavía peco y le fallo a Dios, pero también que Él ha cambiado mi corazón para que el pecado no sea más en mí un *estilo de vida*.

Hoy por hoy, cada vez que entro a la presencia de Dios, me arrepiento y le pido que remueva de mí todo pecado, transgresión e iniquidad que pueda haber en mi vida. Hago esto cuando no estoy consciente de ningún pecado explícito. Lavo mi humanidad en la sangre de Cristo cada día, como parte elemental del proceso de transformación. Ahora, cada vez que siento convicción de pecado, no es el resultado de una conciencia de culpabilidad de mi parte, sino que el Espíritu Santo me está llevando a arrepentirme con el propósito de cambiar mi corazón. Por tanto, cada vez que Él me da convicción, yo me arrepiento de inmediato y experimento su perdón y gracia para poder moverme en la vida y en el poder de Dios. *"Si confesamos nuestros pecados, él es fiel y justo para perdonar nuestros pecados, y limpiarnos de toda maldad"* (1 Juan 1:9).

Podemos vencer la fuerza del pecado arrepintiéndonos
de inmediato y aceptando el perdón y la gracia de Dios a favor
nuestro. De otro modo, estableceremos un ciclo repetitivo
de pecado en nuestra vida.

---

5. Un corazón conforme al corazón de Dios tiene la virtud de la inocencia

David oró al Señor: *"Sean gratos los dichos de mi boca y la meditación de mi corazón delante de ti, oh Jehová, roca mía, y redentor mío"* (Salmos 19:14). David no era inocente de pecado, como ninguno de nosotros lo es; sin embargo, deseaba que sus pensamientos y palabras fueran aceptables para Dios, lo cual lo llevaría a vivir en un estado de inocencia ante Él.

Jesús les dijo a sus discípulos: *"He aquí, yo os envío como a ovejas en medio de lobos; sed, pues, prudentes como serpientes, y sencillos [*"inocentes"*, LBLA] como palomas"* (Mateo 10:16). Hay una diferencia entre inocencia e ignorancia. Inocencia significa no saber lo que Dios no quiere que sepamos. Ignorancia significa escoger no saber lo que Dios *sí* quiere que sepamos, lo cual equivale a desobediencia. Yo creo que cuando Dios le mandó a los primeros seres humanos que no comieran del árbol del conocimiento del bien y del mal, fue porque no quería que tuvieran un conocimiento personal y específico del mal. Sin embargo, ellos quisieron tener el conocimiento que Dios les había prohibido y, como resultado, cayeron de la gracia.

Jesús también enfatizó que *"si no os volvéis y os hacéis como niños, no entraréis en el reino de los cielos"* (Mateo 18:3). Aquí Cristo se refería a la inocencia del corazón de un niño. El corazón de un niño no está endurecido porque todavía no ha experimentado la decepción y el dolor emocional que muchos adolescentes y adultos han conocido, debido a los maltratos de la vida —emociones de dolor y traición que los llevaron a guardar ofensas—. Por eso es más fácil para un niño confiar en la bondad y en las promesas de Dios que para muchos adultos. Dicha naturaleza de inocencia es una de las características de un corazón conforme al corazón de Dios.

Necesitamos recuperar un corazón de inocencia; uno que no esté endurecido y que confíe en Dios y crea en Él al cien por ciento. Si usted ha perdido esa virtud debido a las heridas y ofensas del pasado, tanto que su fe se ha debilitado, hoy es el día para que su corazón vuelva a la inocencia. Pídale a Dios que perdone la dureza de su corazón y que lo restaure. Entonces, Él podrá manifestar su gracia y poder en y a través de su vida.

6. *Un corazón conforme al corazón de Dios tiene una actitud de siervo*

David era un verdadero adorador de Dios, cuyo corazón era de siervo. Por ejemplo, cuando era apenas un jovencito, él se ofreció para ir a derrotar sin ayuda al gigante Goliat —un soldado del ejército palestino que estaba atacando a Israel—. David se ofreció como voluntario por su devoción a Dios, como su siervo, porque los filisteos habían *"provocado al ejército del Dios viviente"* (1 Samuel 17:36), y nadie más en el ejército de Dios estaba haciendo algo al respecto. David dijo, con una confianza santa, *"Jehová... me librará de la mano de este filisteo"* (1 Samuel 17:37); y Dios lo hizo así.

Nuestro servicio a Dios no debería desconectarse nunca de nuestra adoración al Señor. El libro de Isaías describe los seres celestiales llamados serafines, los cuales son ángeles especiales de Dios. En el Antiguo Testamento, la palabra hebrea traducida como *"serafines"* (Isaías 6:2, 6) significa "ardiente". El profeta Isaías relató la apariencia de los serafines diciendo: *"Cada uno tenía seis alas; con dos cubrían sus rostros, con dos cubrían sus pies, y con dos volaban"* (Isaías 6:2). Yo creo que las alas que cubren los rostros y pies de los serafines representan adoración y reverencia a Dios, mientras que las alas con las que vuelan representan el servicio a Dios. El serafín tiene cuatro alas dedicadas a la adoración y dos al servicio. Asimismo, nosotros deberíamos dedicarnos primero a la adoración y después al servicio, para mantener estos dos aspectos de nuestra relación con Dios en la proporción justa en nuestra vida.

Nuestra adoración a Dios debería ser siempre nuestra prioridad; entonces, como resultado de esa adoración, rendiremos una vida de servicio a Él. Sin embargo, debemos reconocer que la adoración por sí sola —sin servicio— es hipocresía. Como dijo Jesús, *"Al Señor tu Dios adorarás, y a él sólo servirás"* (Mateo 4:10). Su declaración refuerza la idea de que la adoración siempre debe ir seguida de servicio.

A menos que nuestro servicio nazca de la adoración,
a menudo lo haremos mecánicamente,
y no se caracterizará por la presencia y el poder de Dios.

7. Un corazón conforme al corazón de Dios teme a Dios y busca agradarlo

Uno de mis mayores "temores santos" es que un día me pare a predicar y que Dios no esté conmigo porque mi desobediencia lo ha contristado. Por eso, continuamente le pido que me dé un corazón reverente a Él, para que yo siempre busque agradarlo, y que así, lo más importante en mi vida sea reflejar su corazón y obedecer su Palabra.

El apóstol Pablo escribió: *"Pues, ¿busco ahora el favor de los hombres, o el de Dios? ¿O trato de agradar a los hombres? Pues si todavía agradara a los hombres, no sería siervo de Cristo"* (Gálatas 1:10). A veces, cuando tratamos de agradar a los demás, terminamos deshonrando y desagradando a Dios. Para evitar esto, debemos estar seguros de no haber puesto a otras personas por encima de Él en nuestro corazón.

El "temor de Dios" se refiere a la reverencia y el respeto a Él.

Las Escrituras dicen: *"Y no contristéis al Espíritu Santo de Dios, con el cual fuisteis sellados para el día de la redención"* (Efesios 4:30), y *"No apaguéis al Espíritu"* (1 Tesalonicenses 5:19). Es triste pero cierto, que muchas iglesias y ministerios violen estas Escrituras sistemáticamente. Cada vez que el Espíritu Santo quiere moverse entre la gente, es reprimido por actitudes y acciones erróneas de los líderes de la iglesia, que tienen miedo de lo que la gente pueda pensar o hacer. Entonces, nos preguntamos por qué no hay movimiento del Espíritu Santo en nuestras iglesias, o por qué Dios no manifiesta su presencia y poder sobrenaturales en medio nuestro con milagros, señales y maravillas.

El Espíritu Santo no se manifiesta en nuestros términos sino en los de Él. En las Escrituras, el Espíritu Santo es representado por una paloma; la cual, en lo natural, es sensible al sonido y a los movimientos repentinos. Dios usa la paloma como símbolo de su Espíritu porque Él también es muy sensible, especialmente en relación a la condición de nuestro corazón. Debemos tratarlo con reverencia, respeto, ternura y conocimiento espiritual —de aquí, la necesidad de conocer la naturaleza de Dios—. Si somos irrespetuosos y atropellados en nuestra relación con Él, y no nos preocupamos por agradarlo, espantaremos su presencia, "contristaremos" o "apagaremos" su Espíritu, y Él no se moverá en nuestra vida.

Nuestra resistencia o indiferencia a Dios es una clara señal de que no lo estamos agradando.

"*El temor de Jehová es aborrecer el mal; la soberbia y la arrogancia, el mal camino, y la boca perversa, aborrezco*" (Proverbios 8:13). Durante el tiempo que el rey Saúl persiguió a David, este último tuvo oportunidades de matarlo, pero su temor de Dios —incluyendo el respeto por sus autoridades delegadas en la tierra— no le permitieron hacerlo. David dijo: "*No extenderé mi mano contra mi señor* [Saúl], *porque es el ungido de Jehová*" (1 Samuel 24:10). Muchos creyentes a quienes les falta temor de Dios en su corazón, terminan juzgando a diferentes líderes en la iglesia. Como resultado, esos creyentes a menudo se ven envueltos en diferentes problemas, como enfermedad, fracaso matrimonial y conducta rebelde en sus hijos. Para evitar afligir a Dios y juzgar a otros creyentes, especialmente a sus autoridades delegadas, debemos desarrollar un corazón como el de David —uno conforme al corazón de Dios— con un sano temor de Dios.

Conocer a Dios produce un temor reverente de Él; cuanto más lo conocemos, más desarrollamos un profundo respeto hacia Él.

---

8. Un corazón conforme al corazón de Dios ama al Señor profundamente

Los salmos de David están llenos de expresiones de su profundo y eterno amor a Dios. Por ejemplo, en Salmos 18:1, él oraba: "*Te amo, oh Jehová, fortaleza mía,*" y en Salmos 31:23, alienta al pueblo de Dios diciendo: "*Amad a Jehová, todos vosotros sus santos; a los fieles guarda Jehová*".

El amor es la esencia de Dios. (Vea 1 Juan 4:8, 16). Él manifiesta en sí todas las características del amor, como la paciencia y la bondad. Nunca manifiesta actitudes contrarias al amor, como la envidia, jactancia, orgullo, rudeza y egoísmo. (Vea 1 Corintios 13:4–5, NVI). El amor de Dios va por encima y más allá de la comprensión y la razón humanas, porque es sobrenatural, incondicional e ilimitado.

Todo aquel que tenga un corazón conforme al de Dios será lleno con su amor. De hecho, nuestro amor por Dios es una respuesta al amor que Él nos dio primero. (Vea, por ejemplo, 1 Juan 4:19). Nuestro amor viene de Él, porque Él derrama su amor en nuestro corazón, por su Espíritu (vea Romanos 5:5), cuando nacemos de nuevo.

En el Antiguo Testamento, los seres humanos recibieron el mandamiento de amar a Dios, pero tenían luchas para cumplirlo porque estaban viviendo bajo la ley, y aún no habían recibido el Espíritu Santo que mora en nosotros. Debemos entender y recibir la verdad de que Dios nos amó primero y que podemos amarlo también gracias a su poderosa obra de gracia en nosotros.

La razón por la que debemos *ser* amados primero, *para luego* amar, es que no podemos dar aquello que no tenemos. Necesitamos tener la revelación de que el amor de Dios nos ha sido dado para que podamos, a cambio, dar su amor a otros. Yo tuve esta revelación después que tuve a mis hijos. Cuando mi hijo mayor tenía unos cuatro años, él venía a mí buscando afecto y abrazos, pero yo no sabía cómo dárselos porque nunca había recibido demostraciones de amor durante mi infancia. Como ese tipo de amor no estaba "en" mí, no podía dárselo a él. Entonces fue que Dios me llenó con su propio amor, para que yo fuera capaz de demostrarle amor a mi amado hijo.

Dios nos amó primero para que nosotros pudiésemos amarlo a Él y a otras personas.

Nunca deberíamos jactarnos acerca de cuánto amamos a Dios, sino de cuánto Él nos ama. Su amor incondicional es la solución para muchas de nuestras necesidades, como la falta de identidad, sentimientos de rechazo, baja autoestima y otros obstáculos emocionales que impiden que alcancemos la plenitud de nuestro corazón.

Las Escrituras nos mandan a amar a Dios (vea, por ejemplo, Marcos 12:29–30), y este mandato no es opcional. Como hemos visto, le demostramos nuestro amor a Dios por medio de nuestra obediencia a su Palabra. No podemos decir que lo amamos y luego violar libremente sus mandamientos. No obedeceremos completamente al Señor a menos que desarrollemos un profundo y genuino amor por Él, porque el amor auténtico por Dios nos alinea a su propósito, y nos motiva a guardar sus mandamientos. *"Pero el que guarda su palabra* [la de Jesús], *en éste verdaderamente el amor de Dios se ha perfeccionado; por esto sabemos que estamos en él"* (1 Juan 2:5). El amor no compromete los principios de Dios, ni peca abusando del prójimo. El amor siempre será la motivación correcta para todo lo que hagamos. Si amamos a Dios, guardaremos nuestro corazón para que cumpla sus mandamientos; y como resultado, la obediencia se convertirá en una parte natural de nuestro estilo de vida.

Cuando tenemos genuino amor por Dios, estamos motivados a obedecerlo, porque el verdadero amor siempre busca agradarlo.

Amar a Dios es tener el deseo de complacerlo en todo aspecto de nuestra vida —incluyendo nuestros pensamientos, palabras y acciones—. En consecuencia, nos duele cuando lo ofendemos. El amor siempre quiere complacer a su amado. Cristo vivió toda su vida con el propósito de honrar al Padre y cumplir su voluntad, no para ser "visto" por los demás haciendo buenas obras. Cuando el amor es nuestra motivación, la gente verá nuestro corazón en lugar de ver las obras de nuestras manos. Mi motivación para hacer la voluntad del Padre viene de mi amor por Él. Su amor y su presencia en mi vida me impulsan a ofrecerle mi vida a su servicio, para cumplir sus propósitos. A medida que mi amor por Él se hace más profundo, me hago más efectivo para Él, y me siento completo.

Si vamos a demostrar el amor de Dios a los demás, ese amor genuino debe morar en nosotros.

¿Es posible amar a Dios con todo nuestro corazón? ¡Por supuesto que sí! Pero debemos tomar la decisión de amar a Dios y recibir el amor que Él ha derramado en nuestro corazón por su Espíritu. Para experimentar su amor, simplemente, debemos creer que nos lo ha dado, ¡y aceptarlo! Yo nunca estoy satisfecho con sólo ver milagros, señales y maravillas manifestados, porque mi pasión principal es conocer a Dios y amarlo cada día más. Cuando lo amamos, nuestro mayor deseo en la vida es experimentar la manifestación de su presencia; entonces, Él nos da todo lo demás que necesitamos, porque su amor no podría darnos menos.

Cuando amamos a Dios, nuestro mayor deseo en la vida es experimentar la manifestación de su presencia.

En el siguiente testimonio, una mujer llamada Vilma explica cómo el amor de Dios transformó su corazón luego de haber experimentado años de abuso y rechazo. "Yo nací y me crié en un hogar musulmán, en Albania, sin conocer quién era Jesucristo. A lo largo de mi infancia, nunca recibí amor alguno; el abuso y el rechazo que sufrí me llevaron a la depresión.

"Mi padre nunca amó a mi familia. En mi país, la gente no habla por sí misma, mucho menos las mujeres. Mi madre había sido forzada a casarse con mi padre; un hombre violento que nos pegaba a las dos, que nos robaba el dinero porque nunca trabajó, y que con frecuencia ni siquiera llegaba a casa. Solía agarrar una pistola y encerrarse con mi madre en una habitación, y yo nunca creí que ella saldría viva de allí. Él le gritaba, la acusaba de prostituta y le decía que me iba a violar delante de ella si quería. Nunca me aceptó como su hija, y por lo tanto, decía que yo le debía todo a él.

"Cuando tenía once años, mi madre decidió dejar Albania para buscar una nueva vida lejos de él. Entonces, vinimos a los Estados Unidos, sin un centavo y apenas con lo puesto. Yo sentía que llevaba el peso del mundo en mis hombros, al punto que me volví fría y sin emociones. Mi madre, por su parte, tampoco podía mostrarme amor, así que comencé a buscarlo afuera. A los dieciocho años tuve un novio, y pensé que él seguramente me amaría. ¡Alguien en este mundo tendría que amarme! Pero no fue así. Él me decía que era gorda y fea, y que todo lo que quería de mí era sexo. A partir de entonces, me hice adicta a la pornografía; ya nada me importaba. Estaba tan deprimida que vomitaba a diario. Finalmente, decidí unirme a la industria del entretenimiento para adultos, pensando que si nadie me iba a amar, al menos sacaría algo del sexo —dinero, autos, casas y todo lo que pudiera tomar—. Pero, cuando estaba llenando la solicitud/contrato, mi computadora se detuvo y se apagó. Dios tenía otros planes para mí esa noche.

"Estaba tan desesperada que salí corriendo de mi casa, en pijama, y fui a una iglesia que siempre estaba abierta para oración. Esa noche, le di mi vida a Dios; luego, comencé a asistir a una iglesia donde recibí a Jesús como mi Señor y Salvador. Sin embargo, seguía poniendo a mi novio por encima de Dios, y seguí con él cinco años más, hasta que finalmente terminé esa relación. Sin embargo, todavía quedaban las fiestas, la bebida y las drogas.

"Un día, estando en casa, oré: 'Señor, por favor envíame amigos cristianos. Estoy cansada de esta vida'. Unos meses más tarde, mientras recorría una red social en Internet, vi algunas fotos de una Casa de Paz que un amigo había publicado. Lo llamé y empecé a asistir a aquellas reuniones, y mi vida comenzó a cambiar. Durante un retiro de liberación, fui libre de la falta de perdón, de la inmoralidad, depresión, abuso, odio y rechazo. Pude sentir a mi Padre celestial diciendo que yo era su precioso tesoro, que Él siempre había sido mi Padre, que nunca me dejaría, que me conocía y me amaba más de lo que yo podía entender. Sentí sus palabras penetrar mi corazón. Experimenté el amor de Dios y Él enmendó mi roto corazón. Por primera vez en veinticinco años, fui llamada 'hija' y no 'prostituta'. Por primera vez en tantos años, pude clamar: '*Abba*, Padre, te necesito'.

"Ahora duermo en paz. De noche, solía sufrir el tormento de espíritus malos, pero ahora siento la presencia de Dios. La noche anterior a mi bautizo en aguas, mi madre, que había sido practicante de la religión islámica, decidió bautizarse conmigo. A partir de entonces, he visto el poder sobrenatural de Dios en mi vida. Mi roto corazón fue sanado y mi fe renovada. Ahora soy feliz, estoy enfocada en las cosas de Dios y me inscribí en la escuela de enfermería. Mi deseo es ser misionera en el campo de la medicina en la India, y llevar el evangelio de Jesús a Albania".

Oración para recibir un corazón conforme al de Dios

Al concluir este capítulo hagámonos algunas preguntas. Si somos sinceros al contestarlas, nuestras respuestas revelarán el estado actual de nuestro corazón mientras es transformado para convertirse en un corazón conforme al corazón de Dios. Responda las siguientes preguntas, con tanta honestidad como le sea posible: "¿Busco regularmente la presencia de Dios?". "¿Me he vuelto un adorador apasionado de Dios?". "¿Estoy aprendiendo a ser obediente y sumiso a Él en todo?". "¿Me arrepiento de mi pecado, rápido y de todo corazón?". "¿Mi corazón ha sido restaurado a la inocencia?". "¿Tengo una actitud de servir voluntariamente al Señor?". "¿Tengo temor reverente a Dios, y deseo agradarlo en cada área de mi vida?". "¿Amo a Dios con todo mi corazón?".

No podemos reflejar la verdadera naturaleza de Dios a menos que nuestro corazón continúe siendo transformado conforme al corazón suyo; de manera que pensemos como Él piensa, sintamos como Él siente y amemos como Él ama. Los miembros de mi familia y yo, así como cada uno de los líderes que nos ayudan a llevar la carga de este ministerio, hemos experimentado la transformación de nuestro corazón, y seguimos en ese proceso. Ardemos en deseos de tener un corazón conforme al de Dios para poder agradarlo, demostrarle nuestro amor, establecer su reino en la tierra, manifestar su poder sobrenatural y ver las vidas transformadas por su gracia. Si algo me inspiró a escribir este libro, fue la gran necesidad que tiene el pueblo de Dios de experimentar una transformación sobrenatural que le dé un corazón conforme al de Él. Si usted está dispuesto a pagar el precio necesario para que esto ocurra, lo invito a hacer la siguiente oración:

Padre celestial, gracias por traerme la revelación de que necesito un corazón conforme al corazón tuyo. Quiero ser un adorador genuino. Deseo verdadera intimidad contigo, nacida del amor y el respeto mutuos. Quiero servirte como resultado de mi adoración apasionada a ti. Deseo agradarte y cumplir tu voluntad para mi vida en todo lo que haga y dondequiera que vaya, como un portador de tu presencia, gloria y poder para otros.

Transforma mi corazón, removiendo de él todo lo que no te agrada y llenándolo con todas las virtudes de tu naturaleza. Transforma mi mente y mi estilo de vida, de manera que pueda honrarte con cada decisión que tome y con cada paso que dé. Dame la gracia sobrenatural de tu Espíritu, para que todo lo que haga sea conforme a tu fuerza y no la mía, y para que mi vida sea un sacrificio vivo y santo para ti, que arderá hasta que tome mi último aliento en esta tierra. Mi corazón te pertenece. Mi vida te pertenece. Y mi mayor deseo es agradarte siempre. En el nombre de Jesús, ¡amén!

12

Conformados a la religión o transformados por su presencia

Luego de aceptar a Cristo como nuestro Salvador y de recibir su propia naturaleza en nuestro interior, como el *"nuevo hombre"* (Efesios 4:24), estamos llamados a experimentar una transformación progresiva de nuestro corazón. No nos "sentamos" en nuestra salvación, esperando llegar al cielo o que Jesús regrese, sino que nos movemos hacia niveles más altos de madurez espiritual, por propia iniciativa y de forma progresiva, muriendo a nuestro "yo" y a la naturaleza de pecado. Debemos permitir que la misma unción divina que nos salvó, cambie nuestro corazón —un corazón corrupto por el pecado, egoísmo, malos deseos, pasiones perversas, heridas emocionales, motivaciones erradas y tantos otros males—.

Cada persona experimenta la transformación de una manera única, porque la obra de Dios en cada corazón es diferente y especial. El proceso no siempre es fácil, y puede resultar doloroso; sin embargo, después que lo atravesamos, vemos frutos y manifestaciones sobrenaturales del poder de Dios en nuestra vida, confirmando que ¡valió la pena! (Vea Hebreos 12:11).

Nuestras vidas son evidencias tangibles de lo sobrenatural

El mundo quiere saber que es posible experimentar un cambio genuino, porque desesperadamente necesita la transformación. Nuestras vidas deben brindarle a la gente evidencias tangibles de que Dios es real, y que ellos también pueden tener una relación espiritual con Él que incluya demostraciones sobrenaturales. En nuestro mundo moderno, muchas cosas están siendo "sacudidas" —la economía global, las naciones, los líderes, las instituciones religiosas, incluso el mundo físico—. Por ejemplo, parece haber un aumento de desastres naturales como terremotos y tsunamis, y trastornos en la naturaleza, como sequías y cambios en los patrones climáticos. Mucha gente está asustada y vive con incertidumbre; siente inestabilidad a su alrededor —literal y figurativamente— y quieren encontrar lo que es real, constante, y lo que les dé un verdadero propósito en la vida. Si no ven transformaciones sobrenaturales en nosotros, no vendrán a nuestra iglesia, porque no quieren "más de lo mismo". La gente quiere algo que pueda satisfacer genuinamente sus más profundas necesidades.

Debemos entender que la transformación de nuestro corazón no es sólo para nuestro beneficio, sino también por causa de aquellos que todavía no conocen al Dios de los cielos; el Dios que vino a la tierra en la persona de Jesucristo para morir en la cruz y librarnos del pecado y la esclavitud. Y ahora que Jesús ha regresado al cielo, Él nos ha enviado a *nosotros* a hacerlos libres (vea Marcos 16:15); nos ha enviado para ser portadores de la sanidad, liberación y transformación divinas, de la misma manera como Él trajo sanidad, liberación y transformación divinas a la gente, cuando caminó en la tierra. Jesús aplicó la siguiente profecía de Isaías 61:1 a sí mismo:

> *El Espíritu del Señor está sobre mí, por cuanto me ha ungido para dar buenas nuevas a los pobres; me ha enviado a sanar a los quebrantados de corazón; a pregonar libertad a los cautivos, y vista a los ciegos; a poner en libertad a los oprimidos.*   (Lucas 4:18)

Cuando entendamos nuestro valioso llamado como seguidores de Jesús, buscaremos remover de nuestro corazón todo lo que nos impida cumplirlo.

La unción especial de Cristo —después de anunciar el evangelio— fue tratar los asuntos del corazón.

Trampas que nos conforman a la religión

Hemos visto que uno de los principales obstáculos para nuestra transformación es conformarnos —conformarnos a la gente, ideas, medio ambiente y situaciones que son contrarias a la naturaleza y las maneras de Dios—. Las trampas de la conformidad están a nuestro alrededor, y a veces ni cuenta nos damos de su influencia en nosotros; especialmente aquellas trampas de conformidad relacionadas con la religión. Mucha gente ha alterado la práctica del cristianismo, a tal punto, que la ha convertido esencialmente en una religión más, en lugar de ser una relación con el Cristo vivo. El cristianismo ha sido estructurado conforme a la mentalidad humana, de manera que la fe ha sido formalizada y modificada; y bajo estas condiciones, el pueblo ya no es edificado. Por eso, vamos a revisar las diversas clases de conformidad a la religión que existen, mientras examinamos nuestro propio corazón en relación a ellas. Debemos escudriñar nuestro corazón con regularidad, para ver si tal conformidad está presente, y así evitar enredarnos en su trampa.

1. Querer complacer a los demás por encima de Dios para evitar controversias

Muchos pastores hoy predican un "evangelio de conformismo" —una versión diluida del mensaje de salvación y transformación de Dios— porque están más preocupados por agradar a la gente antes que a Dios, y quieren evitar la controversia. Quieren que la gente se "sienta bien" en lugar de desafiarla a reflejar cada vez más la semejanza de Cristo. Esos pastores ofrecen bendiciones, pero dejan fuera el prerrequisito del arrepentimiento; ellos ofrecen la gracia, sin puntualizar en la necesidad de obedecer y desarrollar el temor santo de Dios. Por tanto, el poder de lo sobrenatural está ausente de esas iglesias, porque el pueblo se ha conformado al egoísmo y la autocomplacencia humanos.

Tratando de agradar a la gente, los líderes han diluido el evangelio, alterando así la verdadera naturaleza de la iglesia.

Si el escenario anterior describe su situación —si usted es un pastor, un líder de alabanza u otro creyente—, aún está a tiempo de experimentar una transformación sobrenatural, como lo confirma el siguiente testimonio. Luego de leer uno de mis libros, el Pastor Donald, de Paraguay, Sudamérica, recibió la convicción de cancelar los compromisos que había hecho, según su propia agenda, para ir a predicar, y decidió rendir su iglesia al Espíritu Santo, permitiendo que la presencia de Dios fluyera libremente en sus servicios. Él cambió su mentalidad religiosa y tradicional, por la mentalidad del reino de Dios. Esta decisión fue el inició de un tremendo rompimiento en todo lo que había permanecido estancado y estéril en su iglesia. Desde que se rindió a Dios, cientos de personas han sido sanadas y liberadas a través de su ministerio. Familias han sido restauradas, han ocurrido milagros creativos y financieros, y su congregación ha crecido de 200 miembros a 1,500 en menos de un año.

El Pastor Donald cuenta: "La gente solía ignorar mi iglesia, a pesar de que yo usaba todos los medios de comunicación disponibles para promoverla. Ahora, vienen de todas las provincias de Paraguay, e incluso de otros países, porque oyen de los milagros, sanidades y liberaciones que suceden. ¡Vienen atraídos por el poder sobrenatural de Dios! Gracias al Señor, mucha gente que antes era esclava de las drogas, el crimen, la idolatría y otros pecados, ahora es salva y se convierten en líderes y evangelistas que llevan el poder sobrenatural de Dios dondequiera que van. Me siento feliz y motivado porque puedo decir que ahora somos una verdadera iglesia cristiana en avivamiento. El Apóstol Maldonado me ha ayudado a entender que los pastores 'religiosos' son los mayores obstáculos para Dios y para sus iglesias. La gente tiene una enorme necesidad del amor de Dios y de su poder sobrenatural, y es nuestro deber y responsabilidad dejar al Espíritu Santo obrar en nuestras congregaciones. Igualmente, somos responsables de identificar y entrenar a otros para que hagan lo mismo".

Un líder no puede guiar a la gente a la presencia de Dios,
a menos que él mismo haya estado allí.

2. Tener una "apariencia" de religión y de lo sobrenatural

Muchas iglesias tienen la apariencia externa de estar llenas del Espíritu Santo, pero les falta su poder y sus manifestaciones sobrenaturales. *"Tendrán apariencia de piedad, pero negarán la eficacia de ella"* (2 Timoteo 3:5).

La verdad de Dios es el nivel más alto de realidad. En contraste, una *"apariencia"* de piedad es una simple forma externa que no tiene relación con la realidad. Cuando se predica la verdad del evangelio, nunca más tenemos apariencia de piedad, sino la realidad de ella.

Tenemos una apariencia de piedad cuando no estamos viviendo de acuerdo a la fe verdadera sino que nos limitamos a los formulismos, o los "mecanismos" de fe. Podemos cantar alabanzas, ofrendar, escuchar sermones y más, pero como la realidad no está presente, no entramos a la presencia de Dios ni somos transformados, para recibir su vida y poder. Cuando sólo tenemos una apariencia de piedad, nada cambia en nuestras vidas. Seguimos teniendo las mismas disfunciones, necesidades emocionales, enfermedades y más. Y seguimos lidiando con ellas, una y otra vez, conforme a los métodos humanos.

Las iglesias que operan con una apariencia de piedad no practican activa y abiertamente los dones del Espíritu; de hecho, con frecuencia la gente es disuadida a ejercitar esos dones. Además, los milagros, señales y liberación de posesiones demoniacas, nunca —o muy raramente— son vistas. Muchas de esas iglesias afirman querer más de Dios, pero cortan el fluir de su Espíritu.

Esas iglesias han sido estructuradas de tal manera que sus servicios tienen un límite de tiempo y su enfoque está en los planes humanos, más que en los planes divinos. Como resultado, los creyentes ya no practican el esperar en Dios. Van a la iglesia sin expectativa por ver las manifestaciones sobrenaturales, y se marchan sin haber experimentado un renuevo espiritual. Su mente ha sido programada sólo para oír un mensaje diseñado para el intelecto y/o las emociones, pero no para promover la transformación de su corazón.

Cuando no esperamos en Dios, nosotros asumimos su papel; en consecuencia, fallamos en hacer lo que Él está haciendo y decir lo que Él está diciendo.

Nunca debemos ser complacientes acerca de la condición de nuestro corazón, porque todos somos vulnerables a caer en una mentalidad religiosa. El conformarse a la religión no es algo que sucede sólo en las iglesias "tradicionales" o "principales". Esto ocurre incluso en aquellas donde sí se manifiestan las señales y maravillas sobrenaturales. Ocurre donde quiera que el corazón de la gente se vuelva indiferente o rebelde. Cuando la gente llega a esta condición, y la presencia de Dios *viene* entre ellos, comienzan a mantener la apariencia y a rechazarlo a Él, ¡porque han vivido tanto tiempo sin su realidad! Cuando predico y manifiesto la realidad de Dios a una iglesia que ha estado viviendo de acuerdo a una mera apariencia, su condición es expuesta. Cuando esto pasa, mucha gente se siente intimidada y algunos rechazan mi mensaje. Cuando Jesús habló la verdad de Dios a la gente que estaba en la sinagoga de su ciudad natal, la gente lo rechazó porque sus corazones fueron expuestos, y ellos no querían la transformación. (Vea Lucas 4:16–30). Pero cuando la realidad de Dios nos toca —y nosotros le respondemos en lugar de resistirlo—, somos libres.

Cuando la realidad de Dios viene, usted no puede seguir practicando una mera apariencia o "forma" de piedad.

---

3. Abandonar lo sobrenatural para regresar a la religión

Muchos creyentes han visto, oído y experimentado el poder de Dios, pero no han permitido que estos tengan un efecto duradero. Han sido testigos de milagros, señales y maravillas, y aun han sido usados por Dios como sus instrumentos para ministrar estas bendiciones; pero luego, finalmente, regresan a la religión y a la tradición. Tal vez comenzaron por aceptar las actitudes de tibieza espiritual como algo normal, o se retiraron de lo sobrenatural porque experimentaron el rechazo o la persecución de otros; así que ahora toleran la falta de la presencia y el poder de Dios en sus vidas.

Su corazón no experimentó una transformación o "metamorfosis" genuina; una que claramente demuestre un "antes y después" de su crecimiento y madurez espiritual. Tal vez, eran simples "espectadores" de las obras de Dios, y cuando se cansaron de ser "entretenidos" se fueron en la misma condición en la que llegaron. O quizá se ofendieron por algo que alguien dijo, o por cierta manifestación sobrenatural. Cualquiera que sea la razón, muchos de ellos regresaron a iglesias espiritualmente sin poder, carentes de la presencia manifestada de Dios. Algunos volvieron a la iglesia que antes habían dejado precisamente porque estaban hambrientos de experimentar lo sobrenatural. ¡Yo nunca renunciaría a participar en un derramamiento del Espíritu de Dios por una simple ofensa! Si volvemos atrás, luego de haber visto a los ciegos ver, a los sordos oír y a los muertos levantarse, entonces no hemos sido transformados.

Esto es lo que le pasó a los israelitas a quienes Dios liberó de la esclavitud —los que vieron las señales y maravillas que Él hizo a su favor, en Egipto y en el desierto—. En vez de experimentar la transformación, su corazón permaneció frío y duro. Algo similar les sucedió a muchos seguidores de Jesús. En Juan 6:66 leemos: *"Desde entonces muchos de sus discípulos volvieron atrás, y ya no andaban con él".* Estos discípulos habían visto el reino de Dios venir a través de Jesucristo —con sus señales y maravillas—, pero dejaron al Señor porque una de sus enseñanzas los ofendió. De hecho dijeron: *"Dura es esta palabra"* (Juan 6:60). Ellos escucharon algo de Jesús que les pareció muy difícil de aceptar, y prefirieron seguir su razón y orgullo humanos en lugar de continuar siguiendo al Hijo de Dios.

Del mismo modo, hoy, una persona cuyo corazón no haya sido transformado no podrá tolerar ciertas palabras reveladas dadas por el Señor. ¿Se ha ofendido usted con alguna "palabra dura" de Jesús? Debemos permitir que Dios nos confronte con la verdadera condición de nuestro corazón y que nos desafíe a experimentar la transformación, de modo que continuemos siguiendo al Señor, sin importar lo que eso le cueste a nuestro "yo" y a nuestra naturaleza de pecado. Dios transforma nuestro corazón por medios sobrenaturales —su Palabra, su presencia, la obra terminada de Jesús en la cruz, y el poder de su resurrección— trayendo un cambio permanente. ¡Sigamos siempre avanzando con nuestro Señor, a medida que Él transforma nuestro corazón!

*El espíritu de religiosidad siempre se opone
al mover de Dios y al fluir de su "río".*

4. Aferrarse a anteriores movimientos de Dios y a viejos métodos

Hubo un tiempo cuando las personas que hoy se han convertido en "odres viejos" eran "odres nuevos". (Vea Marcos 2:22). Esta es la gente que llamamos de la "vieja guardia" —son aquellos que se aferran a las prácticas que siempre han seguido y que operan del mismo modo que lo han hecho por años—. Estas personas se convirtieron en "odres viejos" porque dejaron de buscar una renovación espiritual; dejaron de percibir cómo Dios está trabajando hoy; así que "se estabilizaron" en su caminar con Dios, conformándose al pasado. Muchos de ellos desarrollaron una mentalidad de "ya llegué"; algunos todavía no han avanzado más allá de su experiencia de nacer de nuevo en Cristo, sin imaginar que hay más que ellos pueden recibir de Dios o que pueden hacer para Él. Sin embargo, con frecuencia son ellos los primeros en atacar a quienes están avanzando a niveles más altos en el Espíritu.

Debemos respetar la sabiduría de los mayores, y es nuestro deber aprender de aquellos que nos han precedido en el camino. Pero si alguien es un verdadero "padre" de la nueva generación que Dios está levantando, debería ser capaz de transferir una "doble porción" de su unción divina (vea 2 Reyes 2:9–15), en lugar de criticar, desacreditar o tratar de destruir el actual movimiento del Espíritu.

Muchas de las iglesias guiadas por pastores "odre viejo" fueron lugares donde la gente se salvaba y era transformada, pero ahora se han vuelto establecimientos religiosos donde se valora más la tradición que lo sobrenatural, donde las reglas tienen prioridad sobre la gracia, y donde las estructuras humanas apagan el movimiento del Espíritu Santo. Dios siempre está trayendo algo fresco. Estamos viviendo en una nueva temporada espiritual, que sólo puede entenderse por discernimiento sobrenatural, y esa perspectiva vendrá únicamente por la transformación de nuestra mente y corazón. Si queremos seguir avanzando al siguiente plan que Dios tiene para esta generación y para este mundo, debemos ser flexibles y estar preparados para recibir lo que Él está haciendo hoy, y lo que hará mañana.

*El cambio es enemigo de la "vieja guardia",
pero todo lo que no cambia terminará muriendo.*

5. *Perder el mover fresco de Dios, o rechazarlo cuando se manifiesta*

Algunas personas de generaciones anteriores oraron a Dios por un derramamiento del Espíritu Santo y una visitación de su gloria. Ellos imploraron por un avivamiento. Algunos incluso profetizaron que vendría, pero cuando éste llegó, rechazaron la manera cómo se manifestó, diciendo que no procedía de Dios. Comenzaron a acusar de heterodoxos a aquellos que eran parte del mismo. Ninguno de nosotros puede declarar que un movimiento divino no es genuino sólo porque no lo entendemos. Nuestra crítica puede indicar que estamos espiritualmente estancados, viviendo de acuerdo a una forma de religiosidad que sofoca la vida del Espíritu y su obra en nuestras vidas.

¿Está listo para dejar que Dios haga las cosas a su manera, o tiene cierta agenda de lo que usted quiere que Él haga y de cómo quiere que lo haga? ¿Qué tal si Dios ha estado respondiendo su clamor por el avivamiento, pero usted no lo ha reconocido? ¡Siempre hay otro nivel de su gloria para experimentar! No podemos definir de manera personal cómo será el próximo movimiento de Dios en la tierra. Todo lo que podemos hacer es rendirnos a Él para que pueda mostrarnos lo que viene.

En nombre del "orden", el espíritu de religiosidad trata de ahogar el mover del Espíritu.

---

6. *"Tocados" pero no transformados*

Hay otro aspecto del conformarse a la religión que aflige a quienes ya hemos experimentado lo sobrenatural, que es ser "tocados" por Dios, pero aun no haber sido transformados por Él. La expresión "tocado por Dios" se refiere a sentir su poder sobrenatural de alguna manera. Por ejemplo, cuando alguien es tocado por Dios puede experimentar emociones intensas que lo llevan a llorar o reír; puede caer al suelo o "ser 'arrebatado' en el Espíritu". Sin embargo, hay un problema si la persona sale de esa experiencia sin haber sido libre de alguna de sus malas actitudes o erradas maneras de pensar —por ejemplo, indiferencia, rebeldía, desobediencia o dureza de corazón—. La persona pudo haber sido tocada en sus emociones y en su cuerpo, pero la experiencia nunca alcanzó su ser más íntimo.

Caer bajo la presencia de Dios, solo significa que hemos hecho contacto con su poder. Esta experiencia es maravillosa, pero no necesariamente indica que nos hemos abierto a Él durante ese encuentro, para ser cambiados. Cuando no se evidencia una transformación después de haber tenido tal experiencia, es porque no hemos permitido que Dios opere en nuestro corazón. Los siguientes son algunos ejemplos de gente en la Biblia que fue tocada, pero no transformada.

En el Antiguo Testamento, el Faraón de Egipto vio las señales y maravillas de Dios a través de Moisés, pero una y otra vez endureció su corazón y no dejó ir a los israelitas hasta que se vio forzado a hacerlo. (Vea, por ejemplo, Éxodo 7:14–25; 14). En el Nuevo Testamento, Judas, discípulo de Jesús, pasó tres años y medio con Cristo; oyó sus enseñanzas y lo vio realizar muchos milagros —incluyendo la resurrección de muertos—, pero no abrió su corazón para que Dios lo transformara. Por el contrario, debido a la avaricia y al egoísmo, traicionó a Cristo, y terminó destruyéndose a sí mismo. (Vea, por ejemplo, Juan 12:3–6; 13:2, 21–30; Mateo 27:3–5). Ananías y Safira fueron creyentes de la iglesia primitiva. Es probable que estuvieran entre los seguidores de Jesús en Pentecostés, y que hubieran visto las señales y maravillas que habían acompañado la proclamación del evangelio. Pero, movidos por la codicia y la hipocresía, trataron de engañar a la iglesia fingiendo su grado de generosidad. Ellos también fueron tocados, pero no transformados, y la corrupción de su corazón los llevó a su propia muerte. (Vea Hechos 5:1–11).

Transformación continua

Sólo cuando somos expuestos a mayores niveles en el Espíritu —ámbitos de fe, unción, gloria, milagros, provisión y más—, y cuando respondemos a esas revelaciones con un corazón abierto, entendemos que Dios es más grande que todo lo que hemos visto y oído hasta el momento. Yo he visto a Dios sanar sobrenaturalmente al ciego, sordo, mudo y cojo, crear huesos y órganos nuevos, resucitar muertos, y aún controlar el clima. He visto suceder muchas transformaciones en la vida de la gente: drogadictos dejar sus adicciones, intelectuales y ateos llegar a la fe en Cristo, iglesias que crecen de cientos de miembros a miles en un corto período de tiempo, y mucho más. Podría enumerar muchos otros milagros y obras que Dios ha hecho en mi ministerio, así como en los ministerios de mis hijos espirituales. Sin embargo, yo sigo teniendo hambre de la presencia de Dios. Todavía sigo buscando la transformación a diario. Sé que hay dimensiones de su gloria que aún no he visto y que entraré en ellas sólo si mantengo mis ojos en Jesús, mientras soy transformado a su imagen —su corazón, mentalidad y gloria— . (Vea Filipenses 3:12–14). Debemos esperar en Dios para poder oír su voz y seguir su dirección. Entonces, Él traerá un cambio de temporada a nuestra vida, que nos sacará de nuestro estado de sequía espiritual para recibir la Fuente de agua viva.

Para entrar en una dimensión mayor,
debemos morir a lo que sabemos y hemos logrado hasta hoy.

Muchas personas tienen miedo de someterse a un proceso sobrenatural con el que no están familiarizados ni entienden. Temen perder el control y temen perderse a sí mismas en Dios. En el siguiente testimonio, un pastor llamado Edgar, de Bolivia, comparte cómo su vida fue transformada cuando rindió su voluntad, dejó de hacer las cosas a su manera y comenzó a hacerlas al modo de Dios. "Recién graduado, con una licenciatura en teología, me nombraron pastor de una iglesia de doscientos miembros. Comencé con gran impulso, pero todos mis planes fallaron una y otra vez. La gente se congregaba en los servicios dominicales, pero se rehusaba a comprometerse con Dios y su obra. Desesperado por un cambio, vi al Apóstol Maldonado en la televisión y, de inmediato, me identifiqué con sus palabras, su personalidad y su unción. Viajé a Miami, al Ministerio El Rey Jesús, con la intención de pedir ayuda económica, pero nada sucedió como lo había planeado. La palabra que recibí en las conferencias me confrontó, y me di cuenta que tenía muchos paradigmas religiosos; por eso, todo me resultaba extraño. Yo creía que los cambios que había realizado en mi iglesia eran suficientes, pero entonces me encontré en otro nivel de revelación.

"Había ido a Miami con una mentalidad de mendigo —a pedir ayuda— pero la respuesta del ministerio fue: 'Nosotros no ayudamos con dinero. Aquí te llevamos a tu propósito. No te damos el pescado, te damos la vara para pescar'. ¡Este concepto revolucionó mi espíritu! Dios rompió mi mentalidad de mendigo y los paradigmas religiosos, y transformó mi corazón. Dos años más tarde, me dieron la cobertura espiritual del ministerio. A medida que hacíamos la transición de lo pastoral a lo apostólico, mi propia iglesia comenzó a cambiar. Establecimos un gobierno apostólico y paternal y adoptamos la visión de El Rey Jesús. Cada enseñanza e impartición que recibimos de nuestros padres espirituales nos llevaban de un nivel a otro y nos equipaban con poderosas herramientas del reino.

"¡No somos los mismos! La palabra profética que recibimos en el Ministerio El Rey Jesús fue esencial. Nos dio dirección y nos activó para avanzar. Nuestra congregación pasó de trescientas a cuatro mil quinientas personas. Identificamos y formamos líderes (hijos e hijas de la casa) y los enviamos a establecer nuevos ministerios. Antes éramos una iglesia pasiva que se moría, pero hoy estamos impactando nuestra ciudad y sus alrededores. La demostración del poder sobrenatural en nuestro ministerio se ha convertido en algo normal. ¡Continuamente vemos milagros poderosos!

"Al principio de mi ministerio, no podía poner nada en marcha, pero hoy, hacemos cruzadas mensuales —programas de evangelismo sobrenatural en las calles y en las casas de la gente— y estamos ganando a la gente para Cristo, discipulándola y activándola en el liderazgo. Hemos aprendido a orar, a interceder y a hacer guerra espiritual, y allí es donde empiezan los rompimientos y donde ganamos las batallas. Nuestras finanzas, que antes apenas alcanzaban para pagar las necesidades básicas, han crecido un novecientos por ciento. Tenemos más de veinticinco pastores y líderes trabajando a tiempo completo en la iglesia local. Comenzamos la construcción de un orfanato sin ayuda externa. Tenemos programas de televisión y radio —lo cual es imposible para la mayoría de las iglesias—. Y además, compramos una tierra y construimos un templo para más de seis mil personas ¡sin deuda!

"Los problemas más graves que enfrentamos al establecer la visión fueron la traición, la difamación, la falta de entendimiento y el aislamiento de los demás pastores de la ciudad, pero no pudieron prevalecer cuando vieron la evidencia del fruto producido por nuestro ministerio. ¡Es una aceleración, rompimiento y multiplicación sobrenaturales! Dios ha transformado nuestra mente y corazón, y todo lo que solía ser imposible ahora es una realidad".

Muchos pastores que han dejado la religión y el conformismo para entrar en el movimiento sobrenatural de Dios han perdido hasta la mitad de su congregación. Pero después que hicieron la transición, Dios trajo mucha gente nueva en un corto período de tiempo; gente enamorada de Jesús, hambrienta por ver el cambio, el movimiento del Espíritu y la manifestación del poder divino; gente que entró en el ámbito sobrenatural de transformación y expansión. Hoy, el número de los congregados en las iglesias de estos pastores llegan al doble o incluso al triple de lo que solían ser.

Mucha gente se resiste a entrar en la gloria de Dios porque hacerlo significa exposición y cambio.

Las obras de Dios son ilimitadas. Hablar acerca de Dios es hablar en "grande" y pensar en "grande" —es pensar en multitud de personas que le pertenecen a Él—, siempre creciendo y madurando bajo su dirección y cuidado. Dios bendijo a la raza humana con el potencial de la multiplicación. Él le dijo a Adán y Eva *"fructificad"*, *"multiplicaos"* y *"llenad la tierra."* (Vea Génesis 1:28). Él le dio a Abraham la gran visión de que sus descendientes serían incontables, como las estrellas del cielo. (Vea Génesis 22:17; Hebreos 11:12). Jesús comisionó a sus discípulos en el poder del Espíritu Santo para que hicieran nuevos discípulos en Jerusalén, Judea, Samaria y hasta los confines de la tierra. (Vea Hechos 1:8). La mentalidad de Dios es de continuo crecimiento, multiplicación y expansión, y Él nos llama a tener su misma mentalidad. Muchos líderes de la iglesia dicen cosas como: "Tal vez no tenga cantidad, pero tengo calidad". ¡Deberíamos tener ambas!

Una de las más pequeñas creaciones de Dios es una semilla, la cual tiene el potencial de crecer hasta convertirse en un gran árbol. Todo lo que Dios crea tiene el potencial de crecer y multiplicarse.

Claves para la transición del conformismo a la transformación

Hay ocasiones en que Dios nos permite sentirnos insatisfechos o descontentos porque nos está llevando a buscar algo más de lo que hasta ahora hemos visto o experimentado. En consecuencia, comenzamos a sentir hambre y sed de algo nuevo, más grande, más fuerte, y empezamos a buscar más de Él y a alcanzar niveles más altos de su gloria.

¿Se siente incómodo con el nivel espiritual en el que está funcionando, uno en el que tal vez se encuentra "atrapado" por mucho tiempo? ¿Está su espíritu clamando por una transformación? Si es así, no tenga miedo de someterse al cambio, porque Dios es quien ha puesto ese deseo en usted. Es como si su espíritu estuviera en trabajo de parto, preparándose para dar a luz un nuevo fruto espiritual.

Las transiciones se dan a luz en medio de la insatisfacción y la frustración espirituales. El hambre espiritual en su interior es evidencia de que Dios lo está llamando a una dimensión mayor.

Por favor, entienda que durante este tiempo de transición, usted puede sentir que no encaja en ninguna parte. Otros quizá lo malentiendan a usted y sus motivaciones, porque ellos no comparten su hambre espiritual; ese deseo espiritual que arde en su corazón. Tal vez se sienta solo por un tiempo, pero luego Dios lo conectará con otra gente que tenga la misma hambre de transformación y expansión. Cuando salga del otro lado de esta experiencia, transformado, entonces estará listo para la nueva dimensión de la gloria de Dios que Él quiere traer a su vida y/o ministerio.

Esto es lo que sucedió en la vida de un hombre llamado Moisés, de México. El siguiente es su testimonio: "Seis meses después de conocer a Jesucristo, me convertí en líder de jóvenes y luego, en secretario nacional de la juventud. Asistí a un seminario y me convertí en evangelista; luego de lo cual salí a predicar en campañas de sanidad en Latinoamérica y los Estados Unidos, donde planté tres iglesias. Pero llegué a un punto en el que supe que tenía que haber más. ¡Necesitaba algo nuevo y más poderoso en Dios!

"En una conferencia conocí al Apóstol Guillermo Maldonado. Lo que experimenté en aquella conferencia fue una transformación sobrenatural que me impactó tanto que solicité la cobertura espiritual del apóstol para llevar esa transformación a mi iglesia en México. En mis treinta y un años en el ministerio, nunca había experimentado nada como eso. Cuando entré en ese movimiento sobrenatural, los cambios comenzaron a suceder. Pasamos de ochocientos a tres mil miembros en unos cuantos meses; y las conversiones y milagros se multiplicaban a diario.

"Compramos tierra y construimos un auditorio. Establecimos una escuela ministerial para preparar nuevos ministros. Además, participamos en programas comunitarios que ayudan a niños sin hogar, y compramos tierra para impulsar este propósito. Ayudamos a pastores con necesidades financieras. Nuestra intercesión y guerra espiritual ha desatado milagros, multiplicación y rompimientos. Con la transformación de nuestro corazón, hemos entrado en lo 'nuevo' de Dios, donde lo sobrenatural ha traído aceleración y crecimiento en cada área, tanto personal como ministerial".

La transformación comienza cuando exponemos nuestro verdadero corazón para ser cambiado a nuestra verdadera identidad en Cristo. Cuando somos transformados a su imagen, Cristo vivirá en nosotros, y el mundo lo verá a Él a través de nosotros.

Cuando usted ha agotado todos sus recursos, pero aún se encuentra en el mismo lugar, es necesaria la transformación, ¡y urgente!

¿Su cristianismo, de alguna manera, ha dejado de ser una relación con Cristo para convertirse en una religión; una trampa de estancamiento y de sequía espiritual? Si está dispuesto a romper esa realidad para pasar a un nivel más alto de realidad espiritual, ponga en práctica las siguientes claves, las cuales le ayudarán a cooperar con el Espíritu Santo a medida que Él realiza esta obra en usted. Ábrale su corazón a Dios para que lo pueda transformar. Él sólo tiene cosas buenas reservadas para usted, por encima y más allá de lo que usted pueda imaginar ahora. (Vea Efesios 3:20).

1. Una dieta espiritual de "alimento sólido"

Muchos creyentes no han pasado de la "leche" al "alimento sólido" en su conocimiento y comprensión de la Palabra de Dios. La leche de la Palabra de Dios contiene sólo los fundamentos de la fe y la doctrina. *"El que sólo se alimenta de leche es inexperto en el mensaje de justicia; es como un niño de pecho. En cambio, el alimento sólido es para los adultos, para los que tienen la capacidad de distinguir entre lo bueno y lo malo..."* (Hebreos 5:13–14, NVI).

La "carne" de la Palabra es nuestro "alimento sólido". A menos que progresemos en nuestra dieta espiritual de la "leche" a la "carne", podemos experimentar un estado de "hambruna". Necesitamos nutrición específica de la Palabra para cada etapa de nuestro crecimiento espiritual. Sólo cuando avancemos de la doctrina básica a las verdades espirituales más profundas de las Escrituras y de la revelación de Dios, podremos seguir creciendo y madurando, siendo continuamente transformados a la imagen de Cristo.

2. La activación de los cinco ministerios

"Y [Jesús] mismo constituyó a unos, apóstoles; a otros, profetas; a otros, evangelistas; a otros, pastores y maestros, a fin de perfeccionar a los santos para la obra del ministerio, para la edificación del cuerpo de Cristo, hasta que todos lleguemos a la unidad de la fe y del conocimiento del Hijo de Dios..." (Efesios 4:11–13). Cristo estableció las cinco oficinas ministeriales —conocidas como el "ministerio quíntuple"— que se enumeran en el versículo de arriba. Él se los dio a su iglesia como "agente de cambio" para perfeccionar a su pueblo. Jesús se invierte a sí mismo en los líderes que Él ha comisionado para que ellos a su vez, en su debido momento, puedan invertirse a sí mismos en otros. Cuando la iglesia funciona bajo la estructura del ministerio quíntuple, los creyentes pueden recibir revelación de Dios de cada una de las oficinas espirituales. De esa manera, ellos pueden participar de la dieta balanceada de "alimento sólido" que necesitan para ser transformados a la imagen de Cristo.

De hecho, cada creyente debería compartir lo que ha recibido de Dios con los demás, especialmente con sus compañeros cristianos. Esto mantiene fresca y actual nuestra vida espiritual. No podemos solamente "llenarnos" de conocimiento revelado y sabiduría, unción espiritual y dones ministeriales. Si no "vaciamos" en la vida de otros todo lo que hemos recibido, terminaremos espiritualmente estancados, teniendo una mentalidad religiosa y egoísta.

Yo imparto la visión de nuestro ministerio a medida que predico a los creyentes en las iglesias alrededor del mundo. También entreno a sus líderes para que se conviertan en vasos en las manos de Dios, las cuales se "vacíen" en las vidas de otros. Esos líderes están manifestando demostraciones genuinas del poder y la gracia sobrenaturales de Dios. El Señor continuamente está revelando su presencia y poder de nuevas maneras, impulsando al pueblo a buscarlo y a experimentar la continua transformación de su corazón.

Si usted es un pastor, y su iglesia local todavía no funciona completamente conforme al ministerio quíntuple, lo animo a comenzar a entablar relaciones con otros líderes llenos del Espíritu, y hasta con ministerios de afuera, que puedan apoyarlo en las oficinas que usted no tiene. Entonces, su gente podrá crecer espiritualmente de manera integral. Por supuesto, usted y los miembros de su iglesia deben desear esa transformación, de lo contrario, no permitirán que la unción de los cinco ministerios pueda cambiarlos efectivamente.

3. Un rompimiento de su ambiente

Jesús sanó a un ciego de una manera inusual, pero profética. (Vea Marcos 8:22–26, nvi). Para empezar, Jesús lo tomó de la mano y lo sacó fuera de la aldea, de manera que la restauración de la vista de aquel hombre sucediera fuera de su ambiente normal. ¿Acaso Cristo no podría haberlo sanado dentro de la aldea? ¡Claro que sí! Pero yo creo que había una "atmósfera" en esa aldea —como de incredulidad— que no hubiera permitido la manifestación del poder sobrenatural de Dios para sanar. Después que Jesús había sanado a aquel hombre, le dijo, en efecto, "No vuelvas a la aldea; vete directo a tu casa". ¿Por qué le dijo esto? Creo que la razón era evitar que el hombre perdiera su sanidad al volver a aquella atmósfera.

Nuestro ambiente puede imposibilitar
nuestra transición a una nueva dimensión.

¿Hay algo en su ambiente —espiritual, físico, emocional, intelectual u otro— que pueda estar impidiendo que usted experimente la transformación de su corazón y mente, haciendo que sea imposible para usted recibir revelación o que demuestre lo sobrenatural? Nuestro ambiente puede ser de gran influencia para que nos conformemos a ideas y actitudes falsas, que evitan que seamos transformados. Como hemos notado, mucha gente se conforma a la doctrina estancada de su religión o de la denominación particular de su iglesia, o a otras creencias erróneas que son promovidas por su cultura, abrazadas por los miembros de su familia o que suscriben sus amigos más cercanos. Alguna gente se conforma a circunstancias negativas, como la enfermedad o la pobreza; otros se conforma a la esclavitud emocional, tales como el miedo o la depresión. En todos estos casos, aquellos que se encuentran atrapados en el conformismo deben romper con su "ambiente" o "atmósfera" opresiva; de lo contrario, nunca podrán ser lo que Dios los ha llamado a ser, por medio de la obra completa de Cristo.

Únicamente el Espíritu de Dios puede lograr los rompimientos con su ambiente; pero éstos se inician sólo cuando tomamos la decisión de rendir nuestra vida por completo a Dios. Si usted ha permitido que su vida se conforme a las falsas creencias de otra gente porque no quiere ofenderla o incomodarla, o porque tiene miedo de lo que pueda costarle hacer eso, usted es responsable ante Dios por su falta de respuesta a Él. Si usted sabe que debe romper con un ambiente que espiritualmente lo está sofocando, ¡no se demore! Tome la decisión hoy, corra el riesgo y rompa con esa atmósfera que le está impidiendo alcanzar nuevos niveles en Cristo.

El siguiente testimonio de un hombre llamado Eduardo muestra lo que puede suceder cuando una persona deja su ambiente en obediencia a Dios, y rinde su vida al Señor. Ésta es su historia: "Yo crecí en un hogar disfuncional. Mi padre abandonó a mi madre cuando yo tenía apenas dieciséis años; ella quedó sola, con siete hijos que criar. Cuando cumplí dieciocho, ya bebía y tenía sexo promiscuo. Además, era un irresponsable y mentiroso.

"Llegué a un punto en mi vida en el que cuestioné a Dios, preguntándole si era real, porque mis parientes y yo vivíamos de manera muy caótica. Le pedí que, si Él realmente existía, me permitiera tener una familia propia. Él me habló en sueños y me dijo que tenía que apartarme de mi familia.

En aquel momento, no entendía lo que me pedía, pero aun así dejé mi país, Colombia, y me dirigí a los Estados Unidos.

"A los treinta y ocho años, con un gran vacío en mi vida, recibí a Jesús como mi Señor y Salvador. Cuando pasé al altar, de inmediato sentí como si el gran peso que había cargado toda mi vida se hubiera levantado de mí; era una carga espiritual de rencor, mentiras y adulterio que no me dejaba vivir en paz. Cuando confesé y recibí a Cristo, me sentí libre y lleno de gozo, y el temor a la muerte que me había perseguido por años se fue de mí. En su lugar, el amor de Dios entró en mi corazón. Le agradezco al Señor porque Él tomó mi vida de tormento, falsedad y muerte, y la cambió por una de gozo, paz y amor. Hoy entiendo que tengo un propósito que cumplir en esta tierra.

"Después de veinte años, puedo testificar que Dios es fiel; pues me dio la familia que le había pedido, y juntos servimos al Señor. Le doy gracias al Señor por el Ministerio Internacional El Rey Jesús, donde hemos sido educados en su Palabra y donde Dios nos ha levantado como pastores para llevar su evangelio a los confines de la tierra".

Cada vez que Dios llama a alguien para un propósito inusual,
Él lo saca de su ambiente habitual.

---

4. Encuentros sobrenaturales continuos con la presencia de Dios

Quizá, el obstáculo más grande que bloquea un movimiento de Dios en la vida de una persona o grupo es la idea de haber "llegado". Como hemos visto, mucha gente tiene dificultad para aceptar el hecho de que hay algo espiritual para ella, más allá de lo que ha conocido y experimentado en Dios. Creen que ya han visto, aprendido y hecho "todo". ¡Qué error! Pensar de esa manera es pasar por alto la verdad de que Dios es infinito en poder y en creatividad. Hay mucha arrogancia en esa mentalidad. ¿Cómo podemos predicar a un Dios eterno y soberano, Creador del cielo y de la tierra, y luego imaginar que no hay nada más que podamos aprender de Él o experimentar en su presencia?

Esta mentalidad es típica del espíritu de religiosidad, que viene a engañar a los cristianos, a detener su crecimiento espiritual y la multiplicación de sus frutos para el reino. Si no estamos dispuestos a pasar a nuevas dimensiones en Dios, entonces no podemos decir que vivimos por fe. Cuando ya tenemos algo, estamos viviendo por "vista" no por fe.

La respuesta es buscar continuamente encuentros sobrenaturales con la presencia de Dios. Hay personas que nunca han sentido la cercanía de Dios ni han presenciado ninguna de sus manifestaciones. En uno de los países donde he ministrado, una mujer se me acercó y me dijo: "Pastor, he sido cristiana por más de quince años, pero nunca había experimentado la presencia de Dios". He oído el mismo comentario de diferentes pastores y líderes; lo cual me lleva a preguntarme, qué forma de cristianismo han estado viviendo.

Tristemente, parece que todo lo que han conocido es una religión —tradiciones humanas que hablan de un Cristo histórico, y/o han seguido una serie de ritos y prácticas carentes de verdadera vida y del poder para transformar—. Numerosos ministerios e iglesias han sido fundados sobre doctrinas y teologías que nunca han cambiado la vida de nadie. Lo más que logran hacer es brindar alguna información o entretenimiento, u ofrecer un ambiente donde las personas, de alguna manera, puedan conocerse y beneficiarse unas de otras. Pero esas funciones son idénticas a las que podemos encontrar en un club social o en una asociación de beneficio mutuo.

La transformación no es posible fuera de la presencia de Dios.

¿Por qué seguir un sistema de creencias que no produce un genuino y significativo cambio en su vida? Una vez que experimentamos la presencia de Dios, somos inevitablemente transformados de alguna manera. Y luego de haber sido transformados, inevitablemente manifestamos los efectos de esa transformación. No podemos evitar irradiar ese cambio.

Como escribí al principio, el mundo quiere ver una transformación genuina en nosotros, porque eso es lo que necesita. Debemos brindarle una evidencia viva para que la gente pueda ver que los encuentros sobrenaturales con Dios son reales, ¡y que ellos también pueden experimentarlos! Le debemos al mundo encuentros sobrenaturales con la presencia y el poder de Dios. En consecuencia, debemos predicar un evangelio completo, un evangelio de Palabra y de poder (vea, por ejemplo, 1 Corintios 2:4), un evangelio que produzca conocimiento espiritual y experiencias sobrenaturales de continuo que respalden lo predicado.

Nuestro Dios siempre nos está trayendo una nueva revelación de sí mismo, nuevos niveles de poder sobrenatural y nuevas dimensiones de su gloria con la manifestación de su presencia. Por lo tanto, es fundamental para nosotros entender y aceptar el hecho de que no lo sabemos "todo" acerca de Dios; *"porque en **parte** conocemos…"* (1 Corintios 13:9), como dijera el apóstol Pablo. Lo mejor que podemos hacer es estar abiertos, humildes y expectantes ante Dios, buscando siempre ver, experimentar y recibir algo nuevo de Él, más allá de lo que hayamos conocido hasta el momento.

No importa cuánta revelación hayamos recibido ya, ¡Dios siempre tiene más para nosotros! Debemos ser transformados y renovados por su gloria a través de encuentros continuos con su presencia, de donde fluye la vida nueva de su Espíritu.

Algunos de nuestros asuntos del corazón sólo pueden ser tratados cuando estamos en la presencia de Dios. Nuestro corazón cambiado es una señal de que nos estamos moviendo de "gloria en gloria".

Oración para movernos de la conformidad a la transformación

Creo que es tiempo que tomemos una decisión. La era en la cual vivimos demanda cristianos comprometidos que estén rendidos por completo a Dios y a su voluntad. No podemos traer el cambio a este mundo presentándole mensajes que apenas les brindan información o entretenimiento, o promoviendo diferentes reglas y formalidades religiosas. Debemos acceder al poder sobrenatural de Dios que puede transformar los corazones y circunstancias de la gente; de lo contrario, el "cristianismo" que ellos sigan será solamente otra religión más, sujeta a la corrupción del mundo actual.

Nuestro mundo está colapsando bajo el peso de la caída, y su única esperanza de salvación y liberación para esa gente es Cristo Jesús. Nuestra parte consiste en *ser* transformados *para* ayudar a transformar a otros.

El propósito del señorío de Jesús sobre nosotros es transformar nuestro corazón, para que pueda manifestar su vida a través de nosotros.

Hijos e hijas de Dios, ¿cuál es su decisión? ¿Permanecerán estancados en su religión y conformismo, o romperán con su ambiente actual para convertirse en "odres nuevos" capaces de contener el "vino nuevo" que Cristo está derramando sobre esta generación? ¿Se unirán a la "vieja guardia", sin participar nunca en la gran manifestación de la gloria de Dios sobre la tierra, o seguirán continuamente buscando encuentros con la presencia de Dios que los lleven a experimentar un cambio radical de corazón, para poder alcanzar a otros con su gracia y poder?

Es tiempo de rendir nuestro corazón, familia, trabajo, talentos, experiencias pasadas y nuestro llamado a Cristo, para que Él se convierta en Señor y Amo de toda nuestra vida. Cuando esto pase, Él tomará responsabilidad sobre todo lo concerniente a nosotros. Ésta es la única manera como podemos experimentar una verdadera transformación de nuestro corazón, de modo que éste sea lleno de vida nueva; la misma vida de Dios.

Si usted quiere tomar la decisión de ser transformado por la presencia de Dios, por favor, haga la siguiente oración:

Padre celestial, vengo delante de tu presencia con un corazón abierto, sin esconder nada de ti ni pretender ser "espiritual". Reconozco que he vivido de acuerdo a una mentalidad religiosa, con patrones de conducta y "estructuras" deficientes, o métodos de ministerio y servicio que me han llevado al estancamiento espiritual. Te pido que me perdones por ignorar y/o rechazar lo sobrenatural. Hoy, tomo la decisión de romper con los ambientes que me estorban de comenzar a buscar tu presencia de todo corazón, porque tengo hambre y sed de conocer tu poder transformador.

Señor, ven a mí y muéstrame las áreas de mi vida que necesitan un cambio. No quiero sólo un "toque" de ti; quiero la completa transformación de mi corazón. Quiero pensar como tú piensas. Quiero creer como tú crees. Quiero hacer lo que tú haces. Cambia mi corazón y mi vida. Abre mis ojos y oídos espirituales para que yo pueda ver y oír el mover de tu Espíritu y seguirlo, por encima de toda opinión humana o cualquier otra influencia temporal o terrenal. Quiero que tú habites dentro de mí y me capacites para volverme útil y relevante en tu reino. Gracias, Señor, porque ¡mi transformación comienza hoy! En el nombre de Jesús, ¡amén!